트랜스내셔널

노동이주와

한국

기획

한양대 비교역사문화연구소

엮은이

윤해동(尹海東, Yun, Hae-Dong)_ 한양대 비교역사문화연구소

지은이

윤해동(尹海東, Yun, Hae-Dong)_ 한양대 비교역사문화연구소
김승욱(金承郁, Kim, Seung-Wook)_ 충북대 사학과
도노무라 마사루(外村大, Tonomura Masaru)_ 도쿄대 종합문화연구과
노용석(盧勇錫, Noh, Yong-Seok)_ 부경대 국제지역학부
윤용선(尹龍善, Yun, Yong-Seon)_ 한성대 역사문화학부
라경수(羅京洙, Rha, Kyung-Soo)_ 와세다대 아세아연구기구
오경석(吳曔錫, Oh, Kyung-Seok)_ 경기외국인인권지원센터

트랜스내셔널 노동이주와 한국

초판인쇄 2017년 5월 20일 **초판발행** 2017년 5월 30일
기획 한양대 비교역사문화연구소 **엮은이** 윤해동
지은이 윤해동 김승욱 도노무라 마사루 노용석 윤용선 라경수 오경석
펴낸이 박성모 **펴낸곳** 소명출판 **출판등록** 제13-522호
주소 06643 서울시 서초구 서초중앙로6길 15, 1층
전화 02-585-7840 **팩스** 02-585-7848 **전자우편** somyungbooks@daum.net **홈페이지** www.somyong.co.kr

값 17,000원 ⓒ 윤해동 외, 2017
ISBN 979-11-5905-159-3 93910

이 저서는 2008년 정부(교육과학기술부)의 재원으로 한국연구재단의 지원을 받아 수행된 연구임(NRF-2008-361-A00005).
This work was supported by National Research Foundation of Korea Grant funded by the Korean Government(NRF-2008-361-A00005).

R I C H
트랜스내셔널
인문학 총서   **10**

트랜스내셔널 노동이주와 한국

한양대 비교역사문화연구소 기획 | **윤해동** 엮음

윤해동 김승욱 도노무라 마사루 노용석 윤용선 라경수 오경석 지음

책머리에 호모 미그란스와 트랜스내셔널 이주

'호모 미그란스(homo migrans, 이주하는 인간)'는 '호모 사피엔스(homo sapiens)'의 고유한 속성이었다고들 말한다. 물론 이러한 자각이 생긴 것과 인간이 이런 속성을 가진 것은 별개의 문제일 것이다. 오랜 인류사의 중요한 특징 중 하나로 이주를 꼽게 된 것은 비교적 근래의 일이다. 이런 인식은 국민국가의 전통에 기반을 둔 이민 곧 유출(emigration)과 유입(immigration)의 이분법적 인식을 넘어서게 될 때 비로소 가능하게 되었기 때문이다. 이주라는 개념은 국민국가의 경계를 기준으로 한 이민 곧 유입과 유출이라는 개념으로는 감당할 수 없는 다양한 양상을 포괄한다.

21세기는 가히 '이주의 시대'라고 해도 좋을 것이다. 잘 알다시피 20세기 후반 냉전이 해체되고 전지구화(globalization)가 가속적으로 전개되면서, 자본과 상품의 이동은 물론이고 노동의 이주 역시 전례 없는 속도와 방식으로 이루어지게 되었다. 다른 한편 그에 발맞추어 사회과학 역시 '이동의 전환(mobilities turn)'을 수행하고 있는 중이다. 이제 이동 혹은 이주는 개인이 자신이 원하는 장소로 옮기는 선택을 의미하는 것이 되었고, 또 그런 선택을 할 수 있는 능력을 자유의 확대로 보는 시각이 정립되고 있는 중이다. 이동과 이주는 인간의 본질적 속성일 뿐만 아니라, 인간의 기본적 자유와 권리를 구성하는 것이 되었다.(신혜란, 『우리는 모두 조선족이다』, 이매진, 2016, 35~54쪽 참조) 그야말로 인간을 다루는 학문이라면 이동과 이주를 자신의 화두로 삼지 않을 수 없게 된 시대에, 우리는 살고 있는 것이리라!

'호모 미그란스'의 이주 양상은 다양한 방식으로 조명될 수 있겠으나, 트랜스내셔널 접근방식이 유효하리라는 것은 의심할 나위가 없다. 이주 현상 자체가 국민국가적 경계를 넘어서는 것에서 출발하는 것 아니겠는가? 이주를 둘러싸고 가장 우선적으로 주목할 필요가 있는 것은 '트랜스내셔널 법(transnational regality)'과 관련한 문제이다. 이주자들에게는 국적이나 거주권 혹은 시민권이 가장 기본적인 문제가 된다. 이주가 불법적인 것으로 인정되는 경우에도 시간이 지나면 거주권이 주어지기도 하고 혹은 그것이 다시 박탈되기도 한다. 합법적인 이주라도 문제가 복잡하지 않은 것은 아니다. 그래서 트랜스내셔널 법의 문제는 '절반의 법(semi regality)'의 문제이기도 하다. 게다가 국적의 문제도 간단하지 않다. 어떤 경우에는 이중국적을 포함한 다국적이 주어지기도 하지만, 오직 하나의 국적만이 인정되는 경우도 많다. 국적과 관련하여 시민권이 주어지는 방식도 각양각색이다. 국적이나 시민권이 문제가 되는 트랜스내셔널 법의 문제는 개인의 존재조건이나 정체성을 규정하거나 그와 관련된 경우가 많다.

한편 사람의 이동이나 이주는 새로운 가족형태를 만들어내기도 한다. 이동이 잦아지면서 가족 전체가 한꺼번에 이주할 수 없는 경우가 많아지게 되는데, 그렇게 되면 다양한 형태의 가족이 만들어지게 되는 것이다. 이미 한국사회에서도 꽤 오래 전부터 이주로 인해 느슨해진 가족의 사례를 어렵지 않게 접할 수 있게 되었다. 외국으로 이주한 가족을 지원하기 위해 혼자 살고 있는 '기러기아빠', 어학연수나 유학 혹은 해외파견 등으로 떨어져 사는 가족, 직장 때문에 서로 다른 지역에 사는 맞벌이부부 이른바 '주말부부' 등이 바로 그런 사례들이다. 또 한국에서 노동하고 있는 외국인노동자나 가사도우미들의 경우 대부분이 단신으로 이주하여 노동하면서 생활비를 본국으로 송금한다. 이런 사례들은 트랜스내셔널 가족(transnational family) 혹은 트랜스내셔널 친밀성(transnational intimacy) 등의 용어로 지칭되기도 한다. 우리는 국내의 다른 지역에서 혹은 국경을 넘어서 원거리에 거주하는 다양한 가족을 원거리 가족(distant family)으로 개념화할 수 있을 것이다. 원거리가족은 많은 경우 트랜스내셔널 가족이기두 한 것이다.

이처럼 주로 '트랜스내셔널 법'과 '트랜스내셔널 가족'이라는 두 가지 차원에서 이주의 양상을 살펴볼 수 있을 것이다. 전자는 주로 이주민 개인의 존재조건이나 정체성과 관련되어 있고, 후자는 이주민의 일상을 규정하는 가족생활의 문제와 관련된 것이다. 이 두 가지 차원의 문제는 최근 더욱 활발해진 '노동이주'의 특징으로 주로 거론되어 온 것들이다. 그러나 트랜스내셔널 문제의식이 역사적인 노동이주를 살펴보는 데서도 중요한 기여를 할 수 있을 것임은 물론이다. 제국과 식민지 사이의 노동이주 혹은 냉전기의 진영내 노동이주가 전지구화시기의 노동이주와 상당히 다른 것처럼 보일지라도, 그것이 내셔널한 경계와 정체성을 가로지르고 있다는 점에서는 아무 차이가 없다. 트랜스내셔널 시각은 식민지 지배와 냉전적 적대라는 1차적 외피를 걷어내는 데 도움을 줄 수 있을 것이다.

여기에 실린 글은 대부분, 한양대 비교역사문화연구소 주최로 2016년 6월 3일 개최된 〈동아시아 지역의 '노동'이주〉 학술회의의 발표문을 보완한 것이다. 이 학술회의는 한반도 거주민의 역내외 이주를 중심으로 동아시아 지역 '노동이주'의 역사를 검토함으로써 '트랜스내셔널 동아시아사' 연구에 일조하려는 의도를 가지고 추진되었다. 이에 근대 이후 다양한 양상을 띠면서 진행되었던 한국인 노동이주의 역사와 현상을 구체적 사례를 중심으로 살펴보는 것을 목표로 삼았다. 학술회의에서는 일본 제국주의 세력권 안에서의 노동력의 이동, 지구 반대편 중남미로의 한인의 이주, 남한의 경제성장기 파독 노동자들의 이주와 그에 대한 기억의 변화 등 과거의 사례는 물론, 현재 진행 중인 아시아 노동자들의 한국 이주와 북한 노동자들의 해외 파견 노동에 이르기까지 다양한 사례를 다루어보았다.

이 단행본에는 모두 7편의 논문이 실려 있다. 위 학술회의에서 발표된 글 가운데 제외된 것도 있고, 이미 발표된 글을 새로 수록한 것도 있다. 그럼에도 원래 학술회의 개최의 의도가 모든 논문에 관철되고 있을 것이라고 믿는다. 모두 7편의 논문 가운데 한편의 총론적인 논문을 제외하면, 식민지기 노동이주를 다룬 논문 2편(제2부)과 냉전기 3편(제3부), 탈냉전기 1편(제4부) 등 모두 6편의 구체적인 사례연구 논문이 수록되어 있다.

이제 각 논문의 문제의식을 간단히 살펴보기로 하자. 제1부 총론에서, 윤해동은 근대 이후 한국의 노동이주를 식민지배기, 냉전기, 탈냉전기 등 3개의 시기로 나누어 총괄하고 있다. 식민지기의 노동이주는 단신이주를 중심으로 한 제국본국으로의 강제동원과 가족이주가 중심이 된 만주로의 척식이민으로 구성되어 있었으나, 냉전시기가 되면 독일이나 중동 지역 등 역외이주를 중심으로 한 단신이주 노동으로 변화하였다고 한다. 냉전기에는 동아시아 지역의 '대분단체제'가 역내의 노동이주를 근본적으로 제약하고 있었던 것이다. 반면 냉전 해체 이후에는 역외이주가 줄고 역내이주가 증가하고 있으며, 한국을 중심으로 한 동아시아 지역은 노동이주의 수용국으로 변화하고 있는 중이다. 또 북한의 노동자 파견이 증가하는 현상은 이후 북한사회의 변화가 가져올 디아스포라 현상의 전조일 수도 있다는 진단을 내린다.

제2부에는 식민지기의 노동이주를 다룬 2편의 논문이 수록되어 있다. 먼저 김승욱은 식민지기 한반도의 도항관리정책을 다룬 논문에서, 20세기 초반 동아시아 지역의 초국적 노동이주가 어떤 성격을 띠고 신행되었던가를 살펴보고 있다. 이 시기에 중국인 노동자군이 대거 한반도로 진입함으로써 한국 화교의 구성에 큰 변화가 있었음을 지적하고, 이는 제국주의 일본이 구성하는 노동시장이 크게 확대됨으로써 가능하게 되었다고 본다. 한편 중국인 노동자들의 한국이주가 상대적으로 자유로웠음에 반해, 일본 내지로의 이주는 엄격하게 통제되고 있었음을 강조한다. 이처럼 중국인 노동자와 한국인 노동자는 일본 제국공간 내에서 상호연동된 존재로 관리되고 있었던바, 이 시기에 중국인 노동자와 한국인 노동자의 상호갈등이 심화되고 있었던 사실은 일본자본주의 노동시장 관리정책과의 관련에서 이해할 필요가 있음을 새삼 지적한다.

이어 도노무라 마사루[外村大]는 식민지 말기 일본제국의 외지인·외국인 노동력 동원을 분석한 논문에서, 조선인과 중국인의 노무동원과 그 영향을 개관하고 있다. 도노무라는 조선인과 중국인의 노무동원이

'강제성'을 수반하지 않은 것은 아니지만, 가장 심각한 문제가 되는 것은 민족차별이라고 주장한다. 일본인에 대해서는 징용을 실시하지 않았지만, 조선인과 중국인에 대해서는 원호시책도 불충분한 상황에서 행정당국의 명령을 통한 강제적인 동원이 실시되었다는 것이다. 물론 이 과정에서 빈궁한 생활에 쫓겨 '자발적으로' 이주한 조선인도 있었으나, 조선 내의 노동력이 고갈되면서 그 규모는 차츰 감소하였다고 본다. 한편 조선인들은 집단적인 거주가 가능했고 전쟁이 끝난 후에 일본에 잔류한 사람들이 많았던 반면, 중국인에 대한 노무동원과 관리는 훨씬 더 엄격하였고 이에 따라 일본에 잔류한 사람도 거의 없었다. 이런 분석은 전시기 노무동원에 대해 기존의 역사상과는 상당히 다른 것이다. 앞으로 많은 논의가 이어지기를 기대해본다.

제3부에는 냉전기의 노동이주를 다룬 3편의 글이 게재되어 있다. 이른바 재일교포들의 '북송'을 제외한다면 1950년대까지 노동이주로는 볼만한 것이 거의 없었으나, 1962년 해외이주법이 공포되면서 노동이주가 본격적으로 시작되었다. 브라질과 아르헨티나 등으로의 '농업이민'이 그 출발점이 되었는데, 노용석은 과테말라로의 한인이민과 한인사회 형성을 분석한 논문에서 중미 지역 한인이민의 특성을 검토하고 있다. 과테말라 한인이주는 투자와 이윤획득을 위한 단기이주의 형태로 진행되고 있는바, 이는 호스트사회와의 접촉이 긴밀하지 않다는 것을 의미한다. 중남미 지역이 1980년대 이후 미국이나 유럽 등으로 자국민을 방출하는 역할을 담당하고 있는 바, 노용석은 한인들의 과테말라 단기이주는 또 다른 지역으로의 이주를 위한 일종의 '통과이민'으로서의 성격을 띠고 있다는 흥미로운 결론을 내리고 있다.

남미 농업이민과 아울러 대표적인 해외 취업으로 알려져 있는 것이 서독으로 간 광부와 간호사들의 '해외취업'인데, 윤용선은 1960~1970년대까지의 광부와 간호사의 이주 양상을 전체적으로 재검토하고 있다. 윤용선은 '냉전하의 개발원조론'과 '송금을 통한 경제개발기여론' 등 기존의 대표적인 해석론을 강력하게 비판한다. 한국인들의 노동이주를 통해 서독은 비숙련노동력 부족현상을 해결하고 한국은 외화획득과 실업문제를 완화하는 것을 목표로 하는, 본질적으로 호혜적인 순수 경제행위였다는 것이다. 절반 이상의 광부와 간호사들이 서독에 정주하거나 제3국으로 이주하는 선택을 하였다는 것이 그것을 방증하고 있다고 본다. 일종의 '신화'로 변해버린 냉전기의 서독 취업을 '역사'로 되돌려놓는 작업은 노동이주라는 현실을 냉정하게 되돌아보는 데에 그게 도움이 될 것이다.

세 번째로는 도노무라 마사루와 라경수가 공동으로 작성한 논문을 싣고 있는데, 지금까지 한국사회에서 거의 주목받지 못했던 1970년대 한국인 계절노동자의 오키나와 이주를 다루고 있다. 1972년 오키나와가 일본으로 반환되자 대만은 오키나와로의 노동력 반출을 중단하였던 바, 1973년부터 한국인 계절노동자의 오키나와 수입이 추진되었다. 오키나와의 사탕수수 농장과 파인애플통조림 공장 등에서 일하는 계절노동자로는, 강원도와 전라남도 지역의 탄광노동자 자녀 등이 선호되었다고 한다. 그러나 한국인 노동자들은 약속과 다른 임금이나 대우, 그리고 노동환경 등에 대해 불만을 토로하였고, 이에 대한 한국과 일본 사회의 비판활동도 전개되었다. 이런 이유로 한국인 계절노동자의 이동은 1973년부터 1976년 사이 약 3,500여 명 수준에서 중단되고 말았다. 그럼에도 서독과 베트남 이주가 감소하고 아직 중동진출이 본격화하지 않은 틈새시기를 메우는 의미에서, 오키나와로의 노동자 이동은 중요성을 가지고 있었다고 결론을 내리고 있다.

탈냉전기 노동이주를 다루는 제4부에서는 1990년대부터 시작된 한국으로의 외국인들의 노동이주를 다룬 논문 한편이 실려 있다. 원래 학술회의에서는 현재 국제사회에서 '노예노동'으로 비판받고 있는 북한의 노동자 해외파견을 다룬 논문이 발표되었으나, 발표자의 몇몇 사정으로 제외할 수밖에 없었다. 남한과 북한의 서로 방향이 다른 '노동이주' 양상이 동아시아의 현 상황을 상징하고 있다고 하겠다.

오경석은 아시아 이주노동자들의 한국생활을 분석하는 글에서, '이주자'와 '외국인'이라는 호칭의 차이를 지적하는 데서 논의를 시작한다. 국제협약에서의 '이주자'는 인간으로서의 기본권을 전부 보장받지만, 한국의 법률에서 '외국인'은 인간으로서의 기본권이 상당 부분 허용되지 않는다. 2014년 현재 한국에 체류하는 외국인은 180여 만 명으로 전체 인구의 3.75%에 달하는데, 이 가운데 아시아에서 이주한 외국인 근로자가 49만여 명으로 가장 많은 부분을 차지한다. 그러나 한국사회에서 이주노동자는 '있지만 없는' 존재들 곧 보이지 않는 존재들이다. 그렇지만 한국사회에서 그들은 없어서는 안 될 '필수적인 구성부분'으로 차츰 변해가고 있다. 그들은 이주노동자노동조합을 결성하여 이미 한국법원으로부터 합법 노동조합으로 판정받은 바 있다. 그들은 한국사회의 새로운 의제를 만들어내고 정치적 자원을 동원하는 데서 주도적인 행위자가 되고 있다는 지적이다.

이렇게 본다면 동아시아 지역에서는 2차 세계대전 이전 근대이행의 시기부터 노동 이주가 강제성을 동반한 채 상당히 대규모로 수행되었으며, 이는 전쟁이 끝난 뒤 사회의 변화에 커다란 영향을 미쳤다고 할 수 있다. 냉전기에는 전체적으로 노동 이주의 규모가 축소되었지만, 역외로의 노동이주가 발전주의 국가 형성에 미친 영향은 지대한 것이었다. 이어 탈냉전 이후 지구화시대의 노동이주는 한반도의 남북한에서 서로 방향을 달리한 채 역시 대규모로 전개되고 있다. 반도의 남쪽으로는 대규모의 노동인구가 유입되고 있으나, 북쪽에서는 노동자 해외파견이 주요한 수입원이 되고 있는 것이다. 이제 이주 수용국으로 변화한 한국은 이주 송출국으로서의 과거 경험을 거울로 삼아, 다문화사회로의 변화에 지혜를 발휘할 필요가 있을 것이다.

마지막으로 트랜스내셔널 어젠다 연구의 일환으로 트랜스내셔널 역사학 연구에 매진할 수 있도록 지원해준 한국연구재단 그리고 박찬승 소장님 이하 한양대 비교역사문화연구소 관련자 여러분께 심심한 감사의 말씀을 드린다.

2017년 5월
필자를 대신하여 윤해동 씀

차례

제1부

총론

윤해동
근대 이후 한국의 노동이주와 동아시아

근대 이후 한국의 노동이주와 동아시아

윤해동

1. 머리말

1970년대 초반 한국의 여성노동자들이 오키나와의 사탕수수 농장에 계절노동자로 이주하여 '가혹한' 임금노동에 종사한 사실은 한국사회에서 거의 주목받지 못했다. 오래 지속되지 못하기도 했거니와 숫자도 많지 않기 때문에 더욱 사람들의 시선을 벗어나 있었을지도 모르겠지만, 문학평론가 최원식은 이 여성노동자들의 노동이주를 통해 동아시아 담론의 실마리를 끌어내려 하였다.[1] 최원식은 김정한의 「오키나와에서 온 편지」라는 단편소설을 매개로, 1972년 중일수교를 계기로 대만 노동자의 오키나와 파견이 중지되자 이를 대신하여 오키나와

---

[1] 최원식, 「오키나와에 온 까닭」, 『제국 이후의 동아시아』, 창비, 2009, 169~185쪽.

로 가게 된 한국인 노동자들의 상황에 주목한다. 일본의 내국식민지 오키나와에서 한국의 이주노동자를 통해 동아시아 연대의 가능성을 읽어내려는 문학연구자의 예민한 촉수가 놀랍다고 하겠다.

하지만 2차 대전 이후 냉전시기에 동아시아 역내의 노동이주는 그다지 활발하지 않았다. 2차 대전 이전 일본제국주의가 동아시아 지역을 침략하고 지배하던 시기와 비교하면 동아시아 역내 노동이주는 미미한 정도에 지나지 않았다. 매우 활발하게 진행되었던 2차 대전 이전의 노동이주가 그 강제성 때문에 동아시아담론의 진전에 커다란 장애로 기능해왔던 반해, 냉전 시기 적은 규모의 역내 이주가 지역담론의 소재로 이용되고 있는 현실은 아이러니하다. 실제로 1965년 '한일협정'의 과정에서 '청구권' 문제와 관련하여 불완전하게 '해결'된 이른바 노동력 '강제동원' 문제가 이후 지속적으로 한일관계를 옭아매는 역할을 수행해왔던 것이 역사적 사실이다. 2004년 특별법(이른바 '일제강점하강제동원피해진상규명특별법')이 통과됨으로써 시작된 '강제동원 진상규명작업'은 강제동원과 관련한 미해결 과제를 새삼스레 사회적 과제로 소환해왔던 것이다. 강제동원 진상규명작업이 '대일 과거사청산운동'의 일환으로 진행됨으로써, 2차 대전 이전의 노동이주가 동아시아 담론의 진행에 장애요소로 작용하고 있다는 사실이 더욱 분명하게 드러나게 되었다.

그렇다면 노동이주가 활발하였던 시대의 경험이 지역담론의 형성에 부정적인 역할을 하고, 오히려 노동이주가 질량적으로 볼품없었던 시대의 '역사'로부터 동아시아 연대의 가능성을 읽어내는 역설은 어떻게 해서 가능하게 된 것인가? 한편 이런 역설을 통해 노동이주와 동아시아 지역의 성격 변화를 살펴볼 수도 있지 않을까?

21세기를 '이주의 시대'라고들 하지만, 호모 미그란스(Homo Migrans) 곧 "이주는 인간의 본성이다"라고 운위될 정도로 이주(migration)는 오랜 역사를 가지고 있다.[2] 이주라는 개념은 국민국가적 전통에 기반을 둔 유출(emigration)과 유입(immigration)의 이분법을 넘어서는 보다 포괄적인 의미로 사용된다. 따라서 정주가 아닌 이주의 역사를 강조하는 최근의 이주사 연구에 관한 학문적 관심은, '유럽중심주의'와 '국민국가 중심'의 시각을 넘어서 '시스템론적 접근'과 '트랜스내셔널리즘'을 강조하는 흐름과 깊은 관련을 가지고 있다. 시스템론적 접근은 국경을 넘어서는 문화횡단적 결합과 상호연결성에 주목하는 것으로써, 이는 국민국가 사이의 접근, 흐름, 연결, 횡단, 침투 등을 강조하는 트랜스내셔널리즘으로 이어지는 것이다.[3]

이 글에서는 한국의 노동이주를 세 개의 시간대로 나누어 살펴볼 것이다. 근대 이후 한국인들의 국제이주는 뚜렷이 구분되는 3개의 시간대로 나뉘어 그 성격이 변하는 것으로 보인다. 첫째, 식민지배 시기, 둘째, 2차 대전 이후 냉전시기, 셋째, 탈냉전시기 혹은 전지구화가 가속화되는 시기로 그 성격이 나뉘는데, 국제이주와 더불어 노동이주의 성격 역시 동일한 시간 구분이 가능할 것이다. 그렇다면 각 시기별로 노동이주의 성격은 어떻게 변해왔던 것일까?

우선 노동이주의 범주와 그를 보는 시각을 명확히 해둘 필요가 있겠다. 노동이주는 국제이주(혹은 해외이주)의 하위범주를 구성하는, 이주의

---

2 황혜성, 「왜 호모 미그란스인가? ─ 이주사의 최근 연구동향과 그 의미」, 『역사학보』 212집, 2011 참조.
3 폰 바바라 뤼티(von Barbara Lüthi), 염운옥 역, 「이주와 이주사」, 『역사비평』 108호, 2014.

한 형태라고 할 수 있을 것이다. 좁은 범위의 노동이주는 단기간의 계약 노동을 이르는 것으로, 이는 1920년대 지구 차원의 중심부 국가에서 이민유입 규제가 강화되면서 나타난 것이었다.[4] 그러나 이 글에서는 노동이주를 해외취업(단기이주)과 취업이민(장기이주), 그리고 단신이주와 가족이주 모두를 포괄하는 넓은 개념으로 사용한다. 따라서 해외취업을 가리키는 여러 용어들 즉 2차 대전 이전의 용어로는 모집, 알선 또는 징용, 그리고 2차 대전 이후에 사용된 용어로는 해외 출가(出嫁), 해외 파견, 해외 인력수출(혹은 진출), 해외고용, 해외 인력협력, 노동력 수출(labor export), 국제노동이동(international labor migration), '해외노동연수', '고용허가' 등등의 관련 용어를 모두 포괄한다. 게다가 해외이민을 의미하는 취업이민도 노동이주의 범주에 포함하여 사용함은 물론이다.

최근 연구에 의하면, 국제이주를 분석하는 연구의 관점은 크게 4가지 정도로 나누어 살펴볼 수 있다. 개발, 인권, 디아스포라[5](혹은 초국가주의=transnationalism), 다문화주의(multinationalism) 등 4개의 시각이 그것인데, 노동이주는 주로 개발주의적 관점에서 연구가 이루어져왔다.[6] 개발의 관점에서 이루어진 연구는 노동이주, 송금, 두뇌유출(brain drain) 등 인력과 재화의 이동이 경제와 사회개발에 미친 영향을 분석하게 된다. 인권의 시각에 선 연구는 국제이주의 과정에서 나타나는 여러가지 인권문제에 주목하게 된다. 디아스포라와 초국가주의 연구는

---

4   설동훈, 『노동력의 국제이동』, 서울대 출판부, 2000, 74~150쪽.
5   디아스포라는 민족적 특성을 잃지 않되 고립적 종족성을 고집하지는 않는 '초민족적인 네트워크'라고 할 수 있을 것이다. 심헌용, 「러시아 한인의 러시아이주와 정착」, 윤인진 외 편, 『동북아의 이주와 초국가적 공간』, 아연출판부, 2010, 95~129쪽.
6   윤인진, 「동아시아 국제이주의 현황과 특징」, 윤인진 외 편, 『동북아의 이주와 초국가적 공간』, 아연출판부, 2010, 47~91쪽.

재외교포의 이주와 정착, 모국과의 초국가적 네트워크 등을 분석하게 되며, 다문화주의 연구는 국제이주로 인한 거주국의 인구학적 문화적 다양성과 통합 등에 대한 분석을 진행하게 된다.[7]

위에서 제시한 세 시기의 노동이주 가운데, 첫 번째 시기의 노동이주 즉 '강제동원'이 중심이 된 그것은 주로 디아스포라 혹은 트랜스내셔널한 시각의 분석대상이 될 수 있을 것이다. 이어 2차 대전 이후 냉전기 혹은 탈냉전기의 노동이주는 개발의 관점에서 분석이 수행되는 대상이 된다. 그러나 탈냉전기의 한국은 노동이주의 수용국으로 변화하게 됨으로써 역으로 개발주의적 시각만이 아니라 인권과 다문화주의적 분석 시각이 필요하게 되었다고 할 수 있을 것이다. 단, 이 글에서는 노동이주에 초점을 맞출 것이므로, 두 번째 시기 남북한 사이의 이산 혹은 이주 문제에 대해서는 다루지 않을 것이다. 노동을 목적으로 이주한 경우로만 분석의 대상을 제한할 것이다.

이처럼 세 개의 시간대를 구성하는 노동이주는 각각 그 분석의 시각을 달리할 필요가 있을 정도로 그 성격이 급속하게 변화해왔다. 그리고 노동이주의 성격변화는 식민지배, 냉전, 탈냉전=전지구화로의 변화 곧 동아시아 지역의 사회적 성격변화를 반영하고 있을 뿐만 아니라, 지역의 변화를 추동하는 힘으로 작용해왔다고 해도 과언이 아니다.

---

7   윤인진, 앞의 글.

2. 제2차 세계대전 이전의 노동 이주

유대인과 아일랜드인 다음으로, 거주인구 대비 해외 이주인구의 비율이 매우 높은 국가 중 하나가 한국이다. 이런 맥락에서 한국은 동아시아 이주와 이산의 허브로 지칭되기도 한다.[8] 한반도 주변의 4대국 곧 중국, 러시아(구소련), 일본, 미국을 중심으로 7백만 명 이상의 인구가 해외에 흩어져 살고 있는 것이다. 외교통상부의 2011년 통계에 따르면, 2010년 현재 '재외동포'는 모두 727만여 명이다.[9] 이를 지역별로 보면, 중국교포 270만 명, 일본교포 90만 명을 포함하여 아주 지역에 406만 명이 거주하고 있으며, 미국에 210만 명, 구소련 지역에 60여만 명이 거주하고 있다. 이는 한국인구 4,940만 명의 15% 정도에 해당하는 인구인데, 북한 인구를 합치더라도 개략적으로 10%를 상회하는 높은 비율의 인구가 '한국인(Korean)'의 정체성을 가지고 해외에서 살고 있다고 해도 좋을 것이다.

한 인구학적 추계치에 의하면, 1910년부터 1945년 사이에 한국의 인구는 1,260만 명이 증가하였는데, 그 가운데 870만 명이 한국에 거주하고 380만 명이 일본과 만주를 비롯한 해외에 거주하였다고 한다. 다시 말하면 식민지기 한국 내에서 증가한 인구의 30% 이상이 해외에 거주하고 있었다는 것이다.[10] 한편 해방 당시 한국 내에 거주하는 인구

8   정재정, 「근대 동북아시아에서의 이주와 이산」, 『역사학보』 212집, 2011.
9   외교통상부, 「재외동포 현황」, 국회도서관 디지털자료관.
10 박경숙, 「식민지시기(1910~1945년) 조선의 인구동태와 구조」, 『한국인구학』 32, 한국인구학회, 2009.

가 2,500만 명 정도였던 데 비해, 해외에 거주하는 인구는 400만 명을 훨씬 상회하고 있었다고 한다. 1945년 시점에서 해외에 거주하는 인구는 한국 내에 거주하는 인구의 20% 정도에 육박하는 것이었다.[11]

1960년대 중반부터 본격적으로 이주하기 시작한 미국의 경우를 제외하고, 중국, 구소련, 일본 등에 거주하고 있는 재외교포의 대다수는 식민지배기의 이주에 의한 것이었음을 알 수 있다. 1860년대 이후 시작된 한국인들의 만주, 연해주로의 '유망'은, 한국인 해외이주의 시작을 알리는 것이었지만, 본격적인 이주는 식민지로 전락하는 1910년 전후 시기에 진행되었다. 잘 알다시피 이 시기 만주와 연해주로의 한국인 이주는 빈곤과 정치적 억압으로 인한 유망이민, 곧 난민이나 정치적 망명의 형태를 띠고 있었다.

이 전환의 시기에 예외적으로 노동이주의 성격이 강한 사례가 있었는데, 그것은 바로 하와이로의 이주였다. 1903년부터 1905년 사이에 약 7,500여 명의 한국인이 하와이 사탕수수 농장의 노동자로 이주하였다. 1898년 하와이가 미국으로 편입되자 미국의 중국인 이민 금지법에 의해 하와이 사탕수수 농장에서는 더 이상 중국인을 고용할 수 없게 되었다. 이에 중국인 노동자를 대신하여 한국인을 농장의 노무자로 이주시키게 되었던 것이다. 물론 이때의 이주 역시 1차 대전 이후에 나타나게 되는 단기 고용계약에 의한 이주는 아니었다. 한국인들은 '자유노동자'로서 이주하였으며, 다수가 그 후 미국에 정착하게 되었던 것이다.[12]

---

11   윤해동, 「트랜스내셔널 동아시아의 근대적 변용」, 『역사학보』 221, 역사학회, 2014.
12   웨인 패터슨(Wayne Patterson), 정대화 역, 『아메리카로 가는 길─한인 하와이 이민사, 1896~1910』, 들녘, 2001; 웨인 패터슨(Wayne Patterson), 정대화 역, 『하와이 한인 이민 1세』, 들녘, 2003 참조.

이 시기 동아시아에서의 인구이동은 제국 본국으로부터 식민지로의 이주가 1차적인 모습으로 진행되었다. 이른바 척식이민이 그것인데, 일본의 식민지가 확대됨에 따라 식민지 혹은 세력권으로의 일본인의 척식이민이 확대되었다. 일본인의 해외이주는 패전 당시 총인구의 5% 정도에 해당하는 수치에 도달해있었다.[13] 반면 당시 일본으로 많이 이주하고 있던 중국인들의 일본으로의 노동이주는 원칙적으로 금지되어 있었다. 일본은 1899년 칙령 제352호를 발포하여, 중국인 노동자들의 일본 이주를 근원적으로 차단하였던 것이다.[14] 한편 칙령 352호가 조선인에게는 적용되지 않았으므로, 러일전쟁 이후 조선인 노동자들의 일본 이주는 조금씩 이루어지고 있었다.[15] 그러나 1920년대부터는 식민지로부터 본국으로의 이주 역시 활성화되기 시작하였으며, 1937년 중일전쟁이 발발하고 전쟁이 '총력전'으로 전개되면서 식민지로부터의 노동이주도 활발하게 전개되었다.[16] 총력전의 수행에 필요한 수준에서 인력총동원(total mobilization)이 식민지에도 적용되었기 때문이다.

1938년 이후 총력전시기의 인력동원은 노무동원, 병력동원, 여성동원 등 크게 세 가지 범주로 나누어 검토되어 왔다.[17] 노무동원에는 모

13 蘭信三編, 『日本帝國をめぐる人口移動の國際社會學』, 不二出版, 2008, 서문.

14 김승욱, 「20세기 전반 한반도에서 일제의 도항 관리정책－중국인 노동자를 중심으로」, 『중국근현대사연구』 58집, 2013. 김승욱은 일본 본국에 비해 조선총독부의 노동이주 관리정책은 상대적으로 느슨하여, 중국인 노동자들이 한반도에 진입하는 흐름은 자유롭게 이어지고 있었다고 한다. 그러나 한반도에서의 중국인노동자 역시 일본의 제국 공간 내에서 조선인 노동자와 상호연동하는 존재로 관리되고 있었으므로, 노동이주의 제국내 네트워크를 파악할 필요가 있음을 강조한다.

15 미즈노 나오키[水野直樹]·문경수, 한승동 역, 『재일조선인』, 삼천리, 2016, 15~60쪽.

16 일본이주의 개략적 상황에 대해서는 대표적으로 다음 연구 참조. 김광열, 「20세기 전반 한인의 일본이주와 정착」, 『역사학보』 212집, 2011; 미즈노 나오키[水野直樹]·문경수, 앞의 책.

집, 관알선, 징용, 군속, 민간요원 노무자 등이 포함되어 있으며, 병력 동원에는 특별지원병, 징병, 준병사 등의 형태가 있고, 여성동원에는 근로정신대와 군위안부 동원이 들어가 있다. 여기에는 국내에서 동원된 경우도 있고, 일본 본국이나 기타 식민지로 이동한 경우도 있다. 물론 일본제국의 영역이 넓어짐에 따라 동원되어 이주하는 대상 지역도 확대되어 갔다.

이 시기 노동이주의 핵심을 구성하는 것은 노무동원일 것인데, 이를 둘러싸고는 그 동안 상당히 많은 논란이 지속되어 왔다. 논란을 구성하는 문제 가운데 핵심은 역시 노동력 동원의 강제성 문제 및 동원된 인력의 수와 관련한 문제였다. 재일조선인 역사학자 박경식(朴慶植)은 1965년 이 분야 최초의 본격적인 연구서인 『조선인 상제연행의 기록』을 출간하였다.[18] 여기에서 박경식은 1939년 조선인 노무자에 대한 모집(募集), 1942년의 관알선(官斡旋) 그리고 1944년의 징용(徵用) 등이 모두 강제성을 띠고 있었으며, 이들을 모두 조선인 강제연행이라는 개념으로 설명할 수 있다고 보았다.[19] 그리고 한국 내에서 동원한 인원을 제외하고, 일본 내로 동원한 노무자만 보더라도 72만여 명을 상회하고 있다고 분석하였다. 또 한국과 일본만이 아니라, 사할린과 남양 지역에도 상당한 규모의 노동력이 동원되었음을 제시하고 있다.

박경식의 연구 이후 한국인 연구자들은 대개 모집과 관알선이라는 형태가 모두 강제성을 띠고 있었다고 보는 데 비해, 이를 부정하는 연

17　대표적으로 金英達, 『朝鮮人强制連行の研究』, 明石書店, 2003 참조.
18　朴慶植, 『朝鮮人强制連行の記錄』, 未來社, 1965(박경옥 역, 『조선인 강제연행의 기록』, 고즈윈, 2008).
19　위의 책, 50~70쪽.

구들이 일본에서 많이 제출되고 있는 것이 현실이다. 동원 형식의 범주를 어떻게 설정하는가에 따라, 동원된 인력의 숫자에는 큰 변화가 있을 수밖에 없으며, 이를 둘러싼 학계의 견해 차이도 쉽사리 해결되기 어려운 측면이 있다.[20]

여기에 1930년대 본격적으로 시행된 한국인들의 만주 지역 농업이민의 경우도 노동이주의 일환으로 주목할 필요가 있을 듯하다. 1936년 선만척식회사가 설립됨으로써 한국인들의 척식이민이 본격화되었다.[21] 한국인들의 척식이민은 집단부락 설치를 중심으로 한 가족이주의 형태를 띠고 있었는데, 이는 노동력의 현원징용(現員徵用)과 유사한 양상을 띠고 있었다는 지적이 있다.[22]

1939년 이후의 동원을 모두 '강제성'을 띤 것이었다고 볼 경우, 70만 명 이상의 한국인 노동자들이 일본 본국을 중심으로 사할린과 남양 지역 등에 이주한 것이 역사적 현실이었다. 혹은 동원될 당시에는 강제성이 덜했으나 노무관리의 형태가 강제성을 띠게 되는 경우도 있었으며, 전쟁이 말기로 진행되면서 노무관리의 강제성도 높아져갔던 것이다.

20　外村大, 『朝鮮人强制連行』, 岩波書店, 2012 참조. 도노무라 마사루는 조선인 '모집' 정책의 성격을 "차별적 정책 아래서의 '자발적' 이동"이라고 정의한다. '징용'은 어디까지나 국가총동원 업무를 담당하는 제국신민의 영예로운 임무를 수행하는 것이므로, 열악한 노동환경이나 전근대적인 노무 관리 아래 놓여 있는 산업분야의 노동은 징용에 적합하지 않다고 간주했다는 것이다. 따라서 모집은 징용이 아닌 형태로 행정당국이 관여하면서 조선인을 탄광 등의 열악한 노동현장에 배치하기 위한 의도에서 취한 정책이었다고 본다. 그러나 상당히 차별적인 정책이었음에도 모집에 적극적으로 응한 조선인이 적지 않았다는 것이다.

21　조정우, 「조선총독부 만주이민정책의 이면」, 『사회와 역사』 103집, 한국사회사학회, 2014.

22　신주백, 「한국에서 일본의 강제동원에 대한 연구현황과 방향」, 『한일민족문제연구』 27집, 2014.

이들은 초기에 주로 단신이주의 형태를 띠고 진행되었으나 나중에 가족들이 이주하는 경우도 많았다. 게다가 일본의 패전 이후 사할린으로 이주한 한국인은 본국으로 귀환하지 못했으며, 일본에 거주하는 경우에도 잔류하는 경우가 생겼는데 이를 통해 추후 '재일한국인' 문제의 기원을 제공하기도 하였다.[23] 도노무라 마사루의 추계에 의하면, 일본 본국에 잔류한 한국인 노무자는 대개 6,500명 수준이었다고 한다.[24] 이처럼 '코리안 디아스포라'[25] 가운데 특히 일본과 중국의 경우, 총력전 시기 한국인 노동이주와 상당한 관련을 가지고 있음을 확인할 수 있다.

3. 냉전기의 노동이주

1) 동아시아 '대분단'과 역내 노동이주의 쇠퇴

1945년 이후 지구의 글로벌화는 둘로 갈라진 채 진행되었다. 패권을 장악하기 위한 두 이데올로기 진영으로 세계는 분할되었지만, 글로벌 경제는 매년 급속하게 성장하였으며 글로벌 경제를 위한 제도적 체계

23　일제 식민지 하에서의 노동이주는 유럽 식민지 지역에서도 나타나는 '식민노동자'의 한 유형을 구성하지만, 총동원체제 하에서 대량에서 급속하게 이루어졌다는 점에서 특이한 사례라 할 것이다. 설동훈, 앞의 책, 75~93쪽.
24　外村大, 앞의 『朝鮮人强制連行』.
25　재외한인을 디아스포라 개념으로 연구한 대표적인 성과로는 다음 저작 참조. 윤인진, 『코리안 디아스포라』, 고려대 출판부, 2003.

도 안정적으로 정착하였다. 여기에 사회, 문화적 차원의 글로벌화도 점차적으로 진행되어갔다.[26] 요컨대 이른바 '냉전' 하에서도 글로벌화는 점차적으로 진행되고 있었던 것이다.

2차 대전이 종결되고 '동아시아'가 새로운 지역 개념으로 등장하면서, 극동 혹은 대동아라는 용어는 점차 망각지대로 밀려나게 되었다. 극동에서 동아시아로의 변화는, 미국이 지역의 패권국으로 등장하고 세계적 차원의 냉전이 지역차원에서 정착하는 과정과 밀접하게 연결되어 있었다. 지금은 동아시아라는 용어가 지역적 분절을 뛰어넘어 사용되고 있지만, 원래 이 개념은 지역 차원의 냉전으로부터 기원하는 것이었다.[27] 요컨대 냉전 시대의 동아시아 지역은 '대분단체제' 아래 놓여 있었다. 동아시아의 대분단체제는 미일동맹체제와 아시아대륙 사이에 놓인 분단이었고, 한반도의 남북분단과 중국의 분단이라는 하위 분단체제를 거느리고 있는 체제였다.[28]

동아시아 차원의 대분단체제 아래서 이 지역의 노동이주는 근원적으로 제약적일 수밖에 없었다.[29] 동아시아 대분단체제는 기본적으로 한국과 중국 내부의 분단, 중국과 일본 사이의 분단 그리고 미소 냉전을 아울러 포섭하고 있는 중첩적 분단체제였던 것이다. 게다가 미일동맹체제 내부에서도 한일 간의 관계는 '정상적'이지 않았다. 국교를 맺

---

26 위르겐 오스터함멜 · 닝스 페테르손, 배윤기 역, 『글로벌화의 역사』, 에코리브르, 2013, 157~190쪽.
27 김명섭, 「동아시아 냉전질서의 탄생」, 『동아시아의 지역질서』, 창비, 2005, 264~307쪽.
28 이삼성, 「동아시아 국제질서의 성격에 관한 일고-'대분단체제'로 본 동아시아」, 『한국과 국제정치』 22권 4호, 2006.
29 2차 대전 이후 동아시아 지역의 이주 상황을 개관한 연구로는 다음을 참조할 것. 스티븐 카슬 · 마크 J. 밀러, 한국이민학회 역, 『이주의 시대』, 일조각, 2013, 225~261쪽.

는 데에만 오랜 시간이 걸렸을 뿐만 아니라, 그 후에도 식민지배 문제를 둘러싼 여러 차원의 미해결 과제를 안고 있었던 것이다.

1950년대 동아시아의 대분단선을 넘은 한국인들의 대이주가 있었으니, 그것은 바로 '재일조선인'의 '북송'이었다. '재일조선인'은 일본 제국지배의 유산으로 남겨진 것이었으나, 일본정부와 북한정부는 서로의 필요성에 의해 대규모 인구의 이동에 동의하였다. 일본으로서는 '골치아픈' '재일조선인'들이 줄어드는 것은 바람직한 일이었고, 한국전쟁 이후 노동력 부족으로 고통을 겪고 있던 북한으로서도 대규모 인원의 이입은 더할 나위 없이 좋은 일이었다.[30] 이처럼 대분단선을 넘은 대이주 역시 이데올로기적이었다는 사실은 매우 역설적이다. 북한인권에 관한 2014년의 조사보고서에서는 북송된 재일한국인들을 '강제실종' 피해자로 규정하고 있다. 이들은 '적대계층'으로 간주되어 이동권을 포함한 기본적인 인권을 박탈당하였으며, 결과적으로 북한을 떠날 권리조차도 인정받지 못했다고 한다.[31]

거칠게 말하면, 국제적 노동력 이동은 국가들 사이의 불균등발전에 대한 인간의 대응이라고 할 수 있다. 노동이주는 중심부와 주변부 사이에서 일어나는 투자와 자원의 불균등한 분배에 의해 발생하는 것으로

---

30 테사 모리스-스즈키(Tessa Morris-Suzuki), 한철호 역, 『북한행 엑스더스』, 책과함께, 2008; 테사 모리스-스즈키, 박정진 역, 『봉인된 디아스포라』, 제이앤씨, 2011 참조. 재일 한국인의 '북송'이 일본-북한 양 정부의 '야합'에 의한 것이었다는 사실은, 스위스 국제 적십자사 본부의 관련 자료를 발굴하여 분석한 테사 모리스-스즈키의 연구에 의해 백일 하에 드러난 바 있다.
31 북한인권조사위원회(COI), 『2014 유엔 인권이사회 북한인권조사위원회보고서(*Report of the commission of inquiry on human rights in the Democratic People's Republic of Korea*)』, 통일연구원, 2014, 17~19·449~531쪽.

서, 이는 자본주의 세계체제를 유지하기 위한 필수적인 요소라고 할 수도 있다.[32] 한편, 이민 혹은 노동 송출국의 입장에서 보면, 한 사회의 국민만들기(nation-building) 과정과 이민 혹은 노동이주는 같은 사태의 양면을 구성하는 경우가 많다. 특히 국민통합 과정이 개발주의적 입장에서 진행되는 경우에는, 이민이나 노동이주를 통한 인구감소와 송금 등이 중요한 요인으로 등장하게 되는 것이다.

해방 후 코리안 디아스포라의 역사는 두 시기로 나뉘는데, 첫 번째 시기는 1945년부터 1962년까지이고, 두 번째 시기는 1962년 이후의 시기이다. 1962년은 한국정부가 체계적인 이민정책을 처음 수립한 해로써 의미가 있다. 그해에 '해외이주법'이 제정되었고, 처음으로 브라질과 아르헨티나로의 '농업이민'이 출발하였다. 그러나 해방 이후 1962년까지의 이민은 한국전쟁 이후 전쟁고아의 입양이나 미군과 결혼한 여성의 이주 혹은 유학생 등이 중심을 이루었으며, 아직 소수에 머물러 있었다.[33]

이처럼 1962년 이후 정착을 위한 본격적인 이민이 시작되었는데, 중국 일본 구소련 지역을 제외한 대부분 지역으로의 이민은 이 시기에 진행되었다. 한국정부는 남미, 서유럽, 북미, 중동 지역 등을 대상으로 집단이민과 계약이민을 내보내기 위한 정책을 추진하였다. 이는 '잉여인구'를 배출함으로써 인구 압력을 줄이고, 교포들의 송금으로 외화를 획득하려는 의도를 가진 것이었다.[34]

---

32 설동훈, 앞의 책, 8~72쪽.
33 윤인진, 앞의 책, 4~23쪽 참조.
34 위의 책.

특히 1960년대 중반 미국과 캐나다에서 이민관련 법령이 개정되고
국민통합 모형이 동화모형에서 다문화주의 모형으로 전환함으로써, 미
국과 캐나다를 중심으로 한 북미 지역으로의 이주가 전면적으로 가동되
었다.[35] 1965년 미국 의회에서 '이민개혁법(Immigration Reform Act)'이
제정됨으로써 한국인들의 본격적인 미국 이민을 위한 제도적 바탕이 마
련되었다. 미국은 국적별 쿼터제에 기반을 둔 이민차별정책을 폐지하
고, '가족이민'이나 '기술이민'에 대해서 문호를 활짝 개방하였다. 이를
계기로 중산층과 화이트칼라계층의 북미주 이민이 본격화되었다. 1960
년대 후반부터 '히스패닉'과 아시아인 이민이 대폭 증가하였으며, 이들
의 움직임은 새로 대두하던 '민권운동'과 결합하여 문화적 다원주의를
옹호하는 운동으로 진전되었다.[36] 이런 이주의 물결은 1988년 이후 조
금 감소하다가, 1998년 '외환위기' 이후 다시 증가하는 추세에 있다.

2) 발전주의 국가와 역외 노동이주의 활성화

다른 한편, 이 시기 단기 노동계약을 중심으로 한 한국인 노동력의
해외취업도 본격적으로 추진되었다. 해방 후 노동력의 해외취업은 크
게 두 번에 걸쳐 증가하는 시기를 경험하였는데, 1965년부터 1969년
까지의 시기와 1976년부터 1979년까지의 시기이다. 1965년은 광부
와 간호원의 독일파견이 본격화한 해인데, 그 이후 한국군이 베트남전

---

35 설동훈, 앞의 책, 135~149쪽 참조.
36 황혜성, 「미국의 다문화주의」, 『이화사학연구』 35집, 2007.

쟁에 참전하는 것과 아울러 베트남 지역으로의 노동인력 파견도 본격화되었다. 1965년부터 1969년까지의 시기를 '월남특수기'로 규정하는 것은 이런 이유 때문이다. 다음 1976년은 중동 지역에서 해외취업의 길이 열리면서 한국기업의 중동진출에 동반하여 노동인력 진출이 본격화되었던 시기였다. 1976년부터 1979년까지의 시기를 중동특수를 중심으로 한 해외취업의 팽창기라고 규정하기도 한다. 1980년 이후 해외 노동이주는 크게 둔화되었으며, 다시 회복되지 못했다.[37]

냉전기 해외 노동이주는 역외이주를 중심으로 크게 세 가시 범주를 중심으로 수행되고 있었다. 간호요원과 광부의 파독, 베트남전쟁 시기 베트남 지역으로의 노동인력 파견, 그리고 중동 지역 건설경기를 기반으로 한 중동 지역으로의 노동인력 파견 등이 그것이다.

먼저 독일로의 노동이주에 대해 살펴보자. 1963년 시작된 독일로의 광부파견은 제1차 광부협정에 따라 1966년까지 모두 2,519명이 파견되었다. 이어 제2차 광부협정이 1970년 체결되어 1971년까지 2,172명이 파견되었다. 1963년부터 1976년까지 단속적으로 이어진 독일 광부파견은 13년간 총 6,546명이 파견된 것으로 집계되었다. 한편 독일로의 간호요원 파견은 처음에는 민간차원에서 추진되었는데, 1960년부터 1969년 사이에 모두 2,820여 명이 보내졌다고 한다. 1969년 한독 간에 간호요원 협정이 체결되어 대규모의 본격적인 파견이 이루어지게 되었는데, 1970년부터 1976년 사이에 총 7,406명의 간호요원이 파견되었다. 따라서 1960년 이후 1976년까지 17년간 파독 간호요원

---

37   아산사회복지사업재단, 『한국의 해외취업』, 1988, 25～35쪽.

은 모두 10,226명이 이르게 되었다.

1960년부터 1976년까지 이어진 광부와 간호요원의 독일 파견은, 모두 합쳐 2만 명에 이르지 못하는 소규모 이주에 지나지 않았다. 그럼에도 그것이 가지는 노동이주로서의 상징성은 매우 큰 것이었다. 파독 광부와 간호요원은 한국 국내의 실업자문제와 사회문제 해결에 기여하였으며, 송금으로 인한 외화가득(外貨稼得)으로 경제발전에도 크게 이바지한 것으로 높이 평가되었다.[38] 이들은 계약 기간 만료 후에 대부분이 귀국하였으나 일부는 북미주 지역으로 이주하였으며, 또 일부는 계약 연장으로 장기체류하면서 독일사회에 정착하기도 하였다.[39]

다음 베트남 지역으로의 노동인력 파견에 대해 살펴보자. 1965년 한국군 전투병력이 베트남전쟁에 파병된 것을 계기로, 노무인력 '파월'이 본격적으로 추진되었다. 1965년부터 1973년 사이에 연 32만 5천여 명의 군인이 참전하였으며, 이와 더불어 모두 2만 4천여 명의 민간인 기술자, 노무자들이 베트남에서 취업하였다.[40] 노동자 파월업무는 해외개발공사가 전담하였는데, 1966년부터 인력 파견은 급속도로 성장하였다.

1968년 전반기의 상황을 보면, 13,668명이 베트남에 근무 중이었는데 외국회사 35개사에 71%, 한국회사 52개사에 29%의 인원이 근무

---

38 위의 책, 54~64쪽 참조. 1965년부터 1975년 사이에 이들이 송금한 금액은 1억 불에 달하는 것으로 추계되고 있다. 윤용선, 「1960~1970년대 광부·간호사의 서독 취업에 대한 재해석-경제적 측면을 중심으로」, 노명환 외, 『독일로 간 광부·간호사』, 대한민국역사박물관, 2014, 29~87쪽.
39 이들을 종합적으로 검토한 성과로는 다음 참조. 노명환 외, 『독일로 간 광부·간호사』, 대한민국역사박물관, 2014.
40 아산사회복지재단, 앞의 책, 165~222쪽 참조.

중이었다고 한다. 외국회사는 Vinnel사 등 군사지원기업이 중심을 이루었으며, 한국기업은 한진상사와 현대건설 등 용역과 건설을 중심으로 한 '군납기업'이 주축을 이루었다. 파월 노동자들의 근무 형태는 건설보다는 용역 '군납기업'이 중심으로 이루고 있었으며, 외화가득율도 용역군납이 건설군납보다 압도적으로 높았다고 한다.

이들 역시 국내 실업문제를 해소하고 전장에서 흘린 피를 대가로 외화를 획득하여 송금함으로써 국내 경제발전에 크게 기여한 것으로 상찬되었다. 또 노무인력 파월에는 그보다 더 큰 의미가 부여되었는데, 언어와 풍토, 관습이 다른 외국에 얼마든지 진출할 수 있다는 자신감을 한국정부와 한국인들에게 심어주었다는 것이다. 이들이 축적한 경험은 이후 동남아 지역과 중동 지역 등에 한국기업과 인력이 진출하는 데에 큰 초석이 되었다고 평가되었다.[41] 한편 이들이 중심이 된 한국에서의 '월남붐'이 전쟁동원 메커니즘을 한국인의 일상 속으로 뿌리내리게 하는 데에 기여하였다는 지적은 경청할 필요가 있을 것이다.[42]

마지막으로 한국에서 '중동붐'을 일으킨, 중동 지역으로의 노동이주에 대해 간단히 살펴보자. 한국 노동자의 중동진출은 1973년 제1차 석유파동이 일어나고, 월남붐이 종식되는 상황에서 한국경제의 난관을 돌파하는 계기로 중시되었다. 한국노동력의 중동진출은 1976년부터 본격화단계에 접어들었는데, 3~4년 사이에 기하급수적으로 증가하여 1979년에는 99,141명에 이를 정도였다. 사우디아라비아와 이란을 중심으로 중동 지역에서 활성화된 건설경기에 편승하여 한국의 기업들도

---

41 위의 책.
42 윤충로, 『베트남전쟁의 한국사회사』, 푸른역사, 2015 참조.

다수가 이 지역에 진출해 있었으므로, 한국인 노동력의 취업 비중은 한국 기업이 90% 이상을 차지하고 있었다.[43] 이처럼 중동 지역으로 진출한 노동력의 수는 많았으나 대부분이 한국기업에 고용되어 있었으며, 중동 지역의 문화적 특성상 현지사회와의 접촉이 매우 제한되어 있었다는 점에서, 이주로서의 성격이 매우 약한 노동이동이었다고 평가할 수 있을 것이다.

마지막으로 언급해둘 필요가 있는 두 가지 분야가 바로 선원과 식료업소 종사자(호스테스)의 해외취업이다. 1966년 이후 활성화된 선원의 해외취업은 1980년까지 모두 11만 8,900여 명, 그들이 축적한 총 외화가득액은 6억 3,700만 불이었다고 집계되고 있다. 인원수나 외화송금액에서 볼 때 결코 무시힐 수 없는 분야라 할 것이다. 이어 많은 논란과 물의를 빚었던 분야 가운데 하나가, 일본과 홍콩 등에 취업한 호스테스 혹은 요식업체 종사자의 해외진출이었다.[44] 외화가득을 이유로 이들의 해외송출이 합리화되었을 정도로, 발전주의 국가의 노동이주는 개발주의적 측면에서 적극적으로 장려되고 있었던 것이다.

앞서 언급한 바 있는 오키나와로의 계절노동자 파견도 외화가득을 위한 해외취업 가운데 하나였다. 오키나와로 파견된 계절노동자에 관한 최근의 한 연구에 의하면, 1973년부터 주로 전라남도와 강원도 지역 탄광노동자의 자녀들이 오키나와로 파견되었다고 한다. 이들은 한국과는 비교할 수 없는 높은 임금 지급을 약속받았으나 기대한 만큼의 대우를 받지 못했고, 상당한 행동의 제약도 따라서 불만이 높았다. 이에 한국인

---

43   아산사회복지재단, 앞의 책, 223~421쪽 참조.
44   위의 책, 498~505쪽.

노동자 도입을 비판하는 일본 시민사회의 활동이 전개되자, 1976년을 마지막으로 오키나와로의 외국인 노동자 도입은 종료되었다고 한다. 1973년부터 1976년까지 파견된 한국인 노동자의 총수는 3,500명 정도였다.[45]

ILO통계에 따르면 1980년대 이전 즉 냉전시대의 이주노동은 역외이주가 9할 이상을 차지하고 있었으나, 1990년대 탈냉전시대에는 역내이주가 40% 이상을 차지하게 되었다고 한다.[46] 동아시아 지역도 여기에 예외가 아니어서, 앞서 본 바와 같이 약간의 계절노동자와 호스티스 정도를 제외하면 한국에서 일본으로의 노동이주 나아가 역내의 노동이주는 볼만한 것이 없었다. 베트남전쟁이 이어지던 시기에 한국인 기술자 혹은 노무자들의 베트남 파견이 있었으나, 이는 전쟁이라는 특수상황이 만들어낸 산물이었을 따름이다.

4. 탈냉전기 노동이주의 성격 변화

국가간 인구이동이 일상화되고 보편화된 이주의 시대를 우리는 살고 있다. 유엔은 세계 인구의 3%에 가까운 사람이 매년 모국을 떠나 외

---

45 外村大·羅京洙, 「1970年代中期沖繩の韓國人季節勞動者」, 『移民研究年報』 15号, 日本移民學會, 2009.
46 윤인진, 앞의 글; 스티븐 카슬·마크 J. 밀러, 앞의 책, 225~261쪽.

국에서 거주하고 있는 것으로 추정했다. 게다가 이주자 송출국과 유입국으로 나누던 이전의 이분법은 이제 의미가 없어지고 있다. 대부분의 국가는 이입과 이출을 동시에 겪고 있으며, 일부 국가는 이주자가 잠시 머무르는 경유지 역할을 맡기도 한다. 또 이주는 전지구화하고 점차 가속화하고 있는 것으로 평가되고 있다. 이처럼 이주가 전지구적으로 역동적으로 전개되고 있으므로, 전지구적 거버넌스의 전개에서 이주문제가 차지하는 부분도 매우 크다고 할 수 있을 것이다.[47]

1970년대 아시아 지역의 노동이주는 오일달러를 기반으로 한 중동국가로의 유입이 큰 부분을 차지하고 있었다. 중동 지역의 이주노동자는 필리핀과 한국, 태국 등의 노동자들이 중심을 이루고 있었다. 그러나 1980년대 이후 중동의 건설 수요가 줄어들고 서비스업으로 중심이 이동하면서, 서남아시아와 동남아시아의 여성노동을 중심으로 노동시장이 개편되었다. 1990년대에는 중동으로 향했던 아시아 지역의 노동이주가 일본과 한국을 중심으로 한 동아시아 지역으로 방향을 전환하였다.[48]

그 사이에 한국은 경제발전 수준이 상대적으로 높고 인구증가율은 낮아서, 외국인 노동력이 필요한 노동수입국으로 변모하였다. 1960년대 이후 한국에서의 노동이동은 다음과 같이 세 시기로 나누어 살펴볼 수 있다. 첫 번째 시기는 1960년부터 1987년 사이인데, 이 시기는 이출은 팽창하였으나 노동 이입은 없는 시기였다. 이어 두 번째 시기는 1988년부터 1997년 사이로서, 이출이 정체되고 불법적인 이입이 늘어나는 시기였다. 세 번째 시기는 1998년 이후인데, 이출이 분화하고 이

---

47   스티븐 카슬·마크 밀러, 앞의 책, 23~51쪽.
48   윤인진, 앞의 글 참조.

입이 정착하는 시기였다.[49]

이에 반해 아시아 태평양 지역은 노동이주가 가장 빠르게 증가하고 있는 지역 중의 하나이다. 송출국과 수용국 사이의 생산성과 임금격차가 노동이주를 초래하는 가장 큰 요인인 것이다. 게다가 근래에는 이주노동자에 의한 송금이 송출국의 경제를 활성화시키는 데 크게 기여하고 있다고 평가되고 있다.[50]

최근의 한 연구에 의하면, 동아시아 지역의 노동이주는 점차 증가하고 있으며 이주형태와 경로도 점차 다양화하고 있다고 한다. 또 상당히 많은 여성을 포함한 저기능 노동이주와 일시적이고 순환적인 이주가 중심으로 이루며, 불법이주자가 상당히 많은 부분을 포함하고 있다고 한다. 이에 따라 다양한 차원의 인권문제와 아울러 다문화사회적 과제가 제기되고 있다고 한다.[51] 이로 볼 때, 동아시아 지역의 노동이주는 역내 경제개발에 기여하고 있으며, 초국가적 네트워크를 구성하고 있을 뿐만 아니라, 수용국가의 문화적 다양성을 증대시킴으로써 다문화사회로 변모하게 한다고 평가해도 좋을 것이다.[52]

한국으로 유입된 이주노동자 가운데 특히 주목할 필요가 있는 사람들이 중국 조선족 이주민들이다. 2011년 현재 국내에 체류 중인 외국인 노동자 110만여 명 가운데, 중국의 조선족이 약 45만여 명을 차지

---

49 김병조, 「한국에서의 국제적 노동이동의 시기별 특성에 관한 연구」, 『산업경제연구』 24권 5호, 2011.
50 윤인진, 『동북아시아의 국제이주와 다문화주의』, 한울, 2013, 25~76쪽; 최영진, 「동아시아에서의 노동이주의 동학」, 『신아세아』 17권 4호, 2010; 최호림, 「동남아시아의 이주노동과 지역 거버넌스」, 『동남아시아연구』 20권 2호, 2010 참조.
51 최병두, 「동아시아 국제 노동이주」, 『현대사회와 다문화』 2권 2호, 2012.
52 윤인진, 앞의 글.

하고 있다. 이들은 중국의 공식적인 조선족 인구통계의 약 20% 이상에 해당한다. 이들의 송금은 2006년 기준으로 연 7억 불, 연변조선족자치주 재정 총수입의 2.5배를 차지할 정도로 그 규모도 크다.[53]

반면 동아시아 지역에서 노동 송출국 가운데 하나로 부상하고 있는 국가가 바로 북한이다. 1990년대 이후 북한은 핵실험과 미사일 발사 등으로 인한 국제사회의 '경제봉쇄'로 외화획득에 곤란을 겪게 되었고, 이에 그 출구로 모색한 것이 바로 해외 시장으로의 노동인력 '파견'이었다. 그 규모는 정확하게 파악하기 어렵지만, 아산정책연구원은 2013년 현재 16개국에 5만 2~3천 명의 노동자가 파견되어 있다고 보고하였다.[54]

그러나 북한 해외노동지 임금의 90% 성노는 북한정부의 외화수입으로 충당되고 최저임금만이 당사자에게 주어지고 있다고 한다. 게다가 인권침해 수준의 노동을 강제당하고 있는 것으로 알려지고 있다. 이른바 '북한사회의 축소판'이 아시아, 유럽, 아프리카 등 수십여 개 국가로 수출되고 있다는 것이다.[55] 북한은 국가가 아니라 '세계최대 인력회사'라는 주장도 같은 맥락에서 나온 것이다. 한 조사에 의하면, 유럽에서 일하는 북한 노동자 한 명에게서 얻는 연 수입은 최대 3만 5천 불에 이른다고 한다. 북한 노동자들은 매일 12~15시간씩 최소 주 6일을 일하지만, 개인에게 지급되는 돈은 거의 없다.[56]

---

53   이진영·박우, 「재한 중국조선족 노동자집단의 형성과정에 관한 연구」, 『한국동북아논총』 51집, 2009; 윤황·김해란, 「한국거주 조선족 이주노동자들의 법적 경제적 사회지위 연구」, 『디아스포라연구』 5권 1호, 2011 참조.

54   임예준, 「북한 해외노동자의 실태와 인권」, 평화재단 평화연구원, 2016.

55   윤여상·이승주, 『북한 해외 노동자 현황과 인권실태』, 북한인권정보센타, 2015, 2~4쪽.

56   「유럽은 김정은 현찰금고…… 노동자 1명이 연 3만5천 불 송금」, 『조선일보』, 2016.6.24.

북한 노동자의 해외이주는 아주 심각한 노동인권 문제를 낳고 있는 것으로 새삼스레 주목받고 있는 중이다. 전세계의 현대판 노예가 모두 4,580만 명으로 추정되고 있으며, 그 가운데 국가별 인구비율로는 북한이 1위를 차지하고 있다는 WFF(Work Free Foundation)의 발표가 북한의 노동 상황을 상징하고 있다고 할 것이다. 북한에서 강제노동을 당하고 있는 현대판 노예는 모두 110만여 명으로 인구당 비율로 4.37%를 차지하고 있다는 것이다.[57]

이처럼 탈냉전 이후 지구화시대의 노동이주는 한반도의 남북한에서 서로 방향을 달리한 채 대규모로 전개되고 있는 중이다. 반도의 남쪽으로는 대규모 노동인구가 유입되고 있는 반면, 북쪽에서는 반인권적인 노동자의 해외파견이 정부당국의 주요한 외화 획득원으로 기능하고 있는 것이다.

5. 맺음말

한국에서의 노동이주를 3개의 시간대 곧 식민지배기, 냉전기, 탈냉전기＝전지구화시기로 나누어 그 변화를 살펴보았다. 이를 통하여 노

---

57 「세계 '현대판 노예' 4,580만 명, 인구비율로는 북한 1위」, 『조선일보』, 2016.5.31. 네덜란드 라이덴 대학의 렘코 브뢰커 교수가 다국적 태스크포스팀을 이끌고, 폴란드를 중심으로 북한 노동자들이 처한 현실을 추적하였다고 한다.

동이주의 성격변화가 동아시아 지역의 성격변화와 어떤 관련을 갖는지 혹은 상호 어떤 영향을 주고받는지를 이해하고자 하였다. 1차 대전 이후 수용국에 정착하기 위한 이민이 차츰 불가능하게 되자, 단기계약에 의한 노동자들의 이주가 주요한 현상으로 부상하기 시작하였다. 그러나 단기계약 이주라 하더라도 이주자의 욕망과 수용국의 사정에 따라 이주기간이 장기화되거나 정착하는 방식으로 그 성격이 변하기도 하였다. 여기에 노동이주의 딜레마가 존재한다고 해도 좋다. 현재 전지구적인 이주가 많은 문제를 낳고 있는 것 역시 여기에 이유가 있는 것이다.

식민지시기의 노동이주는 단신이주를 중심으로 한 본국으로의 강제동원과 가족이주가 중심이 된 만주로의 척식이민을 중심으로 구성되어 있었다. 그러나 냉전 시기의 노동이주는 독일이나 중동 지역 등으로의 역외이주를 중심으로 한 단신이주 노동으로 변화하였다. 탈식민주의적이고 개발주의적인 노동이주로의 변화를 상징하는 것이라 하겠다. 게다가 동아시아 지역의 대분단체제는 역내의 노동이주를 근원적으로 제약하고 있었던 것이다.

반면 냉전이 해체되고 전지구화가 가속화되면서 역외이주가 줄고 역내이주가 증가하고 있으며, 동아시아 지역은 주로 노동이주의 수용국으로 변화하고 있는 중이다. 이 역시 탈냉전과 전지구화로의 변화를 상징하고 있는 것이라 하겠다. 그럼에도 북한의 노동자 해외파견은 증가하고 있는바, 중국 조선족의 한국이주에 비추어볼 때 북한사회의 변화가 가져올 디아스포라적 변화의 일단을 예감할 수도 있을 것이다. 한국의 탈북이주민들은 디아스포라 노동이주의 리트머스 시험지 역할을 수행하고 있는지도 모른다.

전지구적으로 이주가 증가하면서 각국은 이주민과 난민문제로 골머리를 앓고 있는 중이다. 전지구적 상생을 위한 '이주의 경제학'이 다방면에서 모색되고 있는 중인바,[58] 외국인 노동자와 아울러 조선족 및 탈북 이주민을 함께 수용해야 하는 한국의 상황은 바람직한 이주의 경제학을 모색하기 위한 중요한 시험대가 될 것이다.

지금도 미국과 멕시코 국경의 사막지대와 중동 및 아프리카와 남유럽을 잇는 지중해의 거친 바다 위, 그리고 몽골의 사막과 동남아시아의 밀림 등에서는 목숨을 건 대탈출이 이어지고 있다. 기아와 내전, 사회적 혼란으로 인하여 일상적 삶을 고통스럽게 이어가고 있는 많은 사람들은, 끊임없이 전지구적인 '엑서더스'를 감행하고 있는 것이다. 그러나 지구인들은 아직 그들과 함께 살아가는 방법을 모른다. 영국인과 미국인들이 선택한 고립의 길, 다시 말하면 브렉시트(Brexit)와 트럼피즘(Trumpism)과 같은 이주의 흐름을 막는 장벽쌓기가 과연 성공할 수 있겠는가? 이런 일들이 모든 지구인들에게 반면교사가 되기를 기대할 따름이다.

---

58 폴 콜리어, 김선영 역, 『엑서더스』, 21세기북스, 2014 참조.

참고문헌

「세계 '현대판 노예' 4,580만 명, 인구비율로는 북한 1위」, 『조선일보』, 2016.5.31.
「유럽은 김정은 현찰금고…… 노동자 1명이 연 3만5천 불 송금」, 『조선일보』, 2016.6.24.
외교통상부, 「재외동포 현황」, 국회도서관 디지털자료관.

김광열, 「20세기 전반 한인의 일본이주와 정착」, 『역사학보』 212집, 2011.
김명섭, 「동아시아 냉전질서의 탄생」, 『동아시아의 지역질서』, 창비, 2005.
김병조, 「한국에서의 국제적 노동이동의 시기별 특성에 관한 연구」, 『산업경제연구』 24권 5호, 2011.
김승욱, 「20세기 전반 한반도에서 일제의 도항 관리정책―중국인 노동자를 중심으로」, 『중국근현대사연구』 58집, 2013.
노명환 외, 『독일로 간 광부 간호사』, 대한민국역사박물관, 2014.
미즈노 나오키[水野直樹] · 문경수, 한승동 역, 『재일조선인』, 삼천리, 2016.
박경숙, 「식민지시기(1910~1945년) 조선의 인구동태와 구조」, 『한국인구학』 32, 한국인구학회, 2009.
북한인권조사위원회(COI), 『2014 유엔 인권이사회 북한인권조사위원회보고서(*Report of the commission of inquiry on human rights in the Democratic People's Republic of Korea*)』, 통일연구원, 2014.
아산사회복지사업재단, 『한국의 해외취업』, 1988.
설동훈, 『노동력의 국제이동』, 서울대 출판부, 2000.
스티븐 카슬 · 마크 밀러, 한국이민학회 역, 『이주의 시대』, 일조각, 2013.
신주백, 「한국에서 일본의 강제동원에 대한 연구현황과 방향」, 『한일민족문제연구』 27집, 2014.
심헌용, 「러시아 한인의 러시아이주와 정착」, 윤인진 외 편, 『동북아의 이주와 초국가적 공간』, 아연출판부, 2010.
웨인 패터슨, 정대화 역, 『아메리카로 가는 길』, 들녘, 2001.
_____, 『하와이 한인 이민 1세』, 들녘, 2003.
위르겐 오스터함멜 · 닝스 페테르손, 배윤기 역, 『글로벌화의 역사』, 에코리브르, 2013.
윤여상 · 이승주, 『북한 해외 노동자 현황과 인권실태』, 북한인권정보센타, 2015.
윤용선, 「1960~1970년대 광부 · 간호사의 서독 취업에 대한 재해석―경제적 측면을 중심으로」, 노명환 외, 『독일로 간 광부 · 간호사』, 대한민국역사박물관, 2014.
윤인진, 『코리안 디아스포라』, 고려대 출판부, 2003.

_____, 「동아시아 국제이주의 현황과 특징」, 윤인진 외 편, 『동북아의 이주와 초국가적 공간』, 아연출판부, 2010.

_____, 『동북아시아의 국제이주와 다문화주의』, 한울, 2013.

윤충로, 『베트남전쟁의 한국사회사』, 푸른역사, 2015.

윤해동, 「트랜스내셔널 동아시아의 근대적 변용」, 『역사학보』 221, 역사학회, 2014.

윤황·김해란, 「한국거주 조선족 이주노동자들의 법적 경제적 사회지위 연구」, 『디아스포라연구』 5권 1호, 2011.

이삼성, 「동아시아 국제질서의 성격에 관한 일고 — '대분단체제'로 본 동아시아」, 『한국과 국제정치』 22권 4호, 2006.

이진영·박우, 「재한 중국조선족 노동자집단의 형성과정에 관한 연구」, 『한국동북아논총』 51집, 2009.

임예준, 「북한 해외노동자의 실태와 인권」, 평화재단 평화연구원, 2016.

정재정, 「근대 동북아시아에서의 이주와 이산」, 『역사학보』 212집, 2011.

조정우, 「조선총독부 만주이민정책의 이면」, 『사회와 역사』 103집, 한국사회사학회, 2014.

최병두, 「동아시아 국제 노동이주」, 『현대사회와 다문화』 2권 2호, 2012.

최영진, 「동아시아에서의 노동이주의 동학」, 『신아세아』 17권 4호, 2010.

최원식, 「오키나와에 온 까닭」, 『제국 이후의 동아시아』, 창비, 2009.

최호림, 「동남아시아의 이주노동과 지역 거버넌스」, 『동남아시아연구』 20권 2호, 2010.

테사 모리스-스즈키, 한철호 역, 『북한행 엑스더스』, 책과함께, 2008.

_____, 박정진 역, 『봉인된 디아스포라』, 제이앤씨, 2011.

폰 바바라 뤼티(von Barbara Lüthi), 염운옥 역, 「이주와 이주사」, 『역사비평』 108호, 2014.

폴 콜리어, 김선영 역, 『엑서더스』, 21세기북스, 2014.

황혜성, 「미국의 다문화주의」, 『이화사학연구』 35집, 2007.

_____, 「왜 호모 미그란스인가? — 이주사의 최근 연구동향과 그 의미」, 『역사학보』 212집, 2011.

金英達, 『朝鮮人强制連行の硏究』, 明石書店, 2003.

朴慶植, 『朝鮮人强制連行の記錄』, 未來社, 1965(박경옥 역, 『조선인 강제연행의 기록』, 고즈윈, 2008).

蘭信三編, 『日本帝國をめぐる人口移動の國際社會學』, 不二出版, 2008, 서문.

外村大, 『朝鮮人强制連行』, 岩波書店, 2012.

_____·羅京洙, 「1970年代中期沖繩の韓國人季節勞動者」, 『移民硏究年報』 15号, 日本移民學會, 2009.

20세기 전반 한반도에서 일제日帝의 도항渡航 관리정책

중국인 노동자를 중심으로

김승욱

1. 서론

근현대 동아시아는 일본제국의 부상으로 공간지형의 큰 변화를 경험하게 되었다. 근대 이전 동아시아에 17세기 이후 지역제국으로서 면모를 형성한 청조를 중심으로 한 제국 공간이 펼쳐 있었다고 한다면, 근대들어 새롭게 부상한 일본제국은 청조의 제국 공간이 위축되는 한편으로 그와 마치 길항적인 관계를 보이는 듯이 그 공간을 확장해갔다. 일본은 청일전쟁, 러일전쟁 등을 차례로 거치며 그 국민국가의 경계를 넘어 한반도, 만주를 거쳐 중국 본토로 그 영역을 확장해 제국적 면모를 형성해 갔다. 이렇게 중화제국에서 일본제국으로 그 중심축이 이동한 것은, 근현대 동아시아 지역세계에서 전개된 공간지형상의 큰 변화다.

일본제국의 공간이 국민국가의 경계를 초월해 그 권역을 형성하는 데는 그에 작동한 지배장치들이 존재했다고 할 수 있다.[1] 당시 동아시아 각국에는 지역 간의 연결성을 강화해준 다양한 네트워크들이 구축되고 있었는데, 그러한 네트워크들은 그 제국의 지배장치 또는 지배당치의 회로로서 중요한 기능을 담당했다고 할 수 있다. 각 지역에 건설된 항만, 철도 등은 인적, 물적으로 지역 간의 연결성을 강화했고, 일본은 그러한 네트워크에 대해 우월적 영향력을 발휘하면서 제국의 지배 영역을 확장해갈 수 있었다. 한반도를 둘러싼 일본의 항운네트워크는 19세기 말 러시아, 중국 등과의 각축을 거치면서 우월적 위상을 점해갔다. 일본우선주식회사(日本郵船株式會社)(1885년 건립), 오사카상선주식회사[大阪商船株式會社](1895년), 조선우선주식회사(朝鮮郵船株式會社)(1912년) 등 일본의 기선회사들은 인천, 부산 등을 비롯한 한반도의 주요 항구에 기항하면서 중국, 일본 및 러시아 등을 포괄하는 해운 네트워크를 형성해갔다.[2] 또한 청일전쟁, 러일전쟁 등 거치면서 러시아의 동청철도(東淸鐵道) 가운데 장춘(長春) 이남의 철도망을 남만주철도주식회사(南滿洲鐵道株式會社)를 통해 관리하고,[3] 안동과 심양(봉천)을 잇는 안봉철로를 건설함으로써[4] 중국 동북 지역에 대한 영향력을 강화했다. 아울러 한반도 쪽에서는 경의

---

1 국민국가에 상당하는 권력의 영역적 중심 없이 그 경계가 계속 확장하면서 권역을 형성하는 탈영역적 지배장치로 제국을 재정의하는 논의들이 주목된다. Micheal Hardt · Antonio Negri, *Empire*, Cambridge, MA : Harvard University Press, 2000 참조

2 졸고, 「19세기 말~20세기 초 仁川의 운송망과 華僑 거류양상의 변화」, 『중국근현대사연구』 제50집, 2011.6, 77~83쪽.

3 財團法人滿鐵會 編, 『滿鐵四十年史』, 吉川弘文館, 2007, 1~4 · 29~33쪽.

4 손승회, 「근대 한중관계사상의 교통로와 거점-滿鐵과 안동을 중심으로」, 『한중관계사상의 교통로와 거점』, 동북아재단, 2011, 293~298쪽.

선, 경부선의 건설로 국토를 종단하는 철도망을 확보하고, 이후 이를 압록강을 건너 안동-신의주를 연결하는 철교로 연결했다. 이러한 각종 네트워크들은 지역 간의 연결성을 강화하면서 일종의 초국적 공간을 형성해 주었으며, 일본은 바로 이러한 네트워크에 대해 우월적 영향력을 확보하면서, 그 '내지'와 한반도, 중국 동북, 화북 지역을 공간적으로 포괄하는 제국의 판도를 형성했다고 할 수 있을 것이다.

그런데 공간이란 결국 인식을 통한 구성물이라고 할 때, 위와 같이 지배장치에 의해 형성되는 공간이 그에 처한 주체들에 의해 어떻게 인식되고 재구성되는가를 보는 것은 매우 중요하다. 그를 통해 "위로부터" 규정되는 질서, 구조 속에서 드러나기 어려운 "아래로부터" 형성되는 또 다른 질서, 구조를 관찰할 수 있게 되며, 그것을 통해 그 공간을 보다 다양하고 입체적으로 그려낼 수 있을 것이다. 화교(華僑)는 위의 네트워크들이 형성한 초국적 공간을 무대로 이동했던 대표적인 이주자 집단으로, 필자는 이러한 초국적 이주자들을 중심으로 근현대 동아시아 지역세계가 어떻게 인식되고 재구성되었는가에 관심을 가져왔다.[5]

이에 필자는 본고에서는 20세기 전반 한반도에서 일제(日帝)의 도항(渡航) 관리정책 측면에 눈을 돌려 분석해 보려고 한다. 이를 분석하는 데 있어서 한반도에서 일제의 도항관리가 일본 내지의 그것과 어떤 편차가 있는지, 중국인 노동자와 일본의 제국공간의 관계 그리고 그 속에 다른 이주 집단인 조선인 노동자와의 관계 등을 특히 중요하게 고려해

---

[5] 졸고, 「20세기 초(1910~1931) 인천화교의 이주 네트워크와 사회적 공간」, 『중국근현대사연구』 제47집, 2010.9; 졸고, 앞의 글, 2011.6; 졸고, 「20세기 초반 韓人의 上海 인식 -공간 인식을 중심으로」, 『중국근현대사연구』 제54집, 2012.6; 졸고, 「20세기초 한반도의 산동화교-半島空間의 도시 네트워크와 이민」, 『중국사연구』 제82집, 2013.2.

검토해 볼 것이다.[6] 구체적인 논의 순서는 다음 장에서 중국인 노동자의 한반도 진입 양상과 그에 대한 일제의 도항 관리 원칙을 살펴보고, 다음 장에서 도항 관리가 실제로 이루어진 향상은 어떠했는지 그 속에서 중국인 노동자가 어떤 위치에 놓이게 되었는지 특히 조선인 노동자와의 상호연동 관계에 초점을 두고 논의를 진행할 것이다.

2. 중국인 노동자의 진입 양상과 일제의 도항 관리 원칙

일본은 1910년 8월 22일 한일병합의 '조약'을 강요해 조선을 식민지로 만들었다. 1910년 9월 30일 총독부 관제가 공포되었고, 10월 1일 데라우치 마사다케[寺內正毅]를 초대총독으로 하는 조선총독부가 설치되었다. 임오군란(1882년)에 대한 개입 이후 한반도에 대해 기대를 갖고 '새롭게' 영향력을 강화해오던[7] 중국 측으로서는 이러한 정세 변화가

---

6   1910년대 조선총독부의 도항관리에 관해서는 水野直樹의 연구를 참조. 水野直樹, 「朝鮮總督府の內地渡航管理政策－1910年代の勞働者募集取締」, 『在日朝鮮人史硏究』第22號, 1992.9. 일본 내지에서 중국인 노동자의 이입규제에 대해서는 山脇啓造, 『近代日本と外國人勞働者－1890年代後半と1920年代前半における中國人·朝鮮人勞働者問題』, 明石書店, 1994 참조.
7   임오군란 이후 청의 조선에 대한 영향력 강화 노력이 중화조공질서를 재확인하는 것인지 여부를 떠나 당시 청에 있어서 조선은 개항장 체제로 대변되는 새로운 세계질서에 대한 새로운 적응 노력의 창구였던 측면이 있었다. Kirk Wayne Larsen, *Tradition, Treaties, and Trade－Qing Imperialism and Choson Korea, 1850~1910*, Harvard University Asia Center, 2008 참조.

커다란 장벽이나 전변으로 받아들여지지 않을 수 없었다. 그 동안 중국 권력의 군사, 외교적 후원 하에 한반도로 적극 접근해왔던 것이 사실이었던 만큼, 재한화교들은 이주 환경은 상대적으로 악화되었다. 실제로 한일병합을 전후로 하여 화교 인구는 일시 감소하기도 했는데, 1908년 9,978명이던 화교 수는 병합 직전인 1909년 6,568명으로 줄어들었다. 그렇지만 화교 수만 가지고 보자면 한일병합의 충격은 그리 결정적이었다고 할 수 없는데, 일시 급감했던 그 숫자는 1910년 11,818명으로 곧 회복되었고 이후로도 꾸준히 증가했다. 만보산사건(萬寶山事件)(1931년) 이전인 1930년 재한화교는 67,794명이었다. 일제시기 재한화교의 증가세는 오히려 급격하다고 해야 할만한 것이었다.

그런데 한일병합으로 시작된 1910년대 한반도 정세의 변화 하에서, 재한화교의 구성은 내용적으로는 큰 구조적 전환이 있었다는 점을 주목하지 않을 수 없다. 그것은 화교의 주요 구성원으로 노동자 군(群)이 대거 등장했다는 점이다. 물론 기왕에 진출해 있던 상인, 농민들도 여전히 활발히 활동을 전개했다. 중국인 상인들은 무역, 도소매, 서비스, 금융 분야에서 안정적인 지위를 유지했고, 농민의 경우도 야채 재배업 등에서 시장을 지배하는 영향력을 발휘했다. 그런데 이 시기에는 여기에 중국인 노동자가 점차 늘어나기 시작해, 시간이 갈수록 결국 화교 사회의 다수를 점하는 인구 집단으로 자리를 점해갔다. 〈표 1〉에서도 볼 수 있듯이 20년대의 경우, 화교 인구 가운데 노동자의 비율은 60%에 가까운 수치를 유지했다. 정확한 통계가 잘 잡히지 않는 노동자의 유동 행태를 감안할 때, 실제 노동자의 비율은 이보다 훨씬 높이 잡아야 한다.

중국인 노동자가 한반도로 진입해온 현상은 이들의 이주에 작용한

〈표 1〉 1926~1931년 재한화교의 노동자 비율

	화교 전체	노동자	비율(%)
1926	45,291	26,829	59.2
1927	50,056	27,766	55.5
1928	52,054	30,106	57.8
1929	56,672	33,427	59.0
1930	67,794	35,362	52.2
1931	30,571	19,658	64.3

참조 : 民族問題硏究所 編, 『帝國議會說明資料』 第1卷, 第65·67回(日帝下戰時體制期政策史料叢書, 韓國學術情報株式會社, 2004),
300~301쪽; 본고의 〈별표〉 1910~1931년 재한화교 인구의 추이와 구성 참조.

송출(push)과 수용(pull) 요인을 함께 고려해 설명해야 한다. 송출 요인
과 관련해 보자면 우선 산동 출신의 화교가 늘어나고 있는 것이 주목되
는데, 이 시기를 지나면서 산동 출신 화교는 재한화교 가운데 90%가량
의 절대다수의 비율을 점하는 주류가 되었다.[8] 이런 산동 출신의 화교
특히 노동자가 배출된 것은 이 시기 이 지역의 이농(離農) 인구가 많이
발생하게 된 여러 요인이 있었던 데다가,[9] 지부(芝罘), 용구(龍口), 청도
(靑島) 등 산동반도 내부의 개항도시들이 주변 지역의 노동력을 흡수해
요동반도, 동북 지역 등 경외(境外) 지역으로 송출하는 네트워크를 구성
하며 이들의 이동을 용이하게 만들어주고 있었기 때문이다. 이에 산동
노동자들은 자본주의적 노동시장에 편입되면서 그것을 구성하는 네트

---

[8] 1886년 한성, 인천의 총 324명 화교 가운데 산동 출신은 144명(44.4%)이었다. 그런데
1930년 총 68,761명 가운데 산동 출신은 56,259명(81.8%)에 달했다. 이후 산동 화교는
계속 늘어나 1944년에는 90% 수준으로까지 제고되었다. 「朝鮮曆年華僑人口調査統計」,
『外交部公報』 4-8, 1931.12, 136쪽; 南滿洲鐵道株式會社經濟調査會 編刊, 『朝鮮人勞働
者一般事情』, 1933, 27쪽; 朝鮮總督府警務局保安課, 『鮮內に發生する諜報謀略事件の槪
況及今後の對策如何』, 『朝鮮總督府議會說明資料』 第9卷, 不二出版, 1994, 256쪽.

[9] 인구 증가, 생산 여건의 열악화, 환경조건의 변화, 청일전쟁, 의화단 등 정치사회적 요소
등 다양한 요소의 영향이 산동성 인구의 경외 송출을 자극했다. 윤휘탁, 「민국시기 중국
인의 만주 이주와 귀향」, 『중국사연구』 63, 2009.12 등 참조.

워크를 따라 요동반도, 동북 지역 등으로 이동해가고 있었다. 또한 이들이 향한 요동반도, 동북 지역은 당시 러시아, 일본 등 열강의 진출 과정에서 이러한 노동자들을 수용할 노동시장이 한창 확대되고 있었다.[10] 그 가운데 특히 일본은 이 지역에 대해 그 제국 공간을 확장해가면서 이러한 자본주의적 노동시장의 중심성을 점해가고 있었다. 이런 상황에서 1910년 한일병합 이후 한반도로 진입한 중국인 노동자가 급증했던 것은, 기본적으로 자본주의적 노동 이주 특히 일본 자본주의가 구성하는 중심성을 향해 접근한 노동 이주의 양상으로 이해된다.

조선의 당권자가 된 일제(日帝)의 입장에서 중국인 노동자는 외국인 노동자의 일종으로 관리되어야 할 존재였다. 일본은 '내지(內地)'에서 일찍이 1899년(메이지 32) 제352조 칙령「조약 또는 관습에 의해 거주의 자유를 갖지 않는 외국인의 거주 및 영업에 관한 건[條約若シクハ慣習ニヨリ居住ノ自由ヲ有セザル外國人ノ居住及ビ營業ニ關スル件]」을 공포해, 외국인 노동자에 대한 기본적인 관리 방침을 정해둔 바 있었다. 이는 외국인 노동자에 대해 노동이민을 원칙적으로 금지하는 법령으로 이후에도 줄곧 기본 원칙으로 유지되었다. 조선 병합 직후 통감부는 1910년 8월 29일 통감부령 제52호로「조약에 의해 거주의 자유를 갖지 않는 외국인에 관한 건[條約ニ依リ居住の自由ヲ有セザル外國人ニ關スル件]」을 공포해 이를 그대로 적용한다는 것을 확인했다. 그에 따르면 "조약에 의해 거주의 자유가 없는 외국인으로서 노동에 종사하는 자는 특별히 지방장관의 허가를 받지 않으면 기존 거류지 외에서 거주하거나 업무를 행할 수

---

10   졸고, 앞의 글, 2013.2, 266~278쪽.

없다"고 규정되었다.[11] 이어 조선총독부 정부총감은 1911년 3월 14일 통첩 제30호 「청국인 노동자 내지 거주허가에 관한 건[淸國人勞働者內地居住許可二關スル件]」을 각 도장관에게 보내, 중국인 노동자의 거주 허가는 해당 관할 경찰관서를 통해서 처리할 것을 별도 지시하기도 했다.[12]

일본은 이후 1918년 2월 1일 내무성령 제1호 「외국인 입국의 건[外國人入國の件]」(공포는 1월 24일)을 발해, 외국인의 출입국에 대한 체계적인 관리 방침을 마련했다. 그 제1조에는 "본방(本邦)에 도래하는 외국인으로서 좌기(左記) 각호의 하나에 해당한다고 인정되는 자는 지방장관이 그 상륙을 금지할 수 있다"고 규정하고 그 각호로 ① 여권 또는 국적 증명서를 소지하지 않은 자, ② 제국의 이익에 배반하는 행동을 하거나, 또는 적국의 이익을 도모할 우려가 있는 자, ③ 공안을 해하거나 또는 풍속을 문란케 할 우려가 있는 자, ④ 부랑 또는 구걸의 상습이 있는 자, ⑤ 각종 전염병 환자 그 외 공중위생상 위험한 질환이 있는 자, ⑥ 심신상실자, 심신허약자, 빈곤자, 그 외 구조(救助)를 요할 우려가 있는 자 등을 열거하고 있다. 이는 외국인에 대한 상륙금지, 퇴거명령 등을 포함한 근대일본 최초의 출입국관리법으로, 그 속에서 중국인 노동자에 대해서는 제6항의 "구조를 요할 우려가 있는 자"를 확대 해석하여 위의 칙령 제352조와 함께 엄격한 그에 대해 입국 제한을 가할 근거를 갖게 되었다. 이러한 원칙이 일본 내지와 한반도에 같은 수준에서 적용되었다고 보기는 어렵지만, 이는 한반도의 중국인 노동자에 대한 입국

---

11 朝鮮警察協會 編, 『朝鮮警察法令聚』中-1, 45쪽; 京畿道警察部 編, 『京畿道警察例規聚』, 朝鮮警察協會京城地部, 1927, 46쪽.
12 「官通牒第30號(政務總監)」, 『朝鮮總督府官報』第159號, 朝鮮總督府印刷局, 1911.3.14.

제한에도 적용 가능한 근거 법령이라는 점에 의의가 있다.

그렇지만 일본 내지와 한반도에서 모두 중국인 노동자에 대한 입국 금지가 곧바로 실행되어야 할 사안으로 부각되지는 않았다. 일본 내지의 경우 제1차 대전의 군수경기로 노동자 부족 현상이 발생하여 외국인 노동자 제한을 일시적으로 해제하는 사안이 각의에 제안되는 등 전반적으로 노동자 부족 현상이 나타나고 있었기 때문에, 오히려 중국인 노동자 고용이 어느 정도 현실적인 선택이 되고 있었다.[13] 한반도의 경우도 중국인 노동자의 진입으로 인한 노동시장의 긴장이 사회문제로 부각되기 전까지는 그에 대한 적극적인 규제가 필요하지 않았다. 후술하듯이 현실적으로 중국인 노동자를 필요로 하는 사업 부문에서의 요구도 엄연히 존재했다.

이러한 상황에서 취해진, 당시 조선총독부의 방침은 중국인 노동자의 취로를 현실적으로 용인하면서 그 수를 적절히 규제해 노동시장에서 과도한 긴장을 회피하는 정도로 기본 원칙을 조정, 적용하는 것이었다고 말할 수 있다. 중국인 노동자의 취로와 관련해서는, 1911년 5월 정무총감은 통첩 제660호 「관영사업에서 청국인 사용금지의 건[官營事業ニ淸國人使用禁止ノ件]」을 발해서 관영사업에서는 가능한 한 중국인을 사용하지 않고 필요한 경우에는 총독의 허가를 받아야 한다고 규정했다.[14] 또한 조선총독부는 1917년 제415호 「관영사업에서 지나인 노동자 사용에 관한 건[官營事業ニ支那人勞働者使用ニ關スル件]」을 통해 중국인 노동자 사용은 총독의 허가가 아니가 각 사업소 관할 부국서장(部局署

---

13   山脇啓造, 「1920年代前半における中國人勞働者の移入規制」, 앞의 책, 119쪽.
14   朝鮮警察協會 編, 『朝鮮警察法令聚』 中-1, 朝鮮警察協會出版, 4·5쪽.

長)의 허가를 받으면 되고 또한 1일 30인 이상을 사용하는 경우 관할 도장관의 동의를 얻어야 한다고 해당 규정을 완화했다. 그리고 1922년 8월에는 「관영사업에서 지나인 사용금지의 건[官營事業ニ支那人使用禁止ノ件]」으로 인원수와 관계없이 도지사가 허용하는 것으로 결제 단계를 낮추어 중국인 노동자의 사용을 보다 용이하게 했다. 이어 1927년에는 중국인 노동자의 수를 수요 노동력의 1/3을 한도로 정한다고 다시 규정했다.

그렇지만 1920년대로 접어들어 제1차 대전의 군수경기가 침체되고 전후공황이 시작되면서 일본제국의 권역 내의 노동시장도 긴장이 점차 표면화되는 상황이 나타났다. 일본 해운업의 경우 전후 불황을 맞으면서 중국인 해원(海員)의 문제가 야기되었다. 1920년 8월 일본 해운 노동자들은 선주 측이 경기 악화 때문에 일본인 선원 대신 급료가 낮은 중국인을 고용하는 것을 단속할 것을 정부에 요구하기도 했다.[15] 일본인 노동자들 사이에 중국인 노동자에 대한 위기감과 배척의 여론이 점차 등장하기 시작했던 것이다. 한반도에서도 1920년대 조선인 노동자들의 중국인에 대한 배척의 움직임이 폭넓게 확산되었다. 예를 들어 1926년 11월 부산 노동단체 간부 등 지역 유지들은 중국인 상인, 노동자의 성장을 우려하면서 그에 대한 배척운동을 조직했다.[16] 점차 중국인에 의해 조선 노동시장이 잠식당하고 있다는 우려가 전반적으로 확대되고 있었다.[17]

---

15 「支那海員雇用の反對陳情」, 『中外商業新報』, 1920.8.23.
16 「非行中人排斥 부산유지들이」, 『東亞日報』, 1926.11.28.
17 「使用勞働者로 中人이 培以上」, 『東亞日報』, 1928.4.5.

1920년대 중국 노동자들의 진출 규모는 더욱 커졌다. 재한화교는 1910년대에는 한 해(1918년)를 제외하고 1만 5~8천 명 정도로 집계 되었는데 1920년대에 접어들어 꾸준히 늘어 만보산사건(萬寶山事件) 이 전인 1930년에는 6만 7천 명까지 늘어났다. 한해에 4천 명 이상 증가 한 경우도 1920년 5,401명, 1922년 6,131명, 1925년 10,534명, 1927년 4,765명, 1929년 4,618명, 1930년 11,122명 등 여러 해가 있 었다.(〈별표 1〉 참조) 일본 내지의 경우도 중국인 노동자의 도래가 급증 했다. 1920년 1명뿐이던 입국금지자 수는 1921년 102명, 1922년 239명, 1923년 584명 등으로 급증했다.(〈별표 2〉 참조) 또한 무허가노 동 사실이 발견된 중국인의 수도 크게 늘어, 1920년 438명이던 것이 1921년 1,912명, 1922년 3,703명, 1923년 4,356명 등으로 급증했다. 특히 인부(仲仕)는 전년 7명이던 것이 1921년 1,012명으로 급증했다. 또한 요리사, 토공(土工), 요리사, 송지(鑢止) 등은 그 증가세가 매우 컸 던 것으로 파악된다.

이러한 상황에서 일본 내지에서는 중국인 노동자에 대한 단속과 입 국금지가 점차 엄격해 졌다. 1922년 2월 20일 내무성 경보국장은 통 첩 「지나인 노동종사자 단속의 건[支那人勞働從事者取締の件]」을 각 청부 현(廳府縣) 장관에게 발해, 일본에 입국하는 중국인 노동자들이 일본 노 동자와의 사이에 경쟁, 알력을 야기함으로 이에 대해 엄중한 단속을 계 속 실시하라는 훈령을 내렸다. 그리고 실제로 중국인 노동자에 대한 단 속이 시행되었는데, 3월에는 도쿄[東京], 오사카[大阪], 고베[神戶] 등 도 시 지역에 산재하면서 실업문제와 노동시장에서의 분쟁을 야기하는 중 국인 노동자들을 위의 제352조 칙령에 의거한 퇴거 명령이 내려졌다.[18] 또한 같은 해 8월에는 도쿄 시내 400여 명의 중국인 노동자 가운데 "노동 브로커 같은 일을 하고 또한 풍기와 위생을 해하는 것이 심각한" 86명에게 귀국을 명하기도 했다.[19]

각 지역에서 노동자로 판명된 중국인에 대한 입국 금지 조치도 이어졌다. 예컨대 1922년 1월 7일 상해(上海)에서 고베[神戶]로 온 축파환(筑波丸)에 승선한 중국인 47명이 입국 금지를 당했다. 일본 외무성의 「지니인 입국금지 처분표(支那人入國禁止處分表)」에 따르면 1922년 한 해 동안 입국 금지 처분을 받은 중국인은 총 403명이었는데, 그들의 승선지는 상해 288명, 부산 51명, 대련 24명, 청도 17명, 포염(浦鹽) 12명, 천진 11명 등이었다. 금지 처분을 내린 행정기관은 후쿠오카[福岡] 123명, 야마구치[山口] 75명, 가나가와[神奈川] 70명, 효고[兵庫] 63명, 나가사키[長崎] 43명, 후쿠이[福井] 12명 등이었다.

그렇지만 같은 시기 한반도에서는 중국인 노동자에 대한 단속이 일본 내지에서와 같이 이루어지지는 않았다. 중국인 노동자의 도항 기사는 계속 보도되고 있었으며, 조선 내 노동시장의 긴장이 점차 발생하고 그에 대한 조선 노동자들의 불만도 점차 제기되었다. 그렇지만 후술하는 바와 같이 조선총독부는 그에 대해 특별한 도항 관리를 하지는 않았으며, 기본적으로 중국인 노동자에 대한 입국 규제가 내지와 같은 수준으로 적극적으로 시행하지는 않았다.

주목할 만한 것은 당시 한인 사회에서는 중국인 노동자의 문제를 조선인 노동자의 문제와 연동해 이해하며 그를 동정하는 모습을 보이기

18 「支那勞働者に退去の説諭―在京の百七十名, 入國規定に違反するため」, 『東京朝日』, 1922.3.14.
19 「支那勞働者に歸國を命ず―南千住署で八十數名を突然檢擧して」, 『東京朝日』, 1922.8.12.

까지 했던 것이다. 한인들은 일본정부의 퇴거 조치를 받은 중국인 노동자의 문제를 한인 노동자의 문제를 공유하는 입장을 보이기도 했다. 1922년 8월부터 『동아일보(東亞日報)』는 일본의 중국인 노동자 동향에 관해 연이어 보도했다. 8월 13일에 중국 노동자에 대한 귀국권고 사실을 도쿄발(發) 단신으로 보도한 데 이어,[20] 8월 18일에는 '풍기위생(風紀衛生)'을 문란케 하는 중국 노동자에 대한 두 번째 추방이 250명에 달할 것이라고 보도했다.[21] 이어 8월 21일에는 중국 노동자들의 퇴거령에 대한 시위행동에 대한 보고와 상해 중국 언론의 반응을 함께 소개하기도 했다.[22] 이때 "중국은 재류일본인(在留日本人)을 우우(優遇)하는데 일본이 재류중국인(在留中國人)을 학대함은 심히 불공평하다. 만약 일중친선(日中親善)이 제현(體現)되지 못한다 하면 그 죄는 일본에 있다고 말할 수 있을지라 하여 분개하였더라"는 중국 언론의 반응을 직접 인용하기도 했다.

『동아일보』 8월 22일의 사설 「중국노동자추방(中國勞働者追放)에 대(對)하야－조선인(朝鮮人)도 각오(覺悟)가 필요(必要)」에는 중국 노동자 문제를 둘러싼 당시 한인의 미묘한 입장이 잘 반영되어 있다고 판단된다. 여기서는 "도쿄정부[東京政府]"가 메이지 32년 12월의 내무성령(內務省令)에 의해 중국 노동자에 퇴거명령을 내린 것에는 중국인에 대한 차별적 인식이 개입되어 있다고 지적하면서, 근래 조선인 노동자가 일본에 취로하는 자가 많은데 이들이 장차 일본이 노동자의 강적(强敵)이

---

20 「中國勞働者에 歸國勸告」, 『東亞日報』, 1922.8.13.
21 「中勞働者追放－今次는 二百五十人」, 『東亞日報』, 1922.8.18.
22 「中勞働者示威運動－退去令에 對하야」, 『東亞日報』, 1922.8.21; 「中國新聞의 憤慨」, 상동.

될 것이고 또한 정치적 관계로 인해 일본인과의 감정이 대개 좋지 않기 때문에, 앞으로 일본정부가 여러 이유를 들어 조선인 배척운동을 일으키지 않을지 보장하기 어렵다고 진단하고 있다. 이어 일본정부가 조선인 노동자에 대해 "중국인 노동자와 같이 일본인 노동자와의 이해 관계가 되면 "일선융화(日鮮融和)", "일선인무차별(日鮮人無差別)"이라는 일편어구(一片語口)는 취풍(吹風)에 날려보내고 "조선인 추방"이라는 내무성령 또는 긴급칙령을 발할지도 모르겠다"고 매우 직설적인 비판을 가하고 있다.

이러한 인식에는 당시 이주 노동자의 유동 구조에서, 조선인 노동자에게 중국인 노동자와 마찬가지로 일본 내지와의 사이에 장벽이 더 부각되고 있던 당시의 상황이 반영되어 있는 것이었다. 당시 한인 역시 이주 노동자의 수가 점차 증가하고 있었고, 그 가운데 일본 내지로 도항을 희망하는 인구도 점차 늘어나고 있었다. 그렇지만 당시 한인은 외국인인 중국 노동자와 마찬가지로 일본 내지로 자유롭게 건너갈 수 있는 자유를 보장받지 못했다. 1919년 4월 15일 조선총독부는 경무총감부령 제3호 「조선인의 여행 단속에 관한 건[朝鮮人ノ旅行取締ニ關スル件]」을 공포하여 이른바 "여행증명서" 제도가 실시했다. 이는 해외 도항을 희망하는 한인은 반드시 거주지 관할의 경찰 기관으로부터 여행증명서를 발급받고 그 증명서를 조선을 떠나는 최종 출발지의 경찰 기관에 제시할 것을 의무한 것이었다. 물론 "일선융화(日鮮融和)"와 "문화정치"의 흐름 속에서 이러한 한인에 대한 도일 차별에 대한 반발을 논리적으로 지속하기 어려웠다. 한인의 여행증명서에 대한 폐지 여론도 잇따랐다.[23] 이에 대해 총독부 경무국은 1922년 12월 15일 조선총독부령 제

153호로 여행증명서 제도를 철폐했다. 그렇지만 내부적으로는 도일 한인의 증가를 가급적 억제하는 대책이 따로 세워졌는데, 도일자는 여행증명서 대신 신분을 증명하는 서류로서 주소지 관찰의 경찰이 발행하는 호적등본을 소지해야 한다는 조건이 적용되었다.[24] 일본정부는 조선인을 중국 노동자와 같이 일본 내지에서 분규를 유발하는 요소로 파악했으며, 그 자유 도항 및 단체모집에 대해 가급적 저지한다는 방침을 유지했다.[25]

전술했듯이 한반도의 중국인 노동자의 도항에 대한 일제의 방침은 법규상으로 그에 대한 엄격한 금지 원칙이 세워져 있었다. 그렇지만 실제 그에 대한 관리는 상대적으로 느슨했다. 이러한 상황에는 일본 제국 공간 내에서 한반도와 일본 내지와의 지역적 차이가 존재하며, 그것을 반영하는 조선총독부와 "도쿄정부"의 이해와 상호관계가 개입되어 있었다고 해야 할 것이다. 그런 가운데 중국인 노동자는 상대적으로 '자유롭게' 한반도로 진입하는 것이 용인된 반면 그러한 흐름이 일본 내지로 계속 이어지지는 않고 한반도 내부에 묶여지는 상황에 처해 있었다. 조선인 노동자나 조선 노동시장과의 관계 면에서, 중국인 노동자는 일본 내지에 대해서 조선인 노동자와 같은 공간에 관리되었으며 그만큼 그 노동시장의 긴장을 야기하는 존재이면서도 엄격히 관리되지 않았

---

23 「旅行證明의 廢止를 主張하노라(上)－社會生活의 立地에서」, 『東亞日報』, 1921.7.9; 「旅行證明의 廢止를 主張하노라(下)－經濟的 立地에서」, 『東亞日報』, 1921.7.10.
24 「旅券廢止－十五日부터 實施」, 『東亞日報』, 1922.12.12. 이에 대해 丸山鶴吉 총독부 경무국장은 이후 노동자들의 일본 왕래가 많아질 것으로 "증명은 폐지하지만 경계는 더욱 엄중"히 해야 한다고 언급했다. 「問題되는 旅行證明－來十五日부터 遂히 廢止」, 『東亞日報』, 1922.12.12.
25 朴慶植 編, 『在日朝鮮人關係資料集成』第1卷, 三一書房, 1975, 38쪽.

다. 이 점에서 조-중 노동자 간에 상호연동성이 강하게 존재했음을 주목하지 않을 수 없다.

3. 일제의 도항 관리와 조(朝)-중(中) 노동자 문제의 상호연관

1923년 9월 1일 도쿄를 중심으로 한 관동(關東) 지역의 대지진 발생했다. 이 과정에서 조선인, 중국인 특히 그 노동자들에 대한 대량의 학살 사건이 발생했다. 일본은 이런 상황에서 중국인은 물론이고 조선인의 도일도 엄격히 제한했다. 내무성 경보국은 조선 총독부 경무국에 조선인의 도일을 최대한 제한할 것을 요청했다. 당시 조선인 회유정책을 펼치고 있던 조선총독부는 일본 내부성에 비해 상대적으로 소극적인 형태의 규제 입장에 있었지만, 한반도에서 도일 제한은 상당히 엄격해졌다.

물론 위의 도일 제한에 대한 한인의 저항 여론이 강했다. 1924년 5월 17일 부산에는 도일 제한 폐지를 호소하는 시민대회가 개최되어 5만 명 군집했다.[26] 또한 조선노동총동맹과 조선청년총동맹은 내무성, 총독부에 대해 도일 제한에 대한 항의 결의를 채택했다.[27] 이에 대해 총

---

26 「釜山市民大會, 雲集된 勞働者 四千餘名 慘憺에서 彷徨」,「市民大會後報, 渡日코저 釜山에 雲集한 勞働者를 擁護」, 『東亞日報』, 1924.5.22.
27 『朝鮮日報』, 1924.5.30.

독부, 내무성은 1924년 6월 1일부터 종래의 도일 제한을 폐지하고 대신 거주지 경찰이 발행하는 증명이 있으면 도일할 수 있다고 발표함으로써, 제한을 일시적으로 완화하는 조처를 취해야 했다.[28]

그런데 당시 총독부, 내무성의 제한 완화 방침은 저항 여론을 감안한 것이기는 했지만, 기본적으로 일본 노동자에 대한 실업과 노동시장에 미치는 영향에 대한 고려가 우선되어 있는 것이었다. 물론 정치적 입장이 중요하게 고려되었다고 해도, 그것은 자본의 이해와 노동시장의 상황과 자본의 이해가 기본적으로 강하게 반영된 것이라고 할 수 있다. 구체적인 경과를 보면, 관동대지진의 부흥사업이 진행되는 과정에서, 일본 자본가 측에서 일본 노동자보다 임금이 저렴한 조선인 노동자를 시용하는 것이 유리하겠다는 의향이 표명되었고, 그에 대해 내무성 경보국에서는 각 지방장관에게 각각 통지를 발하여 조선 노동자가 일본 내지에 진입할 경우 노동자 실업에 어떤 영향을 줄 것인지에 관해 문의하였던 바 그에 대해 큰 지장이 없다는 사전 회답을 받고 결정하게 된 것이었다.[29] 요컨대 당시 일제의 도항 관리는 일본 자본주의의 구조 내에서 설명될 수 있는 면이 강했다고 볼 수 있다.

실제로 일본 내 실업문제는 다시 악화되었고, 외국인 노동자에 대한 관리도 다시 강화되었다. 관동대지진 이후 경기부양 노력이 효과를 거두지 못하고 반동적 불황이 가중되었다. 노동자 임금 하락과 실업 급증. 1925년 10월 1일 현재 실업률은 급료생활자 3%, 일반 노동자 3%,

---

28 『大阪朝日新聞(朝鮮版)』, 1924.6.5.
29 「渡日朝鮮勞働者 入國禁止를 解除－자긔네게해롭다고쫏처내고 자긔네게리롭다고불러드려」, 『東亞日報』, 1924.5.22.

일용 노동자 19%에 달했다.[30] 당시 일본 내무성 사회국은 1925년 12월부터 6개 도시에서 실업구제 토목사업 실시했는데, 이 사업에 취로하기 위해서는 당사자가 거주지 직업소개소에 사전등록해야 하는 조건이 있었다. 그 사업이 시행되는 해당 도시의 행정 당국은 등록 과정에서 외국인 도일자 및 인접 농촌 지역민의 유입을 막기 위해 노력했다.[31]

외래 노동자의 도일은 이렇게 일본 내 실업문제와 연관해서 더욱 억제되어, 도일자의 수는 1925년 13만 명에서 1926년 9만 명으로 감소하기도 했다. 그렇지만 그럼에도 불구하고 도일자의 수는 1927년 다시 14만 명으로 증가하고 있는 바, 도일 희망자의 요구는 일관되게 증가하고 있었으며 이에 대한 전면적인 억제는 사실상 쉽지 않았음을 알 수 있다. 이에 조선인 노동자의 도일 억제를 위한 새로운 방식들이 시도되었다. 1928년 7월부터 도일 희망자는 거주지 행정 기관 및 경찰 기관의 허가를 받아야 한다는 조치가 시행되었다. 이는 거주지와 출발항 두 곳에서 도일 희망자를 이중으로 억제하는 방식이었다. 강력한 도일 억제에도 불구하고, 1928년 연간 도일자의 수는 전년보다 더 증가하여 16만 명을 넘어섰다. "일선융화(日鮮融和)"해야 할 한인의 도항을 원칙적으로 제한할 수는 없었던 것이었다.

구직 목적의 도일자에 대한 규제는 이후로도 꾸준히 진행되었다. 새로운 제한 조건으로 ① 무허가 노동자 모집에 응하여 도항하는 자, ② 일본에서 취직이 불확실한 자, ③ 일본어를 모르는 자, ④ 필요한 여비

30 大原社會問題研究所, 『日本勞働年鑑』, 1926, 4쪽.
31 加瀬和俊, 「戰前日本における失業救濟事業の展開過程」, 東京大學社會科學研究所, 『社會科學研究』 43卷 3號, 1991, 192쪽.

외에 소지금 10엔 이하인 자, ⑤ 모르핀 환자 등에 대해 입국 금지를 할 수 있다는 규정이 마련되었다.[32] 또한 1928년 8월 3일 내부성 경보국장의 통첩 「조선인 노동자의 증명에 관한 건」을 일본 내 각 지방자치단체장 앞으로 송부되었다. 이는 「일시귀선증명서(一時歸鮮證明書)」의 발행으로, 일본에서 직공(職工)이나 광갱부(鑛坑夫)에 취로하는 한인이 조선으로 일시 귀향하는 경우 '재도항의 편의'를 제공하기 위해 관할 지역의 경찰서에서 「일시귀선증명서」를 발행한다는 것이었다.[33] 1930년 7월 17일 이 일시귀선증명서 제도는 일부 개정되었다. 내부성 경보국장은 「내지 재류 조선인의 일시귀선증명서에 관한 건」을 각 청부현의 행정책임자에게 보냈는데, 그 내용은 대상 직종을 공장, 광산 이외의 사무원, 고용인 등으로까지 발행 대상을 확대한다는 것이었다.[34] 공장, 광산 등의 한인 노동자에 대한 숙련 노동력을 확보하면서, 그 외 분야에 취로하는 한인들이 내지 정주인구로 화하는 것을 경계하는 조치였다고 할 수 있다.

한인의 내지 도항에 대한 엄격한 관리는 한반도의 중국인 노동자에 대한 관리에 직접적인 영향을 미치게 되었다. 어떤 측면에서 일본 내지에 대한 도항 관리의 강화는 한반도 내에서 조선인, 중국인 노동자 간의 대립 구도를 강화하는 방향으로 파급되었다. 한반도에서는 일본 내지로 향하는 조선인 노동자의 행렬을 저지하기 위해, 중국인 노동자에 대한 관리가 강화되었다. 예컨대 조선총독부는 1926년 "직업보도(職業

---

32 內務省警保局, 『社會運動の狀況』, 1930, 1,203쪽.
33 朴慶植 編, 앞의 책, 第2卷, 12쪽.
34 朴慶植 編, 앞의 책, 第1卷, 14쪽.

補導)"기관을 부산에 두고 조선인 노동자의 일본 도항 희망자를 구제하기 위한 계획을 세웠는데, 이를 위해 산정한 1927년 예산안 20만 원의 예산이 4만 원으로 감액되어 그 계획을 변경해 예산 범위 내에서 "직업보도"를 행하기도 했다. 그런데 이 과정에서 당시 함남(咸南)에서 기공되는 수전(水電) 공사에 필요한 노동자 1만 5천 명을 조선 노동자로 취로시킬 계획을 세우고, 반면 중국인 노동자의 취로를 억제할 계획을 세웠다. 총독부는 당시 조선의 중국인 노동자가 2만 7천 명이고 그 가운데 토공, 석공은 6천 명으로 이들이 이 사업에 참여하지 못하도록, 중국인 노동자 10명 이상을 사용할 때는 경찰서의 허가를 필요로 하여 노동자의 10%까지 사용을 할 방침을 확인했다. 총독부로서는 중국인 노동자의 입국 금지는 도저히 실행할 수 없는 사정이고, 다만 그 사용상의 제한을 가해 실업 문제를 완화하는 것이 기대했다.[35] 실제로 함경남도에서는 1928년 5월 민업(民業)과 내선노동자 보호의 견지에서 중국인 노동자 수를 1/3을 초과할 수 없다는 제한을 엄수할 것을 시달하여 중국인 노동자 제한에 나섰다. 이에 함흥의 조선질소회사(朝鮮窒素會社)에서도 특별한 기능이 있는 경우를 제외하고 지나인 노동자 2천여 명을 해고했다. 그 외 수전 외 각 공사장에서 중국인 해고를 단행하여 많은 중국인 실업 노동자가 발생될 것으로 예기되었다.[36]

한반도에서 한인 노동자와 중국 노동자 간의 긴장도 더욱 격화되고 있었다. 예를 들어 1929년 1월 원산에서는 22일 국제운수를 취급하는

---

35 「中國人勞働者 絶對入國禁止도 當分事實上으로 困難 다만 使用上에 制限뿐－總督府方針 變更?」, 『中外日報』, 1926.12.13.
36 「咸南の支那勞働者 二千餘名解雇失職－道當局の制限實施の結果果して今後如何」, 『朝鮮新聞』, 1928.5.10.

포염환(浦鹽丸)이 조선무연탄회사의 문천(文川)무연탄 900톤을 선덕하고 동 회사 문천광업소(文川鑛業所)의 중국인 인부 32명을 원산에 데리고 와서 현지 노동자와 노동쟁의가 발생한 것이었다.[37]

　당시 한반도로 입항하는 중국인 노동자의 상황을 보도하는 기사가 상당히 많다. 1929년 3월 9일 『오사카조일신문[大阪朝日新聞]』에는 매년 음력 5월이 끝날 무렵이면 인천 부두에 중국으로부터 온 노동자의 무리에 의해 파묻히고 매 선박마다 그 수가 많으면 한 번에 1천 2,3백에 달한다고 보도하고, 상륙하는 중국 노동자의 사진을 함께 실었다.[38] 1929년 3월 28일 『조선매일신문(朝鮮每日新聞)』은 중국 노동자의 무리가 인천에 조수와 같이 밀려든다고 하면서 이 해는 3월 한 달 동안 인천에 상륙한 중국인이 9,233명에 달한다고 보도했다.[39] 이어 1929년 4월 19일 『오사카조일신문』은 인천으로 상륙하는 중국인 노동자가 최근 급증하여 1,2월에는 약 3천 명 평균이었는데 3월에는 일약 1만 명에 달했고 4월에는 더욱 증가하여 선박마다 7,8백에서 2천여 명에 가까운 중국인이 도래하여 당시까지 1만 수천 명이 등장했다고 우려를 표명하고 있다.[40] 이러한 중국인 노동자의 입경 러시는 당국자로서도 더 이상 무언가 액션을 미룰 수 없는 수준에까지 이르고 있었다.

37　「支那勞働者の從業を脅かす－元山の勞働爭議」, 『京城日報』, 1929.1.25.

38　「支那勞働者の群仁川へ多數上陸す」, 『大阪朝日新聞』, 1929.3.9.

39　2일 平安丸 280명, 5일 利通號 1,155명, 7일 會寧丸 631명, 7일 26共同丸 354명, 17일 利通號로 1,267명, 15일 26공동환 710명, 19일 이통 1,536명, 20일 평안환 801명, 21일 회령환 209명, 22일 26공동환 1,182명, 26일 이통호 1,108명으로 합계 9,233명. 「潮のやうに押寄せる支那勞働者の群れ－今月だけで仁川に上陸した者 九千二百名に上る」, 『朝鮮每日新聞』, 1929.3.28.

40　「凄まじい勢で雪崩れ込む－支那勞働者の對策に本府當局頭を痛める」, 『大阪朝日新聞』, 1929.4.19.

그렇지만 그에 대해 조선총독부가 확인한 대책은 일본 내지의 그것과는 분명히 다른 것이었다. 그것은 중국인 노동자의 취로를 일정 용인하면서 그에 대해 소극적인 단속을 하는 데 여전히 머물러 있었다. 그들은 중국 노동자가 한반도 각지에 산재하면서 조선인 노동자와의 갈등을 야기하고 있다는 상황에 대해서는 충분히 인지하면서도 현실적으로 노동력의 수급이나 자본가의 요구 등을 감안할 때 그 고용 범위와 인원수를 현재 이상으로 제한한다는 것은 곤란하다는 입장을 보이고 있었다.[41]

당시 중일통상조약의 개정과 관련해서 중국인 노동자의 조선 내 취로와 그 입국제한의 문제가 의제로 논의되었다. 그에 대해 경무국은 중국인은 내지와는 달리 한반도에서 옛 거류지와 개항장에서 거류가 인정되고 노동시장에서 조선인 노동자에 비해 일의 능률이 위에 있기 때문에 그들의 입선(入鮮)을 근본적으로 제한할 수는 없다고 밝혔다. 이때 그들은 "조선은 내지(內地)와 달리 지나(支那)와의 사이에 있는 "일위대수(一葦帶水)"로 내지와 같이 엄중한 입국제한은 곤란"하다고 하면서 한반도와 내지 간에 명확히 선을 그었다.[42] 일제 당국의 중국인 노동자에 대한 위기감은 그리 민감하지는 않았다. 1930년 2월 26일에도 산동에서 인천으로 입항하는 선박으로 건너오는 중국인 노동자가 다시 늘어나 노동시장에 위협을 준다는 의문에 대해 해당 도보안과(道保安課)는 인천에 상륙한 노동자 전부가 취로하는 것이 아니고 다른 지역으로 흩

---

41 「當局の頭を惱ます支那勞働者の入鮮―對策について名案なく消極的に取締まる」, 『朝鮮每日新聞』, 1929.5.24.
42 「一葦帶水で内地のやうな制限は困難―支那勞働者の入鮮問題 : 警務局の見解」, 『大阪每日新聞』, 1929.6.16.

어질 것이며 잡역, 토공, 석공 등 외에 직종에서 상당한 제한을 받고 있으니 "심려할 정도의 일은 아니다"라고 언급하기도 했다.[43]

그렇지만 한반도로 진입하는 중국인 노동자의 수는 그 뒤로도 끊임없이 늘어나 우려를 야기케 하고 있었다. 1930년 3월 보도에 따르면 중국인 노동자는 1월에만 4천 명을 넘었고 당시 매 선박당 3백 명 정도 규모로 도래하고 있으며, 그에 대해 경무국이 제한 조치를 강구하고 있지만 임금이 저렴하고 수리, 토목 사업 등에서 중국인 노동자 사용이 많은 현실에서 그 단속 방식에 당국도 고민하고 있다고 지적하고 있다.[44] 또 1931년 3월 4일에도 중국인 노동자들이 구정 연휴를 보내고 다시 인천에 대량 입항해 오고 있다고 보도하면서, 주로 이통공사(利通公司)의 이통호(利通號), 아파공동기선(阿波共同汽船)의 제36공동환(共同丸) 두 선박을 통해 금후 중국인 노동자가 떼지어 출현할 것을 예상하고 있다.[45] 1931년 3월 8일에는 인천에 입항한 기선으로 산동고력(山東苦力) 2천 5백 명이 한꺼번에 상륙해 경성역을 경유해 함흥, 진남포, 신의주 등지로 수십 명, 수백 명이 집단으로 이동하는 장면을 보도하고 있다.[46] 인천뿐만 아니라 국경을 통해 한반도로 진입하는 중국인 노동자의 수는 날로 증가할 것으로 관측되고 있었다.[47]

---

43 「勞働市場を脅やかす大群－支那人勞働者仁川から續々と入鮮」, 『朝鮮新聞』, 1930.2.26.
44 「支那勞働者の來鮮が增した－賃銀安で鮮内勞働者を壓迫 取締に惱む當局」, 『大阪每日新聞』(朝鮮版), 1930.3.21.
45 「支那人勞働者仁川に殺到－解氷を目ざして渡り鳥のやうに」, 『京城日報』, 1931.3.4.
46 「勞働市場の大脅威 支那人苦力の大群－八日には二千五百餘名 仁川から各方面に散る」, 『朝鮮新聞』, 1931.3.10.
47 「窮民救濟事業に支那勞働者を使用すな請負業者監視の必要－道當局から請負業者へ嚴重通達 其結果は烈しい賃銀低下競爭か」, 『朝鮮新聞』, 1931.3.26;「睨まれ通しの支那勞働者－銀安で安賃銀に甘じ非常な苦境に陷る」, 『每日朝鮮新聞』, 1931.6.9.

사실 이 시기 중국의 산동반도, 요동반도 및 동북 지역과 한반도의 노동시장은 이 지역의 '자유노동자'들에게 영역적으로 긴밀히 연결된 범주를 형성하고 있었다. 중국인 노동자들은 계절적으로 일정한 이동 패턴을 갖고 있었는데, 그들은 대체로 매년 11월 하순경부터 귀국하기 시작해서 구정을 본국에서 보내고 해빙기를 기다려 3, 4월에 집중적으로(2/3 이상) 다시 조선으로 몰려오는 것이 통례로 되어 있었다. 따라서 매년 시즌이 되면 중국인 노동자의 대량 입경이 관측되고 있는 것이다. 또한 중국인 노동자들은 한반도 북부의 국경 지역과 서부 해안 지역을 통해 양쪽을 '자유롭게' 오가며 활동할 수 있었다. 1930년 신의주 영사관은, 그 관할 구역인 평안북도와 중국 요령성 간에 안동-신의주 간의 철교 외에 여름에는 배, 겨울에는 얼음을 통해 어디서는 여권 없이 검사를 받지 않고 자유롭게 왕래할 수 있다는 사실을 기록하고 있다.[48] 또한 해로로 산동의 연대, 위해위로부터 서부 해안으로 접근하는 비공식 입국도 상당한 규모로 이루어지고 있었다. 어찌 보면 중국인 '자유'노동자들에게 한반도는 자유롭게 이동하며 노동할 수 있는 하나의 노동시장 속에 있었던 것이다. 이러한 상황에서 총독부가 설령 의지가 있다고 해도 일본 내지와 같이 중국인 노동자의 입국을 근본적으로 봉쇄하는 것은 불가능한 일이었다.

　1930년 10월 조선총독부는 넘쳐나는 실업자 구제 문제를 해결하기 위해 1천 5백만 원의 지방채를 일으켜 1천 9백만 원으로 토목사업에, 6백만 원으로 사방공사(砂防工事)를 일으킬 계획을 세우면서, 그러한 실업

48　「新義州華僑之工商事業及經濟狀況人數之增減」, 『外交部公報』 第2卷 第8號, 1930. 8, 70~71쪽.

구제 재원을 투여해도 당시 한반도 내에 산재한 4만여의 중국인 노동자를 제한하지 않는다면 그 재원이 그들에게 잠식되어 효과가 없을 것을 우려해, 중국인 노동자에 대한 제한을 보다 강화하는 조치를 강구했다. 그에 따르면 중국인 노동자를 무제한으로 허가했던 것을 금후에는 허가를 엄중히 제한하고 관영사업에서는 최대한도 10명까지 인정하고 그 이상은 절대로 인정하지 않으며 민간에서는 석공 등 중국인이 반드시 소요되는 업종 외에 중국인 사용을 엄격히 제한하는 등의 방안이 강구되었다.

주지하듯이 1931년 7월 2일 만보산사건이 발생해 인천, 경성을 비롯해 한반도 각 지역 대규모의 배화사건이 전개되었다. 당시 벌어진 공격 행위로 한반노 화교늘이 입었던 피해는 막대했다. 공식 집계된 것만으로도 사망 141명, 부상 546명, 실종 91명, 재산손실 4억여 엔이었다. 각지 영사관으로 피신한 화교는 16,800명으로 당시 조선화교 총수 67,794명의 24.8%에 달했다.[49] 이 사건을 거치면서 재한화교의 수는 1931년 30,571명으로 55%가 감소되었다. 이 사건이 발생할 무렵 중국인 노동자는 당국의 규제로 인해 이미 어느 정도 감소 양상도 나타나고 있었다. 평안남도의 경우 1931년 5월말 현재 조선인 노동자의 구제를 위해 중국인 노동자에 거주노동 허가를 주지 않고 철도, 수리 사업 외에 중국인 노동자 사용을 억제함으로써 그 수가 작년 같은 기간에 비해 반감했다.(1,320명)[50]

배화풍조 이후 중국인 노동자의 귀국이 계속되고 입국이 주춤해지

49　羅家倫 主編, 『革命文獻』第133輯, 中央文物供應社, 1964, 672쪽.
50　「支那勞働者減少－鮮人勞働者保護の必要上 當局で許可せぬ方針」, 『南鮮日報』, 1931.6.16.

<표 2> 1926~1933년 일본 주재 조선인 인구

	남	여	합계
1926	115,236	28,560	143,792
1927	135,714	35,561	171,275
1928	184,500	53,802	238,102
1929	207,409	67,797	275,205
1930	215,807	82,284	298,091
1931	220,759	90,488	311,247
1932	265,498	125,045	390,543
1933	290,644	135,132	425,876

전거 : 「玄海 건너는 朝鮮人 八年前보다 三培增加 四十二萬餘의 多數, 地方으로 分布 女子는 거의 半永住者」, 『東亞日報』, 1934. 12. 9.

면서 조선인 노동자의 실업문제가 상대적으로 완화될 것이 기대되었다. 1932년 3월 인천 부두의 상황을 보면 중국 노동자의 입국이 예년에 비해 위축되는 것이 현저해지고 있었다. 예년 같으면 구정이 지나고 하면 인천 부두는 상륙한 고력(苦力)으로 "흑산(黑山)"을 이루는 것이 항례(恒例)였지만, 이 해는 연말에 2만 2천여 명 정도가 귀국했음에도 다시 입국한 노동자가 불과 4천 명 정도에 불과했다는 사실이 보도되고 있다. 이로 인해 본래 중국인 노동자를 많이 사용했던 석공(石工) 등은 노동력 부족 현상이 나타나 조선인을 대신 충원하는 등, 조선 노농자의 실업 문제가 완화될 것이라고 전망되고 있다.[51]

일본의 대외침략이 확대, 심화되면서 이 지역에서 민족주의적 대립 구도는 더욱 강화되었지만, 일본으로 도항을 희망하는 노동자는 계속 늘어났다. 1933년 6월 척무성의 조사에 의하면 일본에 주재하는 조선인은 8년 전인 1926년보다 8배가량 증가했다.(<표 2>) 이들은 대부분 "자유노동자"로 일제 당국의 단속에도 불구하고 이러한 증가 경향을

---

51   「各種工事に朝鮮人勞働者ー支那人の歸國相つぎ鮮內の失業問題緩和」, 『朝鮮民報』, 1932. 3. 9.

보이는 것은 놀라운 것이었다. 부산, 김해, 여수, 목포, 제주도 등 각 지역마다 도항소개장을 발급받기 위해 경찰서를 찾는 사람들이 줄을 이었고,[52] 일본으로 도일한 사람 수가 상륙한 사람 수보다 많이 집계되었다.[53] 1936년 7월 14일『동아일보』는「도항저지(渡航沮止)와 노동자(勞働者)」라는 사설을 통해 일본 도항을 희망하는 노동자들의 문제가 매우 심각한 사회문제가 되고 있음을 지적하면서 노동자의 자유 이주를 허락해야 한다고 주장했다. 그에 따르면 부산에서 1935년 도항금지를 당한 자가 10만여 명이나 되지만 도항소개장을 받을 요행을 바라고 부산창으로 몰려든 노동자가 6천 명이나 되었다.

일본은 내지에 대한 도일자에 대해서는 그것을 더욱 억제하는 방침을 수립했다. 1934년 4월 7일 일본 내무성 사회국은 관계 관청 당국이 함께 참여한 합동 회의 개최하여 그에 대한 종합대책을 수립했다.[54] 이후 일본 각의는 10월 34일「조선인 이주 대책의 건」을 심의하고「조선인이주대책요목(朝鮮人移住對策要目)」을 의결했는데, 그 내용은 ① 조선 내에서 조선인을 안주시킬 조치를 강구할 것, ② 조선인을 만주 및 조

---

52 「農村을 떠나 都會! 渡航!－도항소게를 엇기위하야 每日卅餘名警察에」, 『동아일보』, 1932.12.23.
53 1932년 1월부터 11월말까지 일본으로 간 사람은 일본인 216,440명, 조선인 93,020명, 기타 23,300명, 일본에서 온 사람은 일본인 253,400명, 조선인 98,920명, 기타 21,340명으로 집계되었다. 「日本往來客 七十萬餘名－건너온 조선인 六천이 늘어! 每月平均六萬餘名」, 『동아일보』, 1932.12.23. 1932년 전남 여수항을 경유한 왕래자의 경우, 도일자는 일본인 724명, 조선인 977명, 상륙자는 일본인 820명, 조선인 674명이었다. 그 외에 조선인으로서 입국금지는 668명이며 부정여행권으로 하여금 처벌당한 구류연원수는 2,339일이요 벌금이 510원에 달했다. 「渡航朝鮮人 九百七十名 도래일본인 八백二十명 麗水港經由往來者」, 『동아일보』, 1933.2.26. 1935년 전라남도의 경우 도일자는 25,192명, 상륙자는 23,901명이었는데, 도일자가 상륙자보다 더 많은 것은 처음 있는 기현상이었다. 「日本内地往來者 全南에 五萬名」, 『동아일보』, 1936.1.19.
54 國策研究會, 「內地在住半島人問題と協和事業」, 『研究資料』 第8號, 1938, 20쪽.

선 북부에 이주시킬 조치를 강구할 것, ③ 조선인의 내지 도항을 한층 감소시킬 것, ④ 내지에서 조선인의 지도 향상 및 그 융화를 도모할 것 등이었다.[55] 이는 일본의 제국공간에 대한 인구 구조에 대한 기본적인 설계도라고 할 수 있다. 조선 내의 잉여 인구를 가능한 일본 내지로 접근하지 못하도록 차단하고 아울러 그 인구 이주의 방향을 북부로 돌리는 조치였다. 이 설계도 속에서 일본의 제국공간 내에 일본 내지와 그 외의 지역은 공간적으로 구분, 관리되었다.

조선총독부는 1935년 가을 한반도 남부의 수재민을 만주국 영구(營口) 안전농촌(安全農村)으로 이주시키는 계획을 실행했으며, 1936년 봄 다시 전라도, 경상도에서 600호 정도를 이주시키기 위해 모집을 실시했다. 그런데 이 모집에 응하는 사람의 수가 적어 총독부는 이 지역 각 군에 이를 재통첩하여 이민자 모집을 독려했다. 당시 조선인들에게 만주는 "안주(安住)의 낙토(樂土)"는 결코 아니었다.[56] 도일을 희망하는 요구는 여전히 거세게 제기되었다.[57] 그렇지만 외부 노동자의 일본 내지 진입은 여전히 일본 노동시장에 대한 보호를 우선으로 고려되어 결정될 문제였다.

1934년 9월 1일부터 조선총독부는 중국인 노동자의 상륙을 보다 엄격히 제한하는 법규 제정을 검토했다. 그 내용은 "현금 100원을 소지하지 못한 자", "취직이 확실치 못한 자" 등을 상륙시키지 않는다는 것 등이었고, 이러한 방침을 왕래 선박에도 알려 함부로 도항자를 태워 상

---

55 「朝鮮人移住對策要目」, 朴慶植 編, 앞의 책, 第3卷, 12쪽.
56 「滿洲移民에 不應 慶南道各郡에 再通牒—이주조건이 불리한 탓으로」, 『東亞日報』, 1936.3.15.
57 「玄海灘渡航取締 勞働者以外는 緩和」, 『東亞日報』, 1938.8.17.

류이 금지될 경우 해당 선박이 그 노동자를 귀환시킬 책임까지 지게 하는 것이었다. 이는 상륙 제한이라기보다 상륙금지에 가까운 조치였다. 또 이에 이어 거주 제한의 조치까지 예상되고 있다. 기사는 이러한 조치를 통해 조선 노동자들의 취업이 완화될 것이라는 기대를 표명하고 있다.[58]

1937년 7월 7일 노구교사건을 계기로 중일전쟁이 전면 개시된 뒤, 일본은 전시총동원 체제 하에서 노동력 동원에 나서면서 외국인 노동력의 수요를 갖게 되었다. 조선총독부에서는 조선과 일본 내지 사이에 현해탄을 두고 도항 문제를 해결할 것을 주장해 왔지만, 일본 각의의 결의가 그대로 유지되고 있었다. 이에 대해 1938년 3월 23일 조선총독 미나미 지로[南次郞], 총독부 경무국장은 각기 척무대신, 척무성 조선부장 앞으로 「조선인의 내지 도항 제한에 관한 건[朝鮮人ノ內地渡航制限ニ關スル件]」을 송부하여 도항제한을 철폐할 것을 주장했다.[59] 이는 조선인지원병 제도, 일본인 노동력의 충당하기 어려운 석탄산 및 광산 등 다수 육체노동이 필요한 사업장에서 노동력 부족 현상이 심화된 데에 따른 노동력 동원을 위한 것이었다.[60]

일제 시기 한반도에서 중국인 노동자의 문제는 한반도 지역에 국한해서 충분한 설명을 찾기 어려운 것이다. 그들을 관찰하기 위해서는 그들의 송출지 혹은 경유지인 중국의 산동반도, 요동반도, 동북 지역과 수용지인 한반도 그리고 그들이 유동하는 노동시장을 주도했으며 또한 그들

---

58 「(社說) 中國人勞働者 漫然渡來制限」, 『朝鮮中央日報』, 1934.8.19.
59 朴慶植 編, 앞의 책, 第3卷, 16~17쪽.
60 「渡航制度撤廢를 企圖 玄海灘關門을 열라-人的資源의 融通에도 支障이 莫大」, 『東亞日報』, 1939.5.2.

의 잠재적인 이주지이기도 한 일본 내지를 하나의 범주에 놓을 필요가 있다. 크게 볼 때 이들은 일본의 제국공간 속에서 그 자본주의가 구성하는 노동시장의 구조 속에서 이동하는 '자유노동자(自由勞動者)'였다. 이들이 하나의 행위자로서 한반도라는 장소에서 활동할 때, 위 제국공간의 전체 구도 속에서 어떤 위치를 점하게 되었는지를 살펴볼 필요가 있다. 이때 한반도 차원에서 중국 화북, 동북 지역 및 일본 내지와의 관련 하에서 이들에게 어떤 특수한 조건이 부여되었는지 살펴보아야 할 것이다.

살펴본 바와 같이 조선의 당권자인 조선총독부의 중국인 노동자에 대한 관리정책은 "본방(本邦)" 정부의 그것과 연결되는 맥락에 있으며 또한 그것으로 인해 상당한 차이가 존재했다. 이 시기 일본의 외국인 노동자에 대한 방침은 1899년(메이지 32) 제352조 칙령에서 규정한 바와 같이 노동이민의 금지를 원칙으로 하고 있었다. 그런데 그 적용에 있어서 일본 내지에서 입금금지와 강제퇴거 등이 적극적으로 이루어졌지만, 한반도에서는 그 같이 적극적인 단속은 이루어지지 못했다. 이들도 중국인 노동자가 노동시장의 긴장을 야기하는 것은 인지하고 있었지만, 이들의 노동시장에 대한 인식은 내지의 그것과는 근본적으로 달랐다. 이 점에 있어서 중국인 노동자는 조선인 노동자와 같은 범주에서 연동되는 존재가 될 수밖에 없었다. 이 점에서 이 시기 중-조 노동자 간의 상호 갈등이 심화된 것은 일본 자본주의와의 관련성이 매우 크게 작용했다고 할 수 있다. 그 속에서 조선인 노동자의 조건과 중국인 노동자의 조건은 상호 연동하며 나아갈 수밖에 없었던 것이다.

4. 결론

본고는 20세기 전반 한반도에서 일제의 도항 관리정책에 대한 간략한 분석이다. 이는 근현대 동아시아 지역세계에서 부상했던 일본의 제국공간이 초국적 이주자들의 입장에서 어떻게 인식되고 재구성되었는가에 관해 필자가 가졌던 기왕의 관심에 연결되어 있다. 본고에서는 한반도의 조선총독부와 일본 내지의 "도쿄정부" 간의 도항관리를 둘러싼 편차, 중국인 노동자와 일본의 제국공간의 관계 그리고 그 속에 다른 이주 집단인 조선인 노동자와의 관계 등의 문제들을 특히 중요하게 고려하려고 했다.

일제시기 중국인 노동자의 한반도 진입은 그 이전 시기와 다른 구조적 전환이 있었다고 할 수 있겠는데, 그것은 화교의 주요 구성원으로 노동자 군이 대거 등장했다는 점이다. 이들 대부분 산동 등 중국의 화북 지역을 송출지로 하는 경우로, 당시 러시아, 일본 등 열강의 진출과정에서 노동시장이 확대되고 있는 요동반도, 동북 지역을 무대로 이동하고 있었다. 이들 노동자들이 일제시기 한반도로 대거 진입한 것은 기본적으로 이들 지역에 대해 영향력을 강화하고 있던 일본 자본주의가 구성하는 노동시장의 범주 내에서 이동하던 노동 이주의 양상으로 이해된다.

이러한 중국인 노동자에 대한 일제의 관리는 다음과 같았다. 우선 일제의 외국인 노동자에 대한 일제의 관리원칙은 1899년(메이지 32) 제352호 칙령에 규정되어 있던 바, 그것은 노동 이민에 대한 원칙적인 금지였다. 물론 노동시장과 자본의 수요가 존재하는 상황에서 이 원칙은 일본 내지에서나 한반도에서 모두 그대로 적용되지는 않았다. 그렇지만 조선총독부의 관리 정책은 일본 내지의 그것과 분명한 차이가 있었으며 상대적으로 느슨했다. 이에는 본문에서 살펴본 바와 같이 일본 제국공간 내에서 한반도와 일본 내지와의 지역적 차이가 반영되고 있으며, 이와 관련한 조선총독부와 일본 정부 간의 상호 이해관계가 개입되이 있었다. 이에 따라 중국인 노동자가 한반도로 진입하는 흐름은 상대적으로 자유롭게 이루어진 반면 그것이 일본 내지로까지 계속 이어지지는 않았다. 이로 인해 중국인 노동자는 일본 제국공간 내에서 조선인 노동자와 같은 범주에 묶여 상호연동된 존재로 관리된 측면이 강했다. 이런 측면에서 이 시기 중-조 노동자 간의 상호 갈등이 심화된 것은, 비록 양자 간의 민족주의적 대립 구도로 설명할 수 있는 부분이 분명히 존재하지만, 그와 함께 일본 자본주의와의 연관성이 매우 크게 작용했다는 점을 크게 주목하지 않을 수 없다. 일본제국이 규정하는 공간 구조 속에서 조-중 노동자의 문제는 상호 긴밀히 연동하며 경쟁, 충돌의 여지도 동시에 커지는 양상을 보이게 되었다. 이런 양상을 통해 볼 때, 근현대 동아시아 지역세계의 변화와 그 속에서 이루어진 화교와 같은 초국적 이주자들을 관찰하는 데 있어서 각 국민국가의 경계에 초점을 두는 선형적(linear) 시각에 대해 그것을 포괄하는 공간적(spatial) 시각을 보다 많이 취할 필요가 있다고 생각한다.

〈별표 1〉 1910~1931년 재한화교 인구의 추이와 구성

	총계	증감	증감(%)	남	여	성비
1910	11,818			10,729	1,089	9.913.8
1911	11,837	19	0.2	11,145	692	16.1
1912	15,517	3,680	31.1	14,593	924	15.6
1913	16,222	705	4.5	15,235	987	15.4
1914	16,884	662	4.1	15,745	1,139	13.8
1915	15,968	-916	-5.4	14,714	1,254	11.7
1916	16,904	936	5.9	15,496	1,408	11.0
1917	17,967	1,063	6.9	16,241	1,726	9.4
1918	21,894	3,927	21.9	20,264	1,630	12.4
1919	18,588	-3,306	-15.1	16,897	1,691	10.0
1920	23,989	5,401	29.1	21,382	2,607	8.2
1921	24,695	706	2.9	21,912	2,783	7.9
1922	30,826	6,131	24.8	27,623	3,203	8.6
1923	33,654	2,828	9.2	29,947	3,707	8.1
1924	35,661	2,007	6.0	31,196	4,465	7.0
1925	46,195	10,534	29.5	40,526	5,669	7.1
1926	45,291	904	-2.0	39,820	5,471	7.3
1927	50,056	4,765	10.5	43,173	6,883	6.3
1928	52,054	1,998	4.0	43,838	8,216	5.3
1929	56,672	4,618	8.9	47,226	9,446	5.0
1930	67,794	11,122	19.6	55,973	11,821	4.7
1931	30,571	-37,223	-55.0	30,571	6,207	4.9

출처 : 『朝鮮總督府統計年報』; 華僑誌編纂委員會, 『韓國華僑誌』, 華僑誌編纂委員會, 1958, 49~50쪽; 『外交部公報』6卷 1期, 1933.4, 102~103쪽; 仁川市編纂委員會, 『仁川市史』, 仁川市, 1973, 91쪽; 朝鮮總督府, 『朝鮮に於ける支那人』, 朝鮮總督府, 1924, 71쪽; 『(譯註)仁川府史』, 41~43쪽.

〈별표 2〉 중국인 입국금지자 수(1918.1~1924.4)

	1918	1919	1920	1921	1922	1923	1924
1				47		3	100
2						13	82
3		1		1	11	26	191
4	1		1		6	4	181
5					2	13	
6					11	138	
7					2	288	
8					9	15	
9		2			106	24	

10		3		1	85	23	
11				4	7	17	
12				49		20	
계	1	6	1	102	239	584	554

단위 : 명.
출전 : 『外事警察報』 第25號, 122~123쪽.(山脇啓造, 앞의 책, 116쪽의 〈표 2-2〉 전제)

〈별표 3〉 무허가노동 중국인 발견 수(1918.1~1924.4)

	1918	1919	1920	1921	1922	1923	1924	계
운반부	0	0	3	0	31	421	475	930
토목인부	38	76	106	249	2,271	2,327	467	5,534
요리사	65	85	124	285	337	340	344	1,580
이발사	81	80	94	106	211	248	174	994
토목업	0	0	0	0	57	110	60	227
鎹止	36	51	55	122	460	217	51	992
대공	0	0	0	0	0	0	45	45
장식직인	1	4	2	4	20	18	29	78
인부	0	1	7	1,012	162	517	4	1,703
계	243	323	438	1,912	37,03	4,356	1730	12,705

단위 : 명.
출전 : 『外事警察報』 第25號, 116~119쪽.(山脇啓造, 앞의 책, 116쪽의 〈표 2-3〉 전제)

참고문헌

山脇啓造, 『近代日本と外國人勞働者−1890年代後半と1920年代前半における中國人・朝鮮人勞働者問題』, 明石書店, 1994.

Micheal Hardt・Antonio Negri, *Empire*, Cambridge, MA : Harvard University Press, 2000.

Kirk Wayne Larsen, *Tradition, Treaties, and Trade −Qing Imperialism and Choson Korea, 1850∼1910*, Harvard University Asia Center, 2008.

김승욱, 「19세기 말∼20세기 초 仁川의 운송망과 華僑 거류양상의 변화」, 『중국근현대사연구』 제50집, 2011.6.

_____, 「20세기 초(1910∼1931) 인천화교의 이주 네트워크와 사회적 공간」, 『중국근현대사연구』 제47집, 2010.9.

_____, 「20세기 초반 韓人의 上海 인식−공간 인식을 중심으로」, 『중국근현대사연구』 제54집, 2012.6.

_____, 「20세기초 한반도의 산동화교−半島空間의 도시 네트워크와 이민」, 『중국사연구』 제82집, 2013.2.

손승회, 「근대 한중관계사상의 교통로와 거점−滿鐵과 안동을 중심으로」, 『한중관계사상의 교통로와 거점』, 동북아재단, 2011.

윤휘탁, 「민국시기 중국인의 만주 이주와 귀향」, 『중국사연구』 63, 2009.12.

水野直樹, 「朝鮮總督府の内地渡航管理政策−1910年代の勞働者募集取締」, 『在日朝鮮人史研究』 第22號, 1992.9.

加瀨和俊, 「戰前日本における失業救濟事業の展開過程」, 東京大學社會科學研究所, 『社會科學研究』 43卷 3號, 1991.

羅家倫 主編, 『革命文獻』 第133輯, 中央文物供應社, 1964.

財團法人滿鐵會 編, 『滿鐵四十年史』, 吉川弘文館, 2007, 1−4.

南滿洲鐵道株式會社經濟調査會 編刊, 『朝鮮人勞働者一般事情』, 1933.

朝鮮警察協會 編, 『朝鮮警察法令聚』 中−1.

京畿道警察部 編, 『京畿道警察例規聚』, 朝鮮警察協會京城地部, 1927.

朴慶植 編, 『在日朝鮮人關係資料集成』 第1卷, 三一書房, 1975.

朝鮮總督府警務局保安課, 「鮮内に發生する諜報謀略事件の概況及今後の對策如何」, 『朝鮮總督府議會說明資料』 第9卷, 不二出版, 1994.

大原社會問題研究所, 『日本勞働年鑑』 1926.

內務省警保局, 『社會運動の狀況』, 1930.

國策硏究會, 「內地在住半島人問題と協和事業」, 『硏究資料』 第8號, 1938.

「新義州華僑之工商事業及經濟狀況人數之增減」, 『外交部公報』 第2卷 第8號, 1930.8.

「朝鮮曆年華僑人口調査統計」, 『外交部公報』 4-8, 1931.12.

「官通牒第30號(政務總監)」, 『朝鮮總督府官報』 第159號, 朝鮮總督府印刷局, 1911.3.14.

「非行中人排斥 부산유지들이」, 『東亞日報』, 1926.11.28.

「使用勞働者로 中人이 培以上」, 『東亞日報』, 1928.4.5.

「支那勞働者に退去の說諭－在京の百七十名, 入國規定に違反するため」, 『東京朝日』, 1922.3.14.

「支那勞働者に歸國を命ず－南千住署で八十數名を突然檢擧して」, 『東京朝日』, 1922.8.12.

「中國勞働者에 歸國勸告」, 『東亞日報』, 1922.8.13.

「中勞働者追放－今次는 二百五十人」, 『東亞日報』, 1922.8.18.

「中勞働者示威運動－退去令에 對하야」, 『東亞日報』, 1922.8.21.

「中國新聞의 憤慨」, 『東亞日報』 1922.8.21.

「旅行證明의 廢止를 主張하노라(上)－社會生活의 立地에서」, 『東亞日報』, 1921.7.9.

「旅行證明의 廢止를 主張하노라(下)－經濟的 立地에서」, 『東亞日報』, 1921.7.10.

「旅券廢止－十五日부터 實施」, 『東亞日報』, 1922.12.12.

「問題되는 旅行證明－來十五日부터 逢히 廢止」, 『東亞日報』, 1922.12.12.

「釜山市民大會, 雲集된 勞働者 四千餘名 慘憺에서 彷徨」, 「市民大會後報, 渡日코저 釜山에 雲集한 勞働者를 擁護」, 『東亞日報』, 1924.5.22.

「渡日朝鮮勞働者 入國禁止를 解除－자긔네게해롭다고癸처내고 자긔네게리롭다고불러드려」, 『東亞日報』, 1924.5.22.

「農村을 떠나 都會! 渡航！－도항소개를 엇기위하야 每日卅餘名警察에」, 『東亞日報』, 1932.12.23.

「日本往來客 七十萬餘名－건너온 조선인 六천이 늘어! 每月平均六萬餘名」, 『東亞日報』, 1932.12.23.

「渡航朝鮮人 九百七十名 도래일본인 八百二十명 麗水港經由往來者」, 『東亞日報』, 1933.2.26.

「日本內地往來者 全南에 五萬名」, 『東亞日報』, 1936.1.19.

「滿洲移民에 不應 慶南道各郡에 再通牒－이주조건이 불리한 탓으로」, 『東亞日報』, 1936.3.15.

「玄海灘渡航取締 勞働者以外는 緩和」, 『東亞日報』, 1938.8.17.

「渡航制度撤廢를 企圖 玄海灘關門을 열라－人的資源의 融通에도 支障이 莫大」, 『東亞日報』 1939.5.2.

「中國人勞働者 絶對入國禁止도 當分事實上으로 困難 다만 使用上에 制限뿐－總督府方針變更?」, 『中外日報』, 1926.12.13.

「支那海員雇用の反對陳情」, 『中外商業新報』, 1920.8.23.

「咸南の支那勞働者 二千餘名解雇失職－道當局の制限實施の結果果して今後如何」, 『朝鮮新聞』, 1928.5.10.

「勞働市場を脅やかす大群－支那人勞働者仁川から續々と入鮮」, 『朝鮮新聞』, 1930.2.26.

「勞働市場の大脅威 支那人苦力の大群－八日には二千五百餘名 仁川から各方面に散る」, 『朝鮮新聞』, 1931.3.10.

「窮民救濟事業に支那勞働者を使用すな請負業者監視の必要－道當局から請負業者へ嚴重通達 其
　　結果は烈しい賃銀低下競爭か」,『朝鮮新聞』, 1931.3.26.

「支那勞働者の從業を脅かす－元山の勞働爭議」,『京城日報』, 1929.1.25.

「支那人勞働者仁川に殺到－解氷を目ざして渡り鳥のやうに」,『京城日報』, 1931.3.4.

「支那勞働者の群仁川へ多數上陸す」,『大阪朝日新聞』, 1929.3.9.

「凄まじい勢で雪崩れ込む－支那勞働者の對策に本府當局頭を痛める」,『大阪朝日新聞』, 1929.4.19.

「一葦帶水で内地のやうな制限は困難－支那勞働者の入鮮問題：警務局の見解」,『大阪每日新聞』,
　　1929.6.16.

「支那勞働者の來鮮が增した－賃銀安で鮮内勞働者を壓迫 取締に惱む當局」,『大阪每日新聞』(朝
　　鮮版), 1930.3.21.

「潮のやうに押寄せる支那勞働者の群れ－今月だけで仁川に上陸した者 九千二百名に上る」,『朝
　　鮮每日新聞』, 1929.3.28.

「當局の頭を惱ます支那勞働者の入鮮－對策について名案なく消極的に取締まる」,『朝鮮每日新聞』,
　　1929.5.24.

「睨まれ通しの支那勞働者－銀安で安賃銀に甘じ非常な苦境に陷る」,『每日朝鮮新聞』, 1931.6.9.

「(社說) 中國人勞働者 漫然渡來制限」,『朝鮮中央日報』, 1934.08.19.

「支那勞働者減少－鮮人勞働者保護の必要上 當局'らみせぬ方針」,『南鮮日報』, 1931.6.16.

일본제국의 외지인·외국인 노동력 동원과 그 영향

도노무라 마사루[外村大]

1. '강제연행' 인식과 본고의 과제

제2차 세계대전 당시의 일본제국에서는 일본 내지(內地, 현재의 일본과 같은 47개의 도도부현(都道府県) 영역)와 사할린의 탄광이나 항만, 토목공사 현장, 군수(軍需) 관련 공장에서의 노동력 확보가 전쟁수행 상의 큰 과제였다. 일본제국정부는 1939년 이후, 노무동원계획·국민동원계획을 책정하여 그에 준한 노동력 배치를 수행하게 되었다. 이때, 일본제국 안의 외지인과 외국인을 대상으로 한 동원도 실시되었다.

일본제국 안의 외지인이란 일본제국 신민(臣民)이면서 조선호적이나 대만호적에 편입된 조선인, 대만인을 말한다. 이 중 일본 내지에 대량으로 동원되었던 것은 조선인이었다. 대만인을 대상으로 한 동원은 주로 동남아시아나 중국의 일본군 점령지역으로의 배치였으며, 일본 내지로의 동원은 상대적으로 소수에 그쳤다. 또한, 외국인으로서 일본 내지의 각종 사업소에서 일했던 사람이란 포로가 된 미국, 영국 등 연합국군의 병사나 일반 중국인이며, 숫자상으로는 중국인(=당시의 중화민국 국민)이 가장 많았다. 따라서 제2차 세계대전 당시 일본 내지로의 외지인·외국인 동원이란 주로 조선인·중국인을 대상으로 한 것이 된다.

일본 내지로의 조선인·중국인 동원은 비밀리에 행해졌던 정책이 아니다. 그러나 이 표현은 대동아공영권 건설이라는 일본의 국책을 위해 적극적으로 조선인이나 중국인이 협력하고 있었던가를 말하기 위한 것이지, 동원된 사람들이 어떤 상황에 처해 있었는지를 그대로 전하기 위해 하는 말은 아니다. 그럼에도 불구하고, 전쟁 중에 조선인이나 중국인이 받았던 학대를 보거나 들었던 사람들은 적잖이 존재했으며, 애당초 그들 중 다수가 배치되었던 탄광이나 항만·토목공사 현장에서 전근대적인 노동관리 아래 혹독한 노동이 강요되었다는 것, 조선인이나 중국인에 대한 가혹한 차별이 있었다는 것은 당시 일본인들 사이에서 상식이었다.

그리고 일본제국이 전쟁에서 패한 후 일본 군국주의에 대한 비판이 공공연히 행해지게끔 되자, 학대 사실을 일본 신문 등에서도 보도하게 되었다.[1] 더불어 1958년, 전쟁 종결 직전에 도망하여 홋카이도[北海道]의 벌판에서 생활하고 있었던 중국인 류롄런[劉連仁]이 '발견'되거나[2]

---

1   예를 들어 『가나가와신문[神奈川新聞]』 1945년 11월 20일자의 기사 「학대받은 조선인 광부[虐げられた朝鮮人鑛夫]」에서는 적은 식료 지급 아래 위험한 작업에 종사시키며 반항하면 린치를 가했던 일을 전하고 있다.
2   당시 신문 등에서 전하고 있는 것 외에 오요 분핑[欧陽文彬]이 류롄런에 관한 사실을

1960년대에 접어들어 식민지 지배나 침략 사실과 마주하려 하지 않는 일본사회 속에서 생활하던 재일조선인 역사학자가 자민족에 대한 박해 역사를 발굴하는 등의 일들[3]을 통해, 조선인·중국인의 전시(戰時) 동원과 관련된 박해 사실이 널리 알려지게 되었다. 오늘날에는 일본이 타민족에게 행한 비인도적인 인권침해를 이야기하고자 할 때 조선인·중국인의 전시기 노무동원 문제가 거론되는 일이 자주 있으며, 일본의 역사교과서에도 그 일이 기술되어 있다.

그리고 그러한 인권침해의 내용으로서 가장 주목받는 것이 '강제성'의 문제다. 조선인·중국인의 전시기 노무동원은 일본에서 종종 강제연행 혹은 강제연행·강제노동이라 불리는데, 한국에서는 이를 주로 강제징용이라는 말로 표현하는 경우가 많은 것 같다.

실제로 조선인·중국인의 노무동원에는 직접적인 폭력을 행사하여 무리하게 일본 내지로 데려온 경우가 존재한다. 또한 배치된 곳에서도 가혹한 노동을 강요당했고, 반항하면 죽임을 당할 듯한 정도의 폭행이 행해졌다는 것도 관계자가 여러 차례 증언하고 있다. 그런 일들을 생각해보면 '강제성'을 문제로 삼는 것은 당연한 일일 것이다. 특히 최근 일본에서 "강제연행 같은 것은 없었다"고 하는 유언비어가 인터넷이나 일반 서점에 늘어선 책들을 통해서도 정보로서 발신되고 있는 상황을 생각해보면, 노무동원의 가혹한 피해 상황은 아무리 강조해도 지나치지 않으며 앞으로도 그러한 사실을 전달해 나아가야 할 필요가 있을 것이다.

　　서적(『穴にかくれて14年－中国人俘虜劉連仁の記録』, 新読書社, 1959)으로 정리한 것이 있다.

3　　이 작업을 행했던 박경식(朴慶植)은 1965년에 『조선인강제연행 기록[朝鮮人強制連行の記録]』(未来社)을 펴낸 바 있다.

그러나 조선인·중국인 노무동원에 관해 일상과 동떨어진 폭력 혹은 강제성이나 노예적인 노동실태만을 강조할 경우 중요한 점을 간과해버리기 쉽다. 조선인에 관해 보자면, 전쟁이 시작되고 총력전체제가 구축되기 이전의 일상 혹은 자신이 살던 촌락에 동원계획을 위한 필요인원을 확보하고자 하는 자가 없던 때의 일상과 동원의 대상이 되었을 때의 체험이 비연속적인 것, 전혀 별개의 것이었다고 할 수는 없다. 또한 배치된 곳의 노동현장에서 일어난 폭력은 분명 조선인·중국인 노무동원의 특징이었지만, 이를 일본인이라고 해서 겪지 않았던 것은 아니다. 정도의 차이는 물론 있겠으나, 일본인이 일했던 노동현장에서도 전전과 전쟁 중에 폭력적인 노무관리가 행해진 경우는 있었다. 전쟁 승리를 위한 증산이 지상과제가 되었던 상황 아래에서, 상사가 부하를 때린다거나 장시간 노동으로 혹사당한다거나 하는 일은 일본인 사이에서도 줄곧 일어났던 일이다. 노동현장이나 동원확보 단계에서 조선인이나 중국인이 당한 폭력 피해는 분명 문제이지만, 적어도 그것만으로 조선인·중국인 동원의 문제성을 논할 수는 없다. 정책 레벨에서의 차별성도 포함하여 살펴나갈 필요가 있다. 이상과 같은 점들에 유의하면서, 조선인·중국인에 대한 동원이 일본제국 전체의 동원정책 속에서 어떤 위치에 있었는가를 분명히 해 나가는 일을 본 발표의 첫 번째 과제로 삼고자 한다.

단 여기서 주의해야만 하는 것은 조선인과 중국인의 동원 양상과 정책적인 위치 부여가 달랐다고 하는 점이다. 종래에는 이 점이 무시 내지는 경시되어 온 경향이 있다. 따라서 본고에서는 그 차이가 어떤 것이었는지, 왜 그런 차이가 발생했는지에 대해서도 해명하려 한다. 이것이 본고의 두 번째 과제이다.

또한 세 번째 과제로서 이러한 조선인·중국인 동원이 동시대의 지역사회 즉 출신지의 마을이나 배치된 곳의 주변 주민 등에게 어떤 영향을 미쳤는가를 고찰해보고자 한다. 나아가 네 번째 과제로서 전후 동원의 기억과 그 영향이 어떤 것이었는가에 관해서도 고찰하여 약간의 언급을 더하고자 한다. 이러한 점들에서도 조선인과 중국인과는 약간의 차이를 보인다. 그 점에 유의해가며 논의할 것이다.

이와 더불어 사소한 것이긴 하지만 만약을 위해 먼저 용어에 관한 설명을 해두고자 한다. 강제연행이라는 말은 앞서 언급한 노무동원계획·국민동원계획에 포함되지 않는 군인·군속(軍属)으로서의 동원이나 '위안부' 동원 등도 포함하는 개념으로서 사용되는 경우가 있으므로 학술용어로서는 모호하다는 비판이 있다. 또한 '강제'라고 하지만 법적으로는 강제가 아닌 경우가 있고, 본인이 동의하여 일하러 온 경우도 있지 않느냐며 이 말을 문제시하는 사람도 (일본인 중에는) 있다. 그러나 어떤 시기에 본인의 의사에 반하는 필요인원의 확보 사례가 꽤 일반적으로 퍼져 있었다는 점도 실증되고 있으므로, 강제 연행·강제 노동이라는 단어가 용어로서 이상하다고는 할 수 없을 것이다. 다만 논의에서 오해가 없도록 여기에서는 노무동원이라는 말을 사용하겠다. 그 정의는 각의(閣議)나 차관회의 결정 등에서 확인되는, 국가 시책에 따른 노동력 배치로 한다. 한국에서는 앞서 언급한 것처럼 강제징용이라는 말이 종종 사용되지만, 이에 대한 불필요한 혼란이 초래될 수 있으므로 여기서는 사용하지 않는다. 징용이라는 말은 일반적으로는 국가에 의해 사역당하는 것을 가리키는데, 엄밀한 법률·행정용어로서는 국가총동원법 제4조에 의한 것만이 징용이며, 이는 국민징용령 등의 관련 법령에 의한 절차에 따라 실시된다. 그리고 제2차 세계대전 당시의 조선인 노무동원은 국가총동원법 제4조에 의한 징용이 아닌 사례를 다수 포함한다.(1944년까지는 거의가 그렇다) 따라서 조선인·중국인 노무동원 전체가 법률·행정용어 상의 징용에 해당되기라도 하는 것 같은 오해를 발생시키지 않기 위해서라도 강제징용이란 말은 여기서 사용하지 않을 것이다.

2. 일본제국의 조선인 이동 통제

조선인에 대한 노무동원은 1939년 7월에 각의 결정된 노무동원계획에 근거해 같은 해 9월부터 실행되었다. 하지만 그 이전에 일본제국이 조선인의 이동을 통제하는 시책이 있었다는 데에도 주의할 필요가 있다. 뿐만 아니라 일본인 대부분은 조선인 노동력을 자신들의 편의에 맞게 배치하는 것이 가능하다고 생각했으며, 이러한 시책을 취하는 것에 의문을 가지지 않았다. 게다가 이때 조선인은 일본인에 비해 불리한 조건의 생활·노동을 감수해야만 한다는 것이 당연시되었다.

예를 들어 1925년 9월, 당시 여당이었던 헌정회(憲政会)의 정무조사회에서는 앞으로 일본이 취해야 마땅한 시책으로서 시베리아·만주로의 조선인 이주를 진행해 나가는 한편, 조선반도의 인프라를 정비하여 편리해진 해당 지역에 일본인을 다수 이주시켜야만 한다는 주장이 펼쳐졌다. 또한 같은 자리에서 "내지인이 시베리아 만주로 이주하는 것은 곤란하지만 조선으로는 용이하게 이주하므로 조선인을 만주, 시베리아로 이동시켜 적절한 보호를 더한 후, 내지인을 이주시켜야 한다. 현재 조선은 내지인을 600만 명 정도 수용할 가능성이 있는데, 장차 치수(治水), 식림(植林), 교통 등이 완비되면 2천만 명을 수용할 수 있기 때문이다"와 같은 발언이 있었다고 한다.[4]

이와 함께 일본인들 사이에서는 자신들의 생활권에 조선인이 다수 유입되는 것에 대한 기피의식도 강하게 일었다. 그러나 일본제국의 일부가 된 조선으로부터는 생활의 곤궁함 탓에 직업을 찾아 일본 내지로 오는 사람들이 증가 일로를 걷고 있었다. 이는 일본인 사이에서 문제가 되었고, 일본 정부는 1920년대 이후 조선인의 일본 내지 도항(渡航)에 대해 억제적인 시책을 취했다. 1925년부터는 일본 내지에서의 취업처가 정해져 있는지 어떤지 혹은 소지한 금액이나 일본어 능력의 유무 등을 기준으로 하여 조선의 경찰 당국이 이동을 저지하는 것이 사실상 가능하게 되었다.[5] 그러나 조선의 농촌경제 상황은 개선되지 않았고 거기로부터 벗어나고자 하는 사람들을 고용하기에 충분한 산업개발이 조선 내

---

4 『지지신보[時事新報]』, 1925년 9월 5일자 기사. 다만 이것이 얼마나 진지하게 논의되었는가 하는 점은 불명확하다.

5 外村大, 『在日朝鮮人社会の歴史学的研究—形成・構造・変容』, 緑蔭書房, 2004, 25~38쪽; 한국어판은 신유원・김인덕 역, 『재일조선인 사회의 역사학적 연구』, 논형, 2010. 여기서 사실상 가능하다고 하는 것은 이 조치가 법률에 근거한 것이 아닌, 경관의 '타이름'에 의한 것이었기 때문이다. 물론 식민지 조선에서 일본 내지로의 이동을 그만두도록 경관이 타일렀을 때, 법적인 근거가 없다는 이유로 그것을 무시할 수 있는 조선인이 있었을 것이라고는 생각할 수 없다.

에서 이뤄진 것도 아니었으므로, 이후에도 일본 내지로의 도항을 희망하는 조선인이 존재했으며 신규 도일자(渡日者) 수도 감소하지 않았다.

이러한 상황 속에서 일본 내지로 건너 온 조선인이 하층사회에 독자적인 커뮤니티를 구축해가려던 것이 문제시되어, 국정 차원에서도 대책을 생각하게 되었다. 구체적인 시책이 결정된 것은 1934년이었다. 같은 해 10월, 일본제국 정부는 '조선인 이주 대책의 건'을 각의 결정했다. 그 내용은 조선인의 신규 도일 억제를 강화함과 동시에 도일 희망자를 조선 북부 공업지대나 '만주국'으로 돌리고자 하는 것이었다.

그러나 제국정부 차원에서 합의된 첫 조선인 노동력 통제 정책이란 것이 만들어진 이 각의 결정 이후에도 일본 내지로 향하는 조선인 수는 그다지 감소하지 않았다. 다만 학생이나 노동자 가족의 도일 그리고 조선으로 일시 귀향했던 자의 재도일을 제외한 노동자의 신규 도일은 감소하게 된다. 그 수는 1933년, 1934년에 7만 명을 넘었는데, 1935~1938년에는 3만 명대로 추정되었다.[6] 신규 도일은 완전히는 아니더라도 상당히 억제되었다고 할 수 있을 것이다.

하지만 이 과정에서 조선인의 노동력을 만주로 돌리는 일이 진행되었는가 하면 그렇지는 않았다. 만주국의 실권을 쥐고 있던 관동군은 치안 대책상의 염려로 인해 조선인 이민 수용에 소극적이었다. 1934~1938년 만주로의 집단이민은 합계 3만 3,595명에 그쳤다.[7] 더구나 그 사이 조선 농촌의 경제 상황이 개선된 것도 아니었다. 이는 이 시기 이동을 저지당해 생활의 전망을 찾지 못한 채 생활하는 사람들이 조선의

---

6   外村大, 「朝鮮人労働者の『日本内地渡航』再考」, 『韓国・朝鮮の文化と社会』 第7号, 2008.10.
7   「朝鮮総督府時局対策調査会諮問案参考書」, 1938.9.

농촌에 다수 체류하는 상태가 발생했음을 의미하고 있다.

한편 같은 무렵 일본 내지에서는 일부에서 노동력 부족이 문제가 되어갔다. 세계공황의 타격으로부터 회복된 뒤, 1930년대 중반에는 군비확장을 위한 중화학공업화가 진행되었던 탓이다. 노동력 확보가 곤란해지기 시작한 것은 탄광이나 토목건축 공사 현장, 항만 하역 현장이었다. 이들 산업에서는 재해도 많고 전근대적인 노동관리가 행해진 것이 일려져 사람들이 기피했기 때문이었다.

이런 가운데 이 산업의 경영자들 중 일부는 1934년의 각의 결정에 따른 조선인의 일본 내지 도항 규제를 완화해 달라고 관계자에게 요청하고 있었다. 이는 중일전쟁 발발 전부터 볼 수 있었던 움직임이다.[8] 그리고 중일전쟁이 일어난 뒤에는 이들 산업의 노동력 부족이 더 심각해졌고, 따라서 조선인 노동자 도입을 요구하는 목소리도 확대된다.

3. 조선인 · 중국인의 '일본 내지 집단 이입' 전개

이러한 가운데, 1939년부터 일본정부는 노무동원계획을 책정하고 노무수급에 적극적으로 개입하여 군수생산을 위한 합리적인 노동력 배치를 진행하기로 했다. 노무동원계획은 1941년도부터는 국민동원시책

---

8 外村大, 『朝鮮人強制連行』, 岩波書店, 2012, 34~35頁.

계획이라는 명칭으로 변경되었는데 이후에도 매년 계획이 책정되었다. 단 1945년도에는 1년 동안의 계획이 아닌 제1·4반기 분의 계획 책정에 그쳤던 것 같다.

이 노무동원계획·국민동원계획(이하, 양자를 아울러 동원계획이라 칭함)은 해당년도에 새롭게 필요해진 노동자 수의 생산별 내역과 그것을 충족하기 위한 '공급원'을 어디서 얼마만큼 구하는 것이 가능한가를 기재한 것이었다. 공급원은 구체적으로는 일본 내지의 신규 졸업자나 '평화산업'의 전업(轉業)·폐업자, 농촌 소재의 노동력이 주요한 것들이었는데, 1939년도부터 일관되게 조선반도에 있는 조선인도 공급원으로서 계상(計上)되었다. 그리고 그들이 배치된 곳은 일본 내지나 사할린의 탄광, 토목공사 현장 등이 되었다. 이후에도 매년 동원계획에서 일본 내지의 각종 사업소에 새롭게 배치되어야만 하는 노동자 공급원으로서 일정 수가 계상되었다. 그 숫자의 추이, 실제 조선에서 보내진 수와 배치된 곳의 산업별 내역은 〈표 1〉과 같다.

〈표 1〉 노무동원계획·국민동원계획에서의 조선인 동원계획수송출수

연도	계획수	송출수				
		석탄산 (石炭山)	금속산 (金屬山)	토건	공장, 그 외	합계
1939	85,000	34,659	5,787	12,674		53,120
1940	97,300	38,176	9,081	9,249	2,892	59,398
1941	100,000	39,819	9,416	10,965	6,898	67,098
1942	130,000	77,993	7,632	18,929	15,167	119,821
1943	155,000	68,317	13,763	31,615	14,601	128,296
1944	290,000	82,859	21,442	24,376	157,795	286,432
1945	50,000	797	229	836	8,760	10,622
計	907,300	342,620	67,350	108,644	206,073	724,787

출처 : 『日本人の海外活動に関する歴史的調査』 通巻第10冊 朝鮮編第9分冊68頁.
주 1 : 1944년도는 같은 해 도중에 326,000으로 변경되었다.
주 2 : 1945년도는 제1·4반기 계획으로서 설정되었다.

이를 보더라도 전쟁이 종결된 1945년도에는 동원 수 자체도 적어졌으나, 1939년도부터 1944년도에 걸쳐서는 매년 계속 증가되었음을 알수 있다. 특히 1944년도에는 전년도의 2배 가까운 대폭 상승을 보이고있다. 그리고 배치된 장소로서 높은 비율을 차지하고 있는 것이 탄광·광산이었다. 1944년도와 1945년도에는 '공업·그 외'의 비율이 높아져 있으나, 조선인 노무동원의 주요 배치 장소는 탄광·광산이었다고볼 수 있다.

이러한 조선인 동원은 당초 일본 기업이 후생성과 조선총독부의 인가를 얻어 모집을 실시하는 형태로 진행되었다. 따라서 이는 형식적으로는 노동자를 필요로 하는 기업과 기업에서 일하고 싶어 하는 개인이자유의사로 계약을 맺는 것이었다고 할 수 있다. 다만 조선반도 촌락에서의 필요인원 확보는 그 지역의 행정 말단직원이나 경찰관, 지역 유력자들의 협력이 불가결했으며, 그런 의미에서 이는 행정 관여 아래에서진행되었다고 할 수 있을 것이다. 그 후 1942년 1월 이후에는 관알선(官斡旋)이라 불리는 방식의 필요인원 확보가 진행되었다. 이 단계에서도 기업의 담당자가 조선반도에 와서 사람을 모으고, 일본 내지로 가게된 조선인과 기업이 계약을 체결한다는 점 자체에는 변화가 없다. 단국가의 알선 진행 방식을 기록한 조선총독부의 요령(要領)에는, 행정 말단 직원이 이 일에 협력하여 필요한 인원을 한 군데 모은다고 하는 점이 기록되어 있었다.

또한 1944년 9월부터는 국민징용령을 발동하여 행정당국자 자신의책임에 의한 필요인원 확보가 행해지게 되었다. 이는 정부가 지정한 사업소에서 지정한 업무를 행하는 것을 행정명령으로서 동원대상 개인에게 전달하는 것으로, 이에 응하지 않을 경우 국가총동원법 규정에 의한 벌칙(1년 이하의 징역 혹은 1,000엔 이하의 벌금)이 더해졌다. 이에 따라 필요인원 확보 과정에서 폭력을 발동하는 일이 한층 많아졌다고 볼 수 있는데(이에 관해서는 시기가 내려옴에 따라 조선반도 자체의 노무 수급 역시 핍박해졌던 것도 감안할 필요가 있다), 그러나 전쟁 말기에는 이에 대한 저항도 격화되었다.

〈표 1〉에서는 계획 수에 대한 송출 수의 비율=충족률이 처음에는 이후의 시기에 비해 낮았고, 1944년도에 극히 높은 수준에까지 도달한 후 1945년도에는 하락하는 추이를 보이고 있다. 이는 모집에서 국가알선으로의 변화와 징용 발동에 의해 필요인원 확보가 극히 철저히 행해졌던 것, 그러나 전쟁 말기에는 징용 발동을 하고서도 동원을 수행할 수 없는 상황이 발생했음을 나타낸다고 할 수 있을 것이다.

한편 중국인에 대해서는 1942년 11월에 각의에서 이를 진행할 것이 확정되어 이듬해 실행에 옮겨졌다. 나아가 1944년도 국민동원계획에서는 공급원으로서 중국인(화인 노동자) 항목이 세워지게 되었다.

동원된 중국인 수는 전후 일본정부 외무성이 매듭지은 조사에서 약 4만 명이었다고 되어 있다. 배치된 곳은 탄광·광산, 토목공사, 항만노동 현장인 135개의 사업소였다.[9]

일본 내지의 이들 사업소에 배치된 중국인은 일본군 포로가 된 병사 및 일본군이 점령하여 괴뢰정권이 수립된 지역에 있던 민간인이었다. 그들은 형식적으로는 괴뢰정부의 외곽단체인 화북노공협회(華北勞工協會)와 계약을 맺었고, 일본 기업에서 노동에 종사했다.

---

9   외무성, 『華人勞務者就勞事情調査報告書』, 1946에 의함.

4. 차별적 정책 아래에서의 '자발적' 이동

이상과 같은 조선인·중국인 노무동원에 관해서는 앞서 언급한 것처럼 '강제성'이 문제시되어 왔다. 중국인의 경우를 보면 스스로 원해서 일본의 전쟁수행을 위해 일하러 온 사람이 있었다고는 상식적으로 생각하기 어렵다. 또한 점령지에서의 중국인 필요인원 확보는 일본 군인들이 집락(集落)을 포위하여 붙잡는 식의 실태가 있었던 것이 알려져 있다. 조선인과 관련해서도 징용 발동 이전부터 본인의 뜻과는 반대로 끌려왔다고 하는 증언이 다수 있다. 또 동시대의 조선총독부 노무행정 담당자가 '반강제적'으로 필요인원 확보를 실시하고 있다는 취지의 발언을 한 것도[10] 동원 과정에서의 '강제성'을 뒷받침하고 있다.

그러나 '강제로 데려온 것'이 조선인·중국인 노무동원 문제의 본질이라고는 할 수 없다. 강제로 데려온 사람들이 일본제국의 군수생산을 유지한다고 하면, 이는 오히려 전쟁수행에 있어서도 불안정한 요인이나 마이너스 요인이 될 수 있다. 일본제국은 폭력으로 노동력을 배치하는 것이 바람직하다고는 생각하지 않았다. 애당초 조선인 중에는 앞서 본 것처럼 조선반도에서는 생활할 길이 없어져 일본 내지로 향하고자 한 사람들도 있었으며, 일본정부나 조선총독부는 그런 사람들을 전제로 노무동원을 개시했던 것이다.

바꿔 말하면, 필요인원 확보를 위해 발동된 폭력성은 어디까지나 결

---

10 「座談会 朝鮮労務の決戦寄与力」, 『大陸東洋経済』, 1943.12.1에서의 조선총독부 노무과 사무관의 발언.

과이며, 노무동원 정책이 내포하고 있던 문제의 본질을 거기서 찾는 것은 옳지 않다.

　물론 동원된 개개인에게는 자신이 원하지도 않은 장소에 끌려가 노역을 당해 원래 할 예정이었던 일을 할 수 없었던 것이 가장 큰 문제였을 것이며, 동원된 사람의 가족에게 있어서도 가족의 일원을 자신들로부터 떼어 놓은 것이 문제의 전부였을 것이다. 그러나 일본제국의 정책이나 그 결정을 주도한 일본인의 인식이나, 사상에 대해 생각해 볼 때, 문제는 다른 곳에 있다. 이때의 문제는 조선인에 대한 제도적인 차별이며, 그 배경은 조선인에 대해서는 불리한 조건을 강요하는 것을 당연하게 여긴 태도에서 찾을 수 있다. 그리고 이는 총동원체제 구축 이전부터 일본사회에 존재했던 의식을 기반으로 한 노동력 통제 시책과 연속성을 가진 것이었다고 해야 한다.

　앞서 언급한 것처럼 일본인은 자민족 중심적인 생각으로 필요한 노동력을 마음대로 움직였고, 다른 한편으로 자신들의 생활권으로 이민족이 들어오는 것에 대해서는 기피의식을 갖고 있었다. "이민족을 자신들이 있는 '본국' 내부에 들인다"고 하는 전시기 노무동원 정책도 실은 일본인들의 이러한 의식 위에서 전개된 것이었다. 왜냐하면 '도입'된 조선인이나 중국인은 철저하게 일반 일본인의 일상생활 공간과는 격리되어 있었으며, 애당초 일본에 영주할 것은 상정되어 있지 않았기 때문이다.(계약기간은 2년이었고 계약이 종료되면 귀국할 것이 전제되어 있었다)

　덧붙여 말하자면, 일본정부 당국자가 조선인 노동력에 의존하면서 군수생산을 유지하려고 한 것 자체가 민족차별적인 요소를 지닌다. 어떤 지역의 노동력 부족에 대한 대응책으로서 반드시 외부 노동력을 투입해야만 하는 것은 아니었다. 이 시기 일본 내지의 경우를 보면 당초 탄광 등에 인력이 모이지 않을 뿐 아니라 일단 입직(入職)한 자들도 이동이 잦은 상태에 대한 대책 더욱 구체적으로는 노동환경·노동조건 개선이란 방책이 있었으며, 기계화를 진전시켜 사람의 일손을 절감한다는 선택지도 있었다. 총력전체제 구축 도상에 있던 시기, 일본에서도 이러한 계획을 생각한 인물이 전혀 없었던 것은 아니었다.[11] 나아가 근본적으로는 일본 내지의 농업경영을 합리화하여 가구당 경작지를 늘리고 소규모 농가를 전업시킴으로써 공업노동력을 생산하고자 하는 정책도 없지 않았다. 이에 대해 당시에는 동의하는 사람이 거의 없었던 것 같지만, 이시바시 단잔[石橋湛山]이 이를 주장했음을 확인할 수 있다.[12]

하지만 이러한 지역 내부 시책을 추진함으로써 노동력 부족에 대응한다는 선택지는 채택되지 않았고, 1939년부터는 조선인의 노무동원이 시작되었다. 이는 바꿔 말하면 "열악한 노동현장이라도 조선인에게는 일을 시킬 수 있으며, 그렇게 해도 된다"라는 인식을 일본인이 가지고 있었음을 의미한다.

또한 많은 사람들이 싫어하는 일터가 있고 그곳에서 노동력이 부족할 때, 그에 대한 대처로 국가가 강제로 노동자를 배치하는 방법도 일단은 생각해볼 수 있다. 이 경우 그 노동자가 특정한 민족일 필요는 없다. 즉 민족에 관계없이 평등하게 동원을 해도 될 터이다. 아니 '일시동인(一視同仁)' 즉 천황 아래 만민은 평등하다는 원칙에 입각한다면 당연

---

11 外村大, 「朝鮮人労務動員をめぐる認識·矛盾·対応」, 黒川みどり 編, 『近代日本の「他者」と向き合う』, 解放出版社, 2010을 참조할 것.

12 石橋湛山, 「食糧増産問題と農業の企業整備 我国農家の戸数を二分の一乃至三分の一に減少するの議」, 『東洋経済新報』, 1944.4.29.

히 이러한 동원이 이루어져야 할 것이다.

이 점에 대해 먼저 설명해 두어야만 하는 것은, 국가총동원법 규정상의 징용이 열악한 노동환경, 전근대적인 노무관리 사업소에서 많은 사람들이 기피할 것 같은 노동을 억지로 사람에게 강요하기 위한 수단으로서는 상정되어 있지 않았다고 하는 점이다. 징용이란 어디까지나 국책상 중요한 국가총동원 업무를 담당하는 것으로서, 이는 제국신민의 영예로운 임무를 수행하는 행위라고 되어 있었다. 그리고 징용이라는 국가 책임의 명령에 의한 노동을 행하는 자에 대해서는 국가가 그 생활을 원호(援護)할 것이 상정되어 있다. 이러한 점 때문에 징용 통지서로 근로를 명할 수 있는 사업소는 정부지정 사업소 등으로 제한되어 있었으며, 법소분에 규정되어 있던 '국가총동원 업무' 속에 토목건축은 들어있지 않았다.(후에 칙령을 받아 관계 공사 등은 국가총동원 업무에 포함되게 된다) 항만 하역과 탄광에서의 노동이 국가총동원 업무에 해당되는 것인가에 대한 해석을 명확히 제시한 사료는 발견하지 못하고 있지만, 이들 산업과 관련된 신규 징용(다른 일에 종사하던 사람을 집어내어 이 일들을 하게 명령함)은 적어도 전쟁 말기를 제외하고는 행해지지 않았다.[13]

---

13   전시하의 탄광노동력 구성에 대해서도 상세히 기술한 根津知好 編, 『石炭国家統制史』, 日本経済研究所, 1958에서 일반 종업원 외에 근로보국대가 활용된 것을 확인할 수 있다. 그러나 통계 등에서도 징용된 노동자 카테고리는 없다.(단 1944년 이후, 군수회사법(軍需会社法)과 그 시행규칙 규정에 따라 군수회사가 지정한 탄광 종업원은 징용된 것으로 간주하게 되었다) 또한 항만에 관해서는 국민징용원호회의 기관지인 『白襷』 1944년 11월호에 게재된 蒲章의 「港湾荷役と『徴用のこころ』」라는 기사에 의하면, 이 시점에서는 항만 하역 현장으로의 징용은 실시되지 않았고, "근처 징병 전사(戦士)에 의한 감투(敢鬪)를 바라게 된 것 같다"는 문언이 보인다. 또한 이 기사에서는 항만 하역 노동이 '굉장한 중노동이며' '만 하루 이상의 장시간 노동을 요구받는' 상황에 있었던 것을 언급한 뒤 '새롭게 징병에 응한 전사를 맞이한 항만 운송 사업은 결과적으로 그에 적합한 것을 갖추고 있었는가'라는 지적을 하고 있다.

이러한 조건에서 일본제국이 선택했던 것이 조선인을 대상으로 하여 징용이 아닌 형태, 그러나 행적 당국도 필요인원 확보에 적극적으로 관여할 수 있는 체제를 만든 뒤 탄광 등으로의 배치를 진행시키는 시책이었다. 즉 징용에 적합하지 않은 다른 사람들이 기피할 것 같은 열악한 조건의 노동 현장 근무를 행정당국이 사실상 명한다는 것인데, 징용이 아니므로 이에 대한 원호시책도 없는 불리한 조건이 조선인에게만 상요되었던 것이다. 이 점에 있어 조선인 노무동원은 정책적인 민족차별이었다고 분명히 말할 수 있다.

다만 이렇게 차별적인 정책이었음에도 초기에는 동원 '모집'에 적극적으로 응한 조선인이 적지 않았다. 전시에 조선에서 노동자를 확보하는 일을 했던 홋카이도의 탄광회사 사원은 동원이 시작된 초기에는 희망자가 많아서 거절하느라 애를 먹었다고 증언한다.[14]

그러나 이는 일본제국의 정책이 조선인에게 고마운 일이었음을 의미하는 것이 아니라, 당시 그만큼 혹독한 상황에 처한 조선인이 다수 존재했음을 증명하는 것이다. 즉 일본인이 기피하는 가혹한 노동현장이라도 그곳에서 일할 수 있는 것이 그나마 낫다고 생각하는 조선인이 많았다는 것이다.

그렇기는 하지만 동원 정책을 시작한 단계에서, 통계상으로는 확실히 조선의 농촌에 다른 장소로 이동시킬 수 있는 노동력이 비교적 풍부하게 존재했던 것이 사실이다. 1940년 조선총독부 조사에 따르면, 조선 농촌에서 '노동 출가(出稼) 및 노동 전업 희망자 수'는 26만 1,162명

---

14   北海道立労働科学研究所, 『石炭鉱業の鉱員充足事情の変遷』, 1958, 17쪽.

(그중 남성은 약 24만 720명)으로 추산되었다.[15] 전업 희망자에게 전업할 만한 조건의 일터를 소개하는 시스템이 당시 조선에서는 기능하지 않았기 때문에, 실제로는 행정기구의 강압적인 필요인원 확보도 이루어졌다. 하지만 동원계획에 근거한 '모집' 담당자가 자신이 사는 마을에 찾아왔을 때 자발적으로 일본 내지의 탄광 등에 취업하는 길을 선택한 사람도 분명 있었을 것이다.

하지만 동원이 계속되는 한, 이러한 동원에 응하는 원래부터 돈을 벌기 위한 타관살이나 전업을 희망하던 사람들 자체가 이윽고 고갈되게 마련이다. 통계로 살펴보면, 아마도 1941년에는 이러한 공출가능 노동력의 고갈 상태가 생겼던 것으로 보인다. 1940년의 노무동원계획에서는 조선 내의 새 노동력에 대한 수요가 42만 5,400명인데 그중 25만 명을 조선의 농촌에서 공급하게 되어 있었다.[16] 통계숫자상으로는 이 시점에서 거의 '노동 출가 및 전업 희망자'는 바닥을 쳤다. 게다가 이듬해에도 비슷한 수준의 신규 노동력 수요가 계상돼 있었다. 동원이 계속되면 조선 농촌에서도 노동력이 고갈되어 농업 생산에 악영향을 끼칠 것은 명백했다.

단 1940년 조선총독부 조사에서는 '노동 출가 및 전업 가능자'가 116만 197명(그중 남성이 92만 7,536명) 존재한다는 추산도 나와 있었다.[17] 이는 경영 규모가 '이상 경작면적' 미만인 농가(이를 '과잉농가'라 부른다)로 남성은 '연령 20세 이상 45세 미만인 자로 건강 상태가 보통 이

---

15   朝鮮総督府, 「労務資源調査関係書類 昭和15年」.
16   企画院第三部, 「昭和15年度労務動員計画実施綱領(案)」.
17   朝鮮総督府, 「労務資源調査関係書類 昭和15年」.

상인 자', 여성은 '연령 12세 이상 20세 미만인 자로 건강 상태가 보통 이상인 자'로 인정되는 사람이다. 요컨대 자신이 경작하는 토지로는 조선에서 살아갈 수 없는 청장년층이 그만큼 존재했다.

5. 조선 농촌 재편과 정책적 결합의 부재

그리고 이러한 '과잉농가'를 전업, 이동시켜 그들이 경작하던 토지를 조선의 농촌에 남은 사람들이 경작하게 되면 생산성도 상승하고 농업 생산도 유지된다. 이러한 '과잉농가' 동원과 조선의 농업 경지면적의 적정 규모화 즉 조선농촌재편이 세트로 진행되었다는 점은 정책으로서는 일단의 합리성이 있었다고 평가할 수 있을지 모른다.

하지만 노무동원과 조선농촌재편을 동시에 진행하기 위해서는 이상 경작면적에 못 미치는 농업 경영을 하는 농가의 가족 전원을 이농시키는 것이 전제다. 하지만 실제로는 이러한 가족 단위의 영구 이주라는 형태의 동원은 그다지 이루어지지 않았다.

물론 조선인 동원이 시작되면서 조선총독부와 일본 내지측 당국이 작성한 '조선인 노동자 내지 이주에 관한 방침'은 "조선인 노동자는 산업의 종류 및 성질에 따라 무기한 이주자와 한시적 이주자 두 종류로 나눈다"고 하였으며, 동원된 노동자가 가족을 불러들이는 일이 가능하다는 점도 확인하고 있었다.[18] 하지만 '무기한 이주'라는 계약으로 일본 내지에 동원된 사례는 지금까지 확인된 바 없다. 또한 1941년 말 시점의 통계에서는 일본 내지에 동원돼 온 조선인 노동자 가운데 가족이 있는 6만 4,540명 중에서 가족을 불러들인 사람은 9,306명에 그쳤다.[19]

게다가 1942년 2월에 조선인 노무동원을 강화하는 정책을 결정하면서도 가족을 불러들일 가능성을 확대하는 조치는 취하지 않았다. 이 시기의 동원 강화는 미국과 일본의 전쟁이 시작됨에 따라 노무동원 규모의 확대가 예상되는 가운데 이루어졌으며, 필요인원 확보 방법 강화 등을 내용으로 하는 '조선인 노무자 활용에 관한 건'이 각의 결정되었다. (이에 따라 '국가 알선'으로서 행정의 관여가 명확해졌다.[20] 실제로 계획 수에 대한 충족률은 〈표 1〉에서 보이는 것처럼 상승했다. 한편 이 각의 결정에 따라 1934년에 각의 결정된 조선인 도일 억제 방침도 망기뇌었다) 하지만 이 새로운 각의 결정에는 "본 방침에 따라 내지에 송출하는 노무자는 식량, 주택, 수송 등의 실정을 감안하여 가족을 데려가지 않는 것을 관례로 한다"라는 말이 들어가 있었다.

물론 가족을 불러들이는 것이 금지되어 있지는 않았고, 조선총독부는 이를 허용하도록 기업이나 일본 내지 당국에 요청하기도 했다. 하지만 가족을 불러들일 수 있을 만한 조건은 존재하지 않았다.(주택 등의 자재 자체가 부족했다) 따라서 단신 청장년층 남성 노동자가 일본 내지의 탄광 등에 끌려가는 것이 동원의 실태였다. 그 결과 조선의 농촌에서는 기간 노동력을 빼앗겨 생활이 어려워진 영세 농가만 늘어갔다.

---

18 「朝鮮人労働者内地移住に関する方針」, 『高等外事月報』, 1939.8.
19 内務省警保局, 『昭和16年中に於ける社会運動の状況』, 1942, 1,008쪽.
20 内務省警保局, 『昭和17年中に於ける社会運動の状況』, 1943, 761~763쪽.

6. 통합 대상이 아닌 중국인 동원

　따라서 전쟁이 계속되는 가운데 조선의 농업생산도 염려되는 상황이었고, 그러다 보니 조선 농촌 밖에서도 노동력의 공급원을 찾을 필요가 생겼다. 여기서 탄광 등의 노동환경을 개선하거나 일본인을 공급하는 것이 아니라 중국인을 동원한다는 방침이 채택되었다. 1942년 11월에 '중국인 노무자의 내지 유입에 관한 건'이 각의 결정됐고 이듬해부터 실제로 중국인 동원이 진행되었다. 이는 조선인보다 더욱 차별적인 조건을 강요할 수 있는 존재를 동원 대상으로 삼는다는 뜻이었다.

　애초에 조선인은 일본제국 내에서 다양한 차별을 받기는 했지만 그래도 제국 신민으로 간주되었다. 따라서 일본 내지의 사업소에서도 조선인과 일본인 사이에 가급적이면 차별이 있어서는 안 된다고 보았다. 조선총독부와 일본 내지 당국은 노무동원 정책에서나 직장의 노무관리 등에 차이가 있어서는 안 된다고 확인하였다. 이는 동원된 곳에서 심한 차별이나 학대를 당한 경우(실제로 그랬지만) 조선반도에 남아있는 가족을 포함한 조선 민족 전체의 불만이 높아져 조선 통치에 영향을 끼칠 수도 있다고 우려했기 때문일 것이다.

　또한 1942년 2월의 '조선인 노무자 활용에 관한 건'에서는 동원된 조선인에 대해 "노무 활용과 더불어 교화를 중시함으로써 조선 통치라는 큰 방침을 추진하는 동시에 이들 육성된 노무자가 이를 조선에 환원하여 우리의 대륙 전진기지로서 조선의 지위 강화에 이바지하게 한다"고도 강조하고 있었다. 즉 조선인은 '대동아공영권' 건설을 위해 일본인과 함께 활동해야 할 인재가 되리라고 기대되었다.

반면 일본 제국 입장에서 중국인은 통합 대상이 아니었다. 바꿔 말하면 본인이나 가족이 일본 제국에 충성심을 품고 있는지에 대해서 그리 많이 고려할 필요는 없었다.

때문에 필요인원을 확보할 때나 배치된 곳에서 노무관리를 할 때 중국인에 대해서는 매우 폭력적인 방법을 취했다. 앞서 언급한 것처럼 중국인을 대상으로 하는 필요인원 확보에서는 토끼사냥이라고 불리는 모집, 즉 산개한 군대가 마을의 청년 남성들을 점차 포위하여 연행하는 일을 비롯해 지극히 폭력적인 방법이 취해졌다.[21] 이러한 사례는 조선인 동원에서는 확인할 수 없다.[22] 또한 노동현장에서는 일반 노동자와 완전히 격리되었고 권총을 든 헌병이 감시하기도 했다. 식사도 중노동을 견뎌 낼만 한 수준이 아니었다. 그 결과 패전 이전에 동원된 중국인 약 4만 명의 사망률은 약 17%[23]라는 매우 높은 수치를 기록했다. 동원된 중국인에 대해서는 노동력 재생산조차 고려하지 않았던 것이다.

---

21 石飛仁, 『中国人強制連行の記録 日本人は中国人に何をしたか』, 三一書房, 1997; 杉原達, 『中国人強制連行』, 岩波書店, 2002.

22 吉田清治, 『朝鮮人強制連行 私の戦争犯罪』, 三一書房, 1983에는 조선반도에서 이러한 필요인원 확보 활동을 행한 기술이 있긴 하지만, 요시다 세이지[吉田清治]의 증언을 신뢰할 수 없다는 것은 오늘날 학계의 정설이 되어있다. 당초 요시다 세이지는 야마구치[山口] 현 노무보국회의 임원으로서, 조선반도에서의 필요인원 확보 계획에 참가하는 것은 지휘계통상으로 볼 때 있을 수 없는 일이다.

23 앞서 언급한 외무성기록에 의하면 일본으로 연행된 중국인 약 4만 명 중, 6,830명이 사망했다고 한다.

7. 결전 태세에서 민족적 부담의 차이

하지만 조선인 노동자를 계속 동원할 뿐 아니라 중국인 동원을 추진해도 노동력 부족을 메우지는 못했다. 그런 가운데 1944년도 국민동원계획은 전에 없을 정도로 대규모가 되었다.

'결전 단계'라는 선전이 이루어지는 기운데 노동력 배치가 어떠했는지를 보면, 일본 내지의 공급원은 신규 학교졸업자와 학교재학자, 전업자, 무직 여성 등이었다. 즉 일본 내지의 농촌으로부터는 새롭게 동원하지 않고 있었다. 이는 식량 증산을 유지하기 위해서였다. 일본 내지의 농촌 인구는 원래 1941년 1월에 각의 결정된 '인구정책확립요강'[24]에서 농촌 인구를 전체 인구의 40% 수준으로 유지해 갈 것이 확인되어 있었고, 1944년 6월에는 징용 대상으로 하지 않고 농업 이외로의 전업을 금지하는 농업 필요인원을 지정했다. 그 수는 약 천만 명이다. 총인원이 1,212만 명으로 추산되니, 대부분이 농업 필요인원으로 지정됐다고 할 수 있다. 단 그래도 일본 내지의 식량 생산에 필요한 노동력 부족분이 약 224만 명에 이른다고 산정되었다.(이 수치는 군부의 압력으로 계산법을 고쳐서 118만 명으로 수정됐다) 부족분은 학생들을 동원하여 메웠다.[25]

조선에서도 이 단계에서 농업 노동력 부족은 명백했다. 원래 노무동원을 개시하기 전부터 농번기에는 노동력이 부족하다는 지적이 있었

---

24 『人口問題研究』第2卷 第2号, 1941.2.
25 大原社会問題研究所, 『太平洋戦争下の労働者状態』, 1971에 의함. 또한 일본 내지의 농가 수는 1944년에 약 553만 7,000가구로, 그중 전업농가는 약 206만 8,000가구이다.

다. 1940년 단계에서 추정 산출된 '노동 출가 및 노동 전업 가능자'도 '결전 단계'에서는 이제 거의 남아있지 않았던 것으로 보인다. 1943년 도까지의 조선 내 동원, 일본 내지 등으로의 동원, 만주 이민 송출 등의 총계(단 계획 수)가 그 수를 웃돌았던 것이다. 여기에 더해 1944년도부터는 징병이 실시되어 상당수의 인원이 징집될 예정이었다. 따라서 '결전 단계'에서는 조선의 농업 생산을 위한 농업 노동력을 어떻게 유지할 것인가가 중요한 정책이 되었다.

그런 가운데 일본 내지와 마찬가지로 농업 필요인원 지정이 이루어진다. 하지만 이는 제한적이었다. 즉 전후에 정리된 기록에 따르면 "전 조선에 설치된 농업 필요인원 수는 약 165만 명"인데 "이는 농가 총 호수 약 300만 호 중 순수 농가를 그 70%인 240만 호로 보고 그 총인구 약 1,200만 명 중 남성 600만 명의 일정 연령층(18세부터 55세)에 해당하는 자 240만 명 중에서 각 도의 제반 실정을 참작하여 결정했다."[26] 농업생산의 중심 역할을 담당하는 사람이라 할지라도 상당한 확률로 동원대상이 될 수 있었음을 이 수치는 보여준다.

그리고 일본 내지에서 새롭게 동원되는 학생이나 미혼 여성 들은 주로 군수공장이나 농업생산의 보조로 배치되었고, 탄광이나 항만하역, 토목건축공사의 중노동 등 주요한 노동력은 될 수 없었다. 이 부문의 노동력으로 동원된 것이 조선인과 중국인이다. 1944년도 국민동원계획에서 일본 내지로 '집단 이입'해야 할 조선인은 25만 명, 중국인은 3만 명으로 되어 있다.

26　大蔵省管理局, 『日本人の海外活動に関する歴史的調査 通巻第10冊朝鮮編第9分冊』, 1950, 65쪽.

요컨대 '결전 단계'에서의 노동력 배치는, 일본 내지의 농촌 노동력이 어느 정도(어느 정도라 함은 병력으로서 동원되는 부담을 무시할 수는 없다는 뜻이다) 온존된 데 반해 조선 농촌에는 극한의 부담을 강요하는 동시에 노동 재생산조차 도외시한 중국인 노동자를 활용하는 것이었다. 일본인에 대한 동원이 엄혹하지 않았다고는 할 수 없지만, 전쟁 말기의 노무동원에서 민족별 차이가 존재했음을 부정할 수는 없다.

난 1944년 9월 이후에는 조선인에 대한 징용이 발동된다.(이 단계에서는 탄광이나 항만하역, 토목건축공사 노동의 일부에 대해서도 징용이 가능했다) 이에 따라 동원된 조선인과 그 가족에 대해 생활 빈곤자 부조를 포함한 각종 원호시책 제도가 정비되었다. 하지만 행정기구의 불비 등으로 인해 실제로 기능하지는 않았다.[27] 그 결과 기간 노동력을 빼앗겨서 생활을 유지할 수 없게 된 조선인 가정이 점점 더 증가하게 된다.

이런 가운데 징용기피가 확대되어 관청의 노무 담당자에게 민중이 필사적으로 저항하는 사태도 볼 수 있었다. 전쟁 말기 조선 지역사회의 동요는 심각해졌고, 조선총독부 고관도 경우에 따라서는 경찰력뿐 아니라 군대가 함께 대응해야만 한다고 생각했음을 회상하고 있다. 즉 조선총독부 재무국장이던 미즈타 나오마사[水田直昌]는 전후에 남긴 회상에서 이렇게 말한다. "조선 민족의 전쟁을 저주하는 마음은 상당히 격렬했습니다." "일반 민중은 쌀을 빼앗기고 사람을 빼앗기고 놋쇠 그릇을 빼앗겨서 전쟁을 저주하는 마음이 강했는데, 이것을 경찰의 힘으로 어찌어찌 눌러 왔습니다. (…중략…) 하지만 이것은 뭔가 기회가 있으면 확 불타오른

---

27 外村大, 「アジア太平洋戦争末期朝鮮における勤労援護事業」, 『季刊戦争責任研究』 第55号, 2007.3.

다, 불타올랐을 때에는 하는 수 없으니 실력으로 탄압한다, 군대와 경찰의 힘으로 탄압하는 것 외에는 방도가 없다는 생각이었습니다."[28]

8. 노동자 구성의 변화와 민족 관계

그렇다면 이러한 중국인이나 조선인을 받아들인 일본 사회는 어떠한 반응을 보였을까?

중국인의 경우, 동원 정책이 시작되기 전에는 거의 일본 내지에 거주하지 않았던 데다 '집단 이입'된 중국인은 격리되어 엄격한 감시 아래에 놓였기 때문에 일본인과의 접촉이 거의 없었다. 따라서 일반 지역주민 사이에서 중국인 노동자의 존재에 대한 불안이나 반감 같은 반응이 퍼진 흔적은 없다. 학대를 못 견딘 중국인 노동자가 궐기하여 진압 과정에서 사망자가 나올 정도의 혼란을 일으킨 사건도 전쟁 말기에는 발생했지만,[29] 정보 통제 속에서 일반 일본 민중에게는 전해지지 않았다.

반면 조선인은 동원정책이 시작되기 전부터 대량으로 일본에 거주하고 있던 사람들이었다. 또한 동원된 조선인은 확실히 감시를 받으며 거주하고 노동했지만 민중 차원에서 일본인과 접촉할 수 있는 경우도

28　水田直昌述・大蔵省官房調査課金融財政事情研究会, 『終戦前後の朝鮮経済事情』, 1954.
29　1945년 6월, 아키타[秋田] 현 하나오카[花岡] 광산 근처의 하천 개수 공사에 종사당하고 있던 중국인 노동자가 폭동을 일으켜 일본인을 살해하는 등의 사태가 벌어졌다.(하나오카 사건)

있었다. 이런 가운데 민중 차원에서 일본인과 조선인 사이의 우호적인 교류도 일부에서는 생겨났다. 하지만 조선인에 대한 일본인 측의 기피, 경계, 반감 같은 감정이 조성되어 문제가 되었음은 부정할 수 없다.

이러한 감정의 배경에는 젠더 문제도 관련되어 있었다. 청년 남성 대부분이 지역사회에서 없어지는 가운데(농촌에서는 징용이 없었다고는 하지만 상당수가 병사로 출정했다) 새로 많은 조선인 청년 남성들이 유입해 온 집락이 일본 내지 곳곳에서 출현했다. 이런 가운데 젊은 일본인 여성의 '정조'와 관련하여 조선인의 증가가 문제시되기도 했다는 점은 관헌의 내부 보고서 등에서 확인할 수 있다.[30]

또 하나는 치안 유지상의 불안이다. 조선 민족의 독립운동에 대한 기억 혹은 연합군과 함께 이를 전개하고 있는 조선인이 존재한다는 인식은 일본인 다수가 가지고 있었다. 즉 일본인에게 조선인은 잠재적인 적이 될 수 있는 존재였다. 그들이 지역사회나 중요 산업 일터에 존재한다는 데 대해 일본 민중은 불안을 느꼈다. 이러한 불안은 전국(戰局)이 악화됨에 따라 점점 더 확대된다. 전쟁 말기에는 지역사회에 있는 조선인이 연합국과 내통하고 있다, 공습 때 적기에 손을 흔들었다 같은 유언비어가 유포되어 치안 당국도 이를 문제시하고 있었다.

이와 함께 조선인의 '지위 향상'에 따라 일본인 중심의 사회 질서가 위협받는다는 불안도 존재했다. 일본 경제는 이제 조선인 노동자를 무시하고는 성립하지 않으며 게다가 임금 상승 속에서 조선인이 힘을 갖기 시작했다는 인식이 거기에는 있었다. 제국의회에서 어느 의원은 다

---

30   外村大, 「「日本内地」在住朝鮮人男性の家族形成」, 阿部恒久ほか 編, 『男性史2ーモダニズムから総力戦へ』, 日本経済評論社, 2006.

음과 같이 발언했다. "[조선인의] 노동력은 매우 강하기 때문에 노동자로서 각 방면에서 반기는 경우도 있습니다. 또 일본 노동자가 이와 경쟁을 해도 도무지 못 미칩니다. 예를 들어 고베의 배 인부가 있습니다. 일본인은 쌀 한 가마니를 도저히 못 집니다. 한창 젊은 사람은 전쟁에 나가 있기 때문이겠지만 부득이하게 조선 노동자를 고용하면 간단히 지고 가버립니다. 그리고는 임금을 20엔이니 25엔이니 주지 않으면 꿈쩍도 안하는 상황이 눈앞에 나타나고 있습니다. 어쨌든 일본 노동자와의 문제도 거기서 기인합니다. 그들은 현재 엄청난 돈을 가지고 있습니다. (…중략…) 따라서 그들의 사회적 지위가 점점 높아져 심한 경우에는 우리 일본의 내지인을 바보 취급하는 듯한 태도를 가지고 있는 자도 있습니다."[31] 일본인 중심의 사회 질서가 위협받고 있다는 이러한 불안은 "조선인은 일본 제국에 통합돼야 한다"라는 사회 규범이 없어졌을 때 노골적인 배외주의를 낳게 된다.

9. 피동원자의 송환과 잔류

1945년 8월에 패전을 맞으면서 동원으로 일본 내지에 배치되어 있던 중국인, 조선인은 거의가 귀환했다. 특히 중국인의 경우에는 거의

---

[31] 1944년 2월 1일, 일본제국회의 중의원전시특수(衆議院戰時特殊)손해보험법안 위원회에서 있었던 이마이 요시유키[今井嘉幸] 의원의 발언.

전원이 귀환했다. 예외적으로 패전 직후에 도망가 홋카이도 산속에서 오랫동안 혼자 생활한 류렌런[劉連仁]의 사례(1958년에 일본인에게 '발견'돼 귀국)가 있지만 이는 어디까지나 예외다. 중국인에 대해서는 도망을 막기 위한 관리가 철저했고, 만일 도주하더라도 그들을 보호할 커뮤니티나 피신처가 없었다.

이에 반해 조선인의 경우에는 추계 약 6,500명이 제국 붕괴 이후 일본에 잔류하고 있다.[32] 물론 이것도 동원된 약 72만 명 중에서는 적은 수다.

하지만 이를 단순히 '소수'로 봐야 할지는 다음과 같은 조건에 대해 생각한 뒤에 판단해야 할 것이다. 먼저 원래 일본 제국은 조선인의 일본 내지 정착 정책을 취하지 않았다. 또한 전후 일본도 동원된 조선인에 대해 생활을 원조하는 특별한 시책을 취하지 않았다. 뿐만 아니라 일본인 민중은 조선인에 대한 반감을 전쟁 중부터 강화하고 있었고 전후에 이르러서는 식량난을 겪고 있던 일본에 왜 조선인이 계속 사느냐는 비난까지 했다. 이러한 점을 고려하면 오히려 동원된 조선인 가운데 패전 후 일본에 잔류한 사람들이 적다고 하지는 못할 것이다.

그렇다면 왜 이러한 수준의 잔류자가 생겼을까? 이는 중국인과는 달리 조선인의 경우 동원된 곳에서 도망가 일본 내지에서 생활을 계속할 수 있는 환경이 존재했기 때문이다. 조선인 집주지역으로 달아나거나 조선인이 경영하는 공사장 간이식당에 들어가서 숨는 경우는 드물지 않았다. 이렇게 일본 내지 생활에 어느 정도 익숙해진 사람들이 일본에

---

32 추계의 근거 등에 관해서는 外村大, 「戦後日本に残留した朝鮮人被動員者数とその背景について」, 『コリアンステディーズ』 第1号, 2013.6을 참조할 것.

남았다.

단 이런 사람들이 귀향하지 않은 이유에 대해서는 조금 더 생각할 필요가 있다. 이에 대해서는 각자 고유한 사정이 있었다. 다만 주목해야 할 측면인데, 귀향을 해도 결국 생활해 나갈 수가 없기 때문에 일본에서 조금 더 돈을 벌고 나서 돌아가려고 했다는 증언이 남아있기도 하다.[33] 이는 동원되기 전부터 조선에서의 생활이 철저히 파괴된 사람들이 적잖이 존재했음을 보여준다.

10. 역사의 기억과 영향

마지막으로 이러한 외국인·외지인의 노무동원이 그 뒤에 어떠한 역사로 기억되고 있는지, 또 이것이 어떠한 영향을 주는지에 대해 약간 서술하겠다.

우선 중국인에 대해서 보면, 일본인들 사이에서 어느 정도의 반성이나 화해의 노력이 진행되고 있는 경향이 있다. 이는 '중국인 강제 연행·강제 노동'이 전쟁이라는 이상 시기에 일어난 한정적인 사건이며 일본의 가해성이 명백하고 알기 쉽다는 점에서 기인할 것이다. 중국인은 명명백백히 일본 제국의 일원이 아니고 '대동아전쟁'에 협력할 의무

---

33 예를 들면, 林えいだい, 『筑豊·軍艦島 朝鮮人強制連行, その後』, 弦書房, 2011에 기재된 채만진(蔡晩鎭)의 사례.

와 필연성이 없는데도 폭력적으로 끌려와 학대를 받은 존재였던 데다 그 뒤 일본에 남은 사람도 없었다. 이 사실 앞에서 반성하지 않아도 된다고 하는 일본인은 아무리 그래도 거의 없다. 참고로 본고에서 다루지 않은 구미 각국 연합국 포로의 강제 노동에 대해서도 비슷한 사정이 있기 때문에 반성과 사죄는 기업 차원에서도 이루어지고 있다.

이에 반해 조선인 노무동원에 대해서는 식민지 지배에 대한 반성과 한일·북일 양 민족의 우호를 바라는 시민들의 사실 발굴과 각종 사회활동이 전개되어 왔음에도 불구하고, 일본 사회에서는 '반성할 필요는 없다', '문제 없었다' 같은 주장이 나온다. 이는 "애초에 일본 제국의 일원이었으므로 동원되는 것은 당연하다", "일본인도 당시에는 동원됐다", "그전부터 조선에는 과잉 인구가 존재하여 일본 내지 취업 희망자가 많았다" 같은 인식이 근거가 된다. 이러한 인식이 사실의 일부밖에 이해하지 못하고 있음을 본 발표에서는 이야기했다. 어쨌든 이러한 사정도 아마 관계가 있겠지만 조선인 노무동원에 대해 기업이나 행정 당국자, 지도적인 정치가가 사죄의 말을 하는 일이 별로 없는 것이 현재 상황이다.

하지만 조선인 노무동원을 동시대에 경험한 일본인에게는, 그러한 정책이 문제였으며 나아가서는 부정적 영향을 초래한 실패였다는 인식이 어느 정도 공유되고 있었다고 생각한다. 이 점에서 흥미로운 것은 1960년대 후반부터 1970년대 초 다시 말해 일본의 고도경제성장 후반기의 노동력 부족에 대해 일본 사회가 취한 대응이다.

이 시기는 일본에서 노동력 부족이 심각해질 것이 예상되는 동시에 다시금 한국과의 관계가 만들어지려고 하던 시기였다. 그래서 한국에서 일본으로의 '노동력 수출' 움직임이 일부에서 회자되기 시작했다. 하지만 일본의 재계 관계자와 입국 관리 행정 관계자는 이에 대해 소극적인 태도를 보였다.[34] 그리고 결국 일본의 노동력 부족에 대해서는 국내 주부의 파트타임 노동과 기계화, 공장의 해외 진출 등으로 대응하게 된다.[35]

여기에 전전·전중의 기억이 어느 정도 영향을 주었는지는 아쉽게도 알 수 없다. 단 당시 입국관리 당국자가 국회에서 이 문제와 관련한 야당 의원의 질문에 "일본에 저임금 노동자가 외국에서 대량으로 들어오는 것은 실제로 전전, 전중 내내 조선인 문제의 근원이 됐음을 고려해도 당연히 경계해야만 합니다"라고 대답한 바 있다.[36]

또한 "이래저래 어려운 문제를 포함하고 있으니 구태여 [한국인 노동자의] 이입을 꾀할 필요는 없다고 생각한다"라고 발언한 일본 경제연맹의 전무이사 마에다 하지메[前田一]는 홋카이도 기선탄광주식회사의 노무과장으로 조선인과 중국인의 '집단 이입'과 노무 관리에 깊숙이 관여했던 인물이다.[37] 이 시기 마에다가 과거의 중국인, 조선인에 대한 동원 정책을 반성하고 있었는가에 대해서는 알 수 없다. 다만 지역 바깥에서 이민족을 도입하는 것은 성가신 문제를 일으키므로 좋은 방법이 아니

---

34 外村大, 「高度経済成長期後半の日本における外国人労働者問題」, 蘭信三, 『帝国以後の人の移動 ポストコロニアリズムとグローバリズムの交錯点』, 勉誠出版, 2013을 참조할 것.
35 앞의 글, 「高度経済成長期後半の日本における外国人労働者問題」. 이 글에서 기술한 것처럼 실제로는 예외적으로 일부에서 한국이나 동남아시아로부터 '연수생' 명목의 노동력 도입이 있었다. 또한 오키나와에서의 사탕수수 수확이나 파인애플통조림 공장의 계절노동의 경우 일본 본토 복귀 이전에는 대만인이 종사했으며, 그 후에도 특별조치로서 한국인 노동자가 '도입'되었던 시기가 있었다.
36 1996년 3월 19일, 일본국 국회 참의원 예산위원회의 답변.
37 발언은 『아사히신문[朝日新聞]』, 1966년 1월 9일자 기사에 의함. 마에다는 1943년에 조선인, 중국인의 '집단이입'과 노무관리에 관한 매뉴얼이라고도 할 수 있는 『특수노무자의 노무관리[特殊労務者の労務管理]』라는 저작을 낸 바 있다.

라는 인식은 갖고 있었는데, 여기에는 과거의 경험에 대한 기억이 적잖은 영향을 미쳤으리라고 생각한다.

11. 결론과 향후 과제

본고에서는 일본제국의 외지인·외국인에 대한 노무동원정책, 구체적으로는 조선인·중국인에 대한 노무동원시책과 그 영향에 대해 개관했다. 분명히 알 수 있는 사실들은 다음과 같다.

먼저 조선인·중국인에 대한 노무동원에 관해서는 강제연행·강제노동이란 용어를 사용하여 이야기되어 온 것과 같이, 이제까지 '강제성'이 문제의 본질인 듯 여겨져 왔다. 물론 '강제성'을 수반한 것은 사실이지만 정책과 그 배경에 있었던 것으로서 문제시해야만 하는 것은 민족차별이다. 일본인에 대해서는 징용을 실시하지 않았으며(실시할 수 없었으며), 많은 사람들이 기피하는 노동현장에 행정당국이 사실상 명령을 통해 배치한, 국가에 의한 원호시책도 불충분한 정책을 강요당한 것이 조선인·중국인에 대한 노무동원이었다. 그리고 이민족에게라면 멋대로 일본정부가 인구이동을 통제하고 불리한 조건을 강요할 수 있다고 하는 정책과 발상은 그 이전의 조선인에 대한 도일규제와 연속성을 갖는 것이었다.

또한 조선인 동원에는 폭력적인 필요인원 확보 뿐 아니라, 생활난 탓에 '자발적'으로 일본 내지로 향한 사람들이 있었다는 사실도 있다. 이는 불리한 조건이라 할지라도 일할 수 있는 장소가 있다면 이동하겠다고 할 정도로 곤궁한 생활에 쫓기던 조선인이 존재했음을 말해주는 것이며, 동시에 '동원계획 지속 확대=조선 내의 노동력 고갈' 속에서 1940년대 초에는 이미 '자발적'인 동원에 대한 응모가 감소했었다고 추측할 수 있다. 또 조선 농촌의 재편(생산성을 올리기 위해 소규모 경작지밖에 없는 농가를 정리하는 계획)으로는 결국 이어지지 못한 탓에 조선 농촌의 경제적 상황 개선이 이뤄지지 않았다.

더구나 중국인에 대한 노무동원은 필요인원 확보를 실시한 지역 경제를 고려하지 않아 노동자 자신의 노동력 재생산에조차 거의 주의를 기울이지 않게 되는 상황이 있었다. 그리고 조선인에 대한 것보다 한층 엄격한 격리와 관리가 행해졌으나, 애초에 일본 내지에 같은 민족 커뮤니티에서 은신처로서의 역할을 담당할 수 있는 장소가 거의 없었기 때문에 도망도 불가능했다. 동원된 중국인의 사망률은 약 17%로 극히 높은 수준이다. 또한 전쟁 종결 이후, 중국인 노동자는 극히 소수의 예외를 제외하고는 일본에 남지 않고 본국으로 돌아갔다.

이에 반해, 동원되었던 조선인들은 조선인 집단거주지나 조선인이 경영하는 노무자 합숙소(함바 飯場)로 도망하는 일이 가능했다. 또한 생활이 곤란해 고향을 떠나온 사람들 중에는 전쟁 종결 이후에도 일본에 남아 돈을 벌고자 한 사람마저 있었다.

이러한 중국인과 조선인의 차이는 일본인의 의식에 영향을 미쳤다. 일본인은 중국인을 완전한 동원 피해자라고 생각했고 그렇게 기억했다. 이에 반해 조선인은 자신들의 생활권을 비집고 들어온, 이전까지의 질서에 부정적인 영향을 줄 가능성을 지닌 경계해야 마땅한 존재로서 인식했다. 단 조선인 동원을 포함해 전시하의 외지인·외국인에 대한 노무동원을 동시대에 실제로 보고 들은 일본인은 정책이 가진 문제를 인식하고 있었던 것 같다.

　이상이 본고의 결론이다. 본고에서는 충분히 다루지 못했으나 동원된 개개인의 체험은 다양했으며, 보내진 지역의 경제상황이 어떠했는가(노무수급의 상황)도 다양했을 것이라고 생각한다. 이 점에 대해서는 여기서 언급하지 못했다. 동원을 체험한 사람들, 동시대를 살았던 그 가족들의 새로운 증언을 얻는 것은 지금으로서는 상당히 곤란해졌다. 그러나 조선인·중국인의 동원 실태를 상세하게 파악해 가는 것은 전쟁에 동반되는 폭력 문제를 생각할 때 그리고 동아시아에서 외국으로부터의 새로운 노동력 이동이 활발해진 상황 아래에서 그 중요성이 더해지고 있다고 여겨진다. 앞으로 송출된 지역의 상황을 전해주는 사료 발굴을 계속하여 그것을 기반으로 연구를 해나갈 필요가 있을 것이다.

번역 : 최가형(고려대 BK21플러스중일언어문화교육연구사업단 연구교수)

제3부
냉전기

과테말라 한인 사회 형성과 공동체의 특성

과테말라 사례를 중심으로

노용석

1. 들어가며

현재 전 세계는 지역과 이념을 넘어선 '탈경계화'를 향해 달려가고 있다. 이러한 현상의 기저에는 초국적 자본주의의 확산을 필두로 한 '세계화' 열풍이 주요한 원인으로 작용하고 있지만, 이와 별도로 하나의 개별 문화권이 다른 문화와의 교류 없이 독자적 삶을 영위하는 것이 불가능하다는 환경의 변화를 내포하고 있다. 바야흐로 문화 간 교류와 접촉이 빈번하게 발생하는 탈국경·다문화의 시대가 도래한 것이다. 이러한 지점에서 해외이주 혹은 이민과 같은 현상은 탈경계화 사회의 중요한 지표이자 이를 대표하는 문화적 상징으로 여겨질 수 있다. 특히 해외이주는 단순한 '교류'가 아니라 실질적으로 타문화를 이해하고 경험하는 '문화접변'의 과정을 겪기 때문에 더욱 중요한 실체일 수밖에 없다.

현재까지 해외이주와 이민을 다루는 학문적 주제에서는 주로 민족주의적 시각이나 한 사회 내 종족(ethnic)의 정체성을 밝히기 위한 부분에 많은 부분이 할애되어 왔다. 하지만 어떻게 보면, 이민 문제의 본질적 측면은 어떤 사회 속에 다른 문화가 유입되는 '문화접변'과 '문화유입'의 과정이며, 이 과정에서 얼마나 적절한 상호문화성이 유지되는가의 분석 문제가 상당히 중요한 영역일 수밖에 없다.

현재 중남미 관련 이민 및 이주 역사에 관한 연구는 브라질과 아르헨티나, 멕시코, 파라과이, 쿠바 등을 중심으로 이루어졌다.(전경수, 1996; 서성철, 2000; 조돈문 외, 2005 등) 하지만 이 연구의 대부분은 중남미 한인 이주사를 중심으로 초기 한인 사회 형성에 초점이 맞추어져 있어 현재의 세부적인 생활사적 특징을 보여주지 못하고 있다. 또한 지역적인 측면에서도 초기 중남미 이주 국가 몇 몇에 한정되어 있어서 현재 상당수의 한인이 거주하고 있는 중미 지역, 특히 과테말라를 비롯한 후발 이주 국가에 대한 연구는 거의 실시된 바가 없다.

이에 본 연구는 약 100여 년의 이주 역사를 갖게 된 한인들의 중남미 정착이 현재 다양한 국가에서 어떠한 형태로 전개되고 있는 가에 대한 폭넓은 관심에서부터 출발하고자 한다. 이러한 관심은 문화연구에 있어서 비단 한인 사회를 중심으로 중남미 지역에서 한인들의 생활문화가 어떤 특수성을 가지는 가에 그치는 것이 아니라, 한인 사회를 통해 해당 수용국가의 문화적 특성까지 고찰하고자 하는 다소 광범위한 의도의 출발점이 될 수 있다.

이 논문은 중미(Central America)에 위치한 과테말라 사회에서 한인 이주 사회가 어떻게 형성되었으며, 현재 생활양상은 어떠한 가에 대한 민족지적(ethnographic) 연구를 수행하고 있으며, 이와 연관하여 과테말라 한인 이주 집단이 호스트 사회와 어떠한 상호관계를 유지하며 독특한 이주 특성을 형성하고 있는가에 대해 분석하고자 한다.

2. 이민과 이주, 그리고 문화적응전략

중남미로의 한인 이주와 관련한 사회현상은 현재까지 주로 재외 한인사회의 형성과 역사성을 고찰하는데 집중하여 왔다. 대표적으로 전경수(1996)는 멕시코와 쿠바, 브라질, 파라과이, 아르헨티나 등을 중심으로 중남미로의 한인 이주 역사와 현재 생활사를 기술하였다. 또한 서성철(2000)은 중남미 한인 이주사의 시작이라 할 수 있는 '쿠바이민사'와 관련하여 초기 이주 당시의 상황과 쿠바 한인사회 형성과 관련한 분석을 하였으며, 박영미(2002)는 멕시코 한인 이주사를 기술하면서 멕시코 전역에 형성된 한인공동체를 소개하였다. 이 저서와 논문들은 모두 한인 사회 형성의 역사성에 중점을 두면서 중남미로의 한인 이주 초기 생활상을 소개하고 있다는데 큰 의의가 있다. 이외에도 한인들이 집중하여 이주한 브라질과 아르헨티나 등지에서 자신들의 생활사와 역사를 재조명한 책자들이 나와 있다.(브라질한인이민사편찬위원회, 2011; 아르

헨띠나 한인 이민문화연구원, 2005 등)

하지만 위 연구들은 이주와 관련한 가장 핵심적인 영역인 문화접변 (acculturation) 및 문화적응전략의 분석에 많은 부분을 할애하지 않았다. 실제로 인류학을 비롯한 많은 문화연구 분야에서는 이주 등의 요소로 인한 문화변동 현상에 많은 관심을 표방해왔으며, 그 대표적인 예가 문화접변 연구이다. 1930년대부터 인류학에서는 문화변동 연구의 일환으로 문화접변에 대한 관심이 고조되기 시작하였으며, 1936년 인류학자인 레드필드(Robert Redfield)와 린튼(Ralph Linton), 허스코비치 (Melville Herskovits)는 그들의 논문인 "Memorandum on the study of Acculturation"(1936)에서 "상이한 문화를 가진 사람들의 집단이 제1차적인 접촉을 지속적으로 하게 됨으로써 양 집단의 원래의 문화패턴에서 변화가 일어날 경우 그 결과로 나타나는 현상"을 문화접변이라고 정의하였다. 비(Bee, R. L., 1974, 105~106)는 두 개의 문화에서 문화접변이 지속되어 나타나는 상호작용의 결과로서 '결합(incorporation)', '대체(replacement)', '융합(syncretism or fusion)', '고립(compartmentaliza-tion or isolation)'이라는 네 개의 사회 변동모델을 제시하였다. 이것은 두 개의 상이한 문화가 1차적 접촉을 진행하면서 겪게 되는 일종의 사회 작용 현상으로서, 문화접변으로 인해 두 개의 상이한 집단이 어떻게 상호결합하며 변모하는가를 손쉽게 이해할 수 있게 한다. 문화접변 이론은 이처럼 '접촉'의 범주에 속한 사회의 문화변동 양상 및 두 사회의 적응전략에 대한 부분을 자세히 설명하고 있다.

최근 들어 문화접변 이론은 변동 양상의 설명에 있어서 거시적 사회의 틀에서 뿐만 아니라 개인적이고 심리적인 부분에까지 설명하고자 하는 경향이 대두되고 있다. 이러한 분석 경향을 비교심리학(cross-cultural psychology)이라 일컫는데, 두 개의 상이한 문화가 접촉하였을 때 거시적인 수준을 벗어나 개인의 태도나 가치, 행동, 언어양식, 문화적 정체성들이 어떠한 적응전략을 수립하는가에 대한 분석이다. 즉 개별적 수준에서 문화접변의 당사자들이 어떠한 '문화적응전략(acculturation strategies)'을 수립하는가에 대한 분석인 것이다. 실제 이주민, 특히 해외이주민들은 타문화 사회로 이주함과 동시에 일종의 '문화충격(cultural shock)'을 경험하게 되고, 이를 보완하기 위해 나름대로 적응전략을 수립하게 된다. 이러한 문화적응전략의 분석은 이주민 사회의 문화적 정체성뿐만 아니라 변동의 본질적 측면을 바라볼 수 있게 한다.

이주와 관련하여 문화적응전략을 설명한 비교심리학의 초기 이론들은 이주자들이 '주류(dominant)' 혹은 '호스트(host)' 사회에 적응하고 스며들어야 한다고 주장하여 왔던 것이 주요 경향이었다.(Van Oudenhoven and Ward, C 2012, 82) 하지만 베리(John W. Berry, 1990; 1997; 2001)는 이주자들이 무조건적으로 호스트 사회에 적응하는 것은 아니며, 그들이 가진 중요한 두 가지 기본적 질문에 의거하여 향후 적응전략을 달리한다고 말한다. 베리가 제시한 두 가지 기본적인 질문은 다음과 같다.

① 내가 가진 문화적 전통을 계속 유지하는 것이 가치가 있는가?
② 호스트 사회와 긴밀하게 접촉하는 것이 중요한가?

베리는 이주자들이 위의 기본적 질문에 의거하여 아래와 같은 네 가지 유형의 각기 다른 문화적응전략을 가질 수 있다고 말한다.

베리의 문화적응전략(Berry, 1997, 10)

contact with host society	cultura enance		
		Yes	No
	Yes	Integration	Assimilation
	No	Separation	Marginalisation

위의 표에서 볼 때 통합(integration)은 자국과 호스트 사회 양 문화 모두를 중요시하며, 호스트 사회와 긴밀한 접촉을 진행하는 사례이고, 동화(assimilation)는 호스트 사회의 문화에 완전히 편입한 경우를 말한다. 반면에 분리(separation)는 호스트 사회의 문화와 전혀 어울리지 못하면서 전통적 자기 문화만을 고수하는 형태이고, 주변화(marginalisation)는 두 개의 문화 모두를 거부하며 철저히 주변화 되는 경우이다. 물론 해외 이주자들의 사례가 위의 모델에 모두 포함될 수 있는 것은 아니지만, 개략적인 이주 형태를 파악하기 위해서 상당히 유용성 있는 모델이라 볼 수 있다. 이 논문에서는 베리의 모델을 기준으로 과테말라 한인 사회가 호스트 사회와의 접촉을 어떻게 유지하며 문화적응전략을 형성해 나가는 가에 대해 살펴보고자 한다.

3. 과테말라 한인 이주의 과정

1) 중남미 이주사 개관

중남미 한인 이주의 역사는 약 백 년이 지난 시기부터 회고해 볼 수 있다. 1905년, 1,033명의 조선인들은 한 달 반의 기나긴 항해 끝에 태평양 연안의 멕시코 살리나크루스(Salinacruz)에 도착했다. 이들은 이후 프로그레소(Progreso) 항을 거쳐 메리다에 도착하였으며 유카탄 반도 전역에 있는 퍼져 있었던 에네껜(Henequen) 농장으로 유입되어 지옥 같은 노동을 경험했다.(서성철, 2000, 142) 이후 이중 일부는 쿠바로 흘러들어 정착하기에 이르렀다. 이것이 현재 기록상 남아있는 중남미 지역으로의 최초 한인 유입이었다. 하지만 이것은 국가라는 틀을 기준으로 공식적 경로로 이루어진 것이 아니기에, 최초의 공식적 중남미 이주 역사는 1960년대로 보는 것이 타당하다.

해방 이후 대한민국 정부가 수립되면서 본격적인 해외이주가 실시된 것은 1962년 3월 9일, 법률 1030호에 의해 '해외이주법'이 제정되면서부터이다. 이 법은 농업이나 광업, 기타 산업분야에서 노동을 하기 위해 해외로 이주하는 것을 목표로 한 것으로서, 대한민국 건국 이후 공식적으로 국민들의 해외 이주를 보장하는 계기가 되었다. 그런데 여기서 한 가지 흥미로운 사실은 해외이주법이 공포되면서 본격적인 이민이 시작된 곳이 다름 아닌 중남미 지역이었다는 것이다.

1962년 해외이주법이 공포되자마자 한국에서는 '한백진흥주식회사'

를 중심으로 브라질로의 본격적인 '농업이민'이 추진되기에 이르렀다. (전경수, 1996, 54) 이후 한국에서는 브라질 이외에도 파라과이와 아르헨티나 등지에 대한 공식적 이주를 시작하였으며, 현재 한인들의 의류 도매상과 공장이 밀집한 브라질 상파울로의 '봉헤지로(Bon Retiro)'와 파라과이의 '메르까도 꾸아뜨로(mercado4)' 등은 이 시기를 기점으로 형성된 한인 집단 거주 지역이다. 아르헨티나 역시 유럽으로부터 유입된 백인 중심의 사회기 중추 역할을 하고 있으나, 1960년대 이후부터 수백 명의 한인들이 집단적으로 '농업이민'을 추진하여 정착하기에 이르렀다.

이렇듯 초기에 시행된 중남미로의 이주는 새로운 사회에 정착하는 데 상당한 위험 요소를 안고 있었음에도 불구하고 상당수의 한국인들이 이주를 시행하였으며, 이 과정에는 정부에서 제정한 공식적 법령을 기반으로 한 '농업이민'이라는 특징적 요소를 가지고 있었다. 또한 이 시기 이주를 행하였던 대부분의 한인들은 자신들의 생활문화 근거지를 한국에서 타국으로 완전히 이전하는 '정착이민'의 특징을 가지고 있었다. 물론 초기 이주자의 상당수가 미국이나 유럽 등 선진국가로의 이동이 자유롭지 못한 점에 기인해 중남미를 선택한 이유도 있지만, 그렇다고 자신들이 택한 중남미 지역을 이윤을 획득하기 위한 하나의 경로로만 생각한 것은 아니었다.

2) 과테말라의 역사와 정치경제 상황

중미는 '중남미' 전체 지역 내에서도 상당히 변방으로 인식되는 곳이다. 중미 6개국[1]은 여타 중남미 국가에 비해 상대적으로 낮은 경제력과 국토의 크기를 가지고 있으며, 이로 인해 누군가 중미 지역으로 이주한다는 것은 상당히 특별한 원인에 근거하지 않을 수 없다.

이러한 중미에 위치한 과테말라는 1821년 스페인으로부터의 독립을 기점으로 독자적인 근대국민국가를 형성하기 시작하였다. 독립 후 과테말라는 잠시 중미연합주(Provincias Unidas del Centro de América)에 속하기도 했지만, 1838년부터 현재와 같은 근대국민국가를 형성하게 되었다. 과테말라 정부는 초기부터 강력한 독재에 기반한 정치체제를 유지하면서 경제적으로는 유나이티드 푸르트 컴퍼니(United Fruit Company, 이하 UFC)와 같은 다국적 기업에 종속된 경제체제를 유지하였다. 이로 인해 국가의 계급 구조는 양극화되고 빈부의 격차가 가중되었으며, 사회적으로 부정부패가 만연하였다. 이러한 사회부조리에 맞서 1944년부터 아레발로(Juan José Arévalo)와 아르벤스(Jacobo Arbenz) 같은 좌파 대통령이 등장하여 과테말라에도 잠시나마 개혁 정치가 가동되기도 하였지만, 이러한 개혁 시도들은 1954년 미국에 의해 계획된 군사개입으로 종지부를 찍게 되었다.[2]

---

1 이 논문에서 중미 6개국은 과테말라, 엘살바도르, 니카라과, 온두라스, 코스타리카, 파나마를 칭한다.
2 미국은 아르벤스 정권을 무너뜨리기 위해 친미 군사쿠데타를 기획하였고, 이러한 행동은 과테말라 좌파 정권에 의해 피해를 보고 있는 UFC와 같은 자국 기업을 보호하기 위한 명분과 냉전이라는 요소가 들어맞았기에 가능한 것이었다.

과테말라의 역사는 군부의 억압정치와 이에 대항하는 반정부 세력 간의 갈등으로 대표될 수 있다. 특히 반정부 세력의 저항은 1960년을 기점으로 상당히 과격화되었으며, 1982년에는 4개의 반정부 세력이 연합하여 '과테말라 민족혁명연합(Union Revolucionaria Nacional Guatemalteca, 이하 URNG)'을 결성하여 본격적인 무장투쟁을 시작함으로써, 결국 과테말라는 1996년까지 기나긴 36년간의 내전 상태에 돌입하게 되었다. 1996년 과테말라 내전은 유엔의 중재를 바탕으로 정부군과 게릴라 사이의 평화협정이 체결되어 종식되기에 이르렀다. 평화협정 이후 과테말라 사회는 표면적으로 안정을 유지하며 별다른 무력충돌이나 소요사태 없이 유지되어 오고 있다.

2013년 현재 과테말라의 총인구는 1,500만 명으로 중미국가 총인구의 28%를 차지하고 있다. 이것은 과테말라가 중미 국가 가운데서 가장 큰 시장을 갖고 있음을 말하는 것이고, 실제 중미 및 미국 시장 진출을 위한 많은 기업들이 과테말라에 진출해 있다.[3] 그러나 스페인 식민지 시기부터 공고하게 구축되었던 극심한 빈부의 격차와 내전을 전후 해 시작되었던 불안한 치안 등은 여전히 가장 큰 사회구조적 문제로 남아 있는 것이 현실이다. 현재 과테말라의 살인사망자 수는 10만 명당 41.3명(2011년 기준)으로서 상당히 불안한 치안 상황을 보여주고 있으며, 이로 인해 해외 기업의 진출에서의 애로사항이 늘어나고 국가신인도가 낮아지는 현상을 보여주고 있다.

---

[3] 과테말라의 2013년 GDP는 540억 달러 규모로 600억 달러의 도미니카 공화국에 이어 중미 시장에서 두 번째로 큰 시장을 형성하고 있으며, 총 교역액 역시 269억 달러로서 289억 달러의 교역 규모를 가진 코스타리카에 이어 두 번째를 차지하고 있다.

과테말라가 한국과 실질적 외교 관계를 맺기 시작한 것은 1962년이었다. 1961년 과테말라에서는 우리 친선사절단이 갔을 때 자국의 개발 사업에 근무할 수 있도록 약 2천 명의 이민을 받아주겠다고 약속하였다고 한다.[4] 이후 양국은 1962년 10월 국교를 수립하였고, 1974년에 주과테말라 한국 대사관을 개설하기에 이르렀다. 현재 한국은 과테말라에 약 1.12억 불에 달하는 투자를 하고 있으며 3.63억 불의 수출과 1.41억 불의 수입을 교류하는 등 중미 지역 국가 가운데서 가장 활발한 상호관계를 유지하고 있다.

3) 과테말라 한인 이주사

(1) 초기 이주

과테말라의 한인 이주 역사는 대략 1960년대 초반부터 시작된다. 과테말라 한인들의 여러 증언에 의하면, 최초로 과테말라에 정착한 한인은 1962년 7월 5일 초대 주멕시코 대사를 역임한 이성가(李成佳)[5]를 따라 한국-과테말라 교환학생 자격으로 입국한 김용덕(현재 만 75세)이다. 물론 그 이전에 과테말라에 한인의 입국이 전혀 없었던 것은 아니었지만, 이후 자기 삶의 정착지로서 과테말라를 선택한 이는 김용덕이 최초

4　「이민 사업을 속히 추진시키자」, 『경향신문』, 1961.10.16 보도.
5　1962년 한국은 최초로 중남미 국가와 외교 관계를 수립하였으며, 주멕시코 대사가 과나마를 포함하는 중미국가들의 대사를 겸임하고 있었다. 주멕시코 대사관의 상주공관이 설치된 시기는 1962년 7월 11일이다.

라고 볼 수 있다.[6] 김용덕은 당시 육군대학에 군복무를 하던 도중 유학시험에 합격했으며, 이성가 대사를 보필하면서 유학을 하기 위해 과테말라에 입국하였다. 하지만 김용덕이 입국한 시기는 과테말라 내전이막 시작될 무렵이었으며, 사회적 혼란으로 인해 산까를로스 국립대학이 정상적으로 운영되지 않았다. 결국 김용덕은 정상적으로 학교를 다닐 수 없었고 1968년 과테말라 현지인과 결혼을 한 이후 군대와 각 정부 기관 등에서 대권도를 가르치며 정착하게 되었다. 이렇듯 1960년대초반 과테말라에는 한인들이 거의 거주하지 않았기 때문에 공동체 형성이나 문화적 충격 등을 논할 상황은 아니었다.

하지만 1980년대를 지나면서 집단적인 이주의 형태는 아니더라도개별적으로 조금씩 한인들의 과테말라 정착이 증가하기 시작하였다.1980년대 초기 과테말라 거주 한인 증가의 대표적 사례는 조재봉의 사례에서 확인할 수 있다. 현재 과테말라에서 사업을 하고 있는 조재봉은1984년 최초로 과테말라에 입국하였는데, 어떤 경위로 입국하게 되었는가에 대해서는 자세한 언급을 피했다. 단 그는 과테말라 입국 이전한국을 떠나 유럽에서 잠시 거주하는 등 상당히 다양한 지역을 거쳤으며, 과테말라에 입국했을 때 사회경제적 상황이 그리 좋은 것은 아니었다. 조재봉의 증언에 의하면, 입국 당시 과테말라 거주 한국인은 김용덕을 포함하여 총 5명이었다. 그는 입국 초기 김용덕의 도움을 받아 한국인이 운영하는 봉제공장에 취업을 하게 되었다. 하지만 이 공장은 구

---

6   김용덕의 증언에 의하면, 자신이 과테말라에 입국한 1962년 7월 5일 당시 이우영, 김오동, 김순진이라는 3명의 한인이 과테말라에 거주하고 있었다. 이들은 모두 한국외국어대스페인어과 출신으로서, 수년 후 과테말라를 떠나 다른 곳으로 이주하였다.

체적인 마스터플랜을 갖추지 않은 채 건립한 것이라 오더가 그리 많지 않았다. 결국 사장은 공장의 운영을 조재봉에게 맡기고 한국으로 귀국해 버렸다. 이후 조재봉은 독자적으로 미국으로 건너가 봉제 오더를 받아오면서 이윤을 늘리기 시작했다. 당시 미국은 1983년 7월 의회에서 통과된 '카리브 지역 경제회복법(CBERA)'에 의거해 CBI(Caribbean Basin Initiative) 계획이 실행 중에 있었다. 이 계획은 미국이 카리브해 지역에서 쿠바로부터 비롯된 사회주의 세력의 확대를 막고 중미·카리브 지역 국가들의 경제건설을 촉진하여 체제를 안정시키기 위한 특혜무역정책으로서, 과테말라를 비롯한 CBI 수혜국에서 생산된 제품에 대해서 미국이 수입관세를 붙이지 않고 사들여 주는 것을 골자로 하고 있다. 당시 소재봉은 CBI 정책에 대해 전혀 모르고 있었으나 '운이 좋아' 이 제도의 혜택을 전면적으로 누릴 수 있었다.

당시 직원들 월급이 한 달에 48불이었는데, 미국에다 봉제만 해주면 한 장에 4불을 주는 거예요. 한 라인에서 하루에 약 1,500장을 뽑으니까, 당시 환율이 900 : 1 정도인데, 자고 나면 3~4천만 원이 생기는 거예요. (…중략…) 이렇게 돈이 잘 들어오니 한국으로 돌아갔던 사장이 소문을 듣고 다시 과테말라로 왔습니다. 그리고는 나한테 20만 불을 주면서 다시 공장을 내놓으라고 하는 거예요.(과테말라 거주 조재봉 증언)

과테말라는 냉전의 소용돌이 속에서 내전과 같은 격화된 갈등이 발생하기도 했지만, 중미 지역에서 도미노 현상을 우려한 미국의 각종 경제보호 정책이 실시되기도 하였다. CBI는 바로 이 정책의 대표적인 사레였으며, 조재봉은 수혜자가 된 셈이었다. 이렇듯 대미 수출 사업에서 과테말라가 상당히 큰 이익을 가져다 줄 수 있다는 소문은 이내 한국에 까지 퍼져갔고, 이에 1980년대 중반을 기점으로 상당수의 한인들이 과테말라로 들어오게 되었다.

과테말라에 최초로 설립된 한인 봉제공장은 재미교포가 설립한 '에이스 인터내셔널'과 한국에서 최초로 투자하여 설립한 '꼬르꾸아'가 있다. 이외에도 '은성', '성실', '새한' 등 많은 한국인 봉제공장이 건립되어 1990년대 초반까지 가동을 하였다. 하지만 당시 정확하게 몇 개의 한인 봉제공장이 설립되었는가에 대한 자료는 확실하지 않다. 다만 1988년 과테말라에 입국한 유동열의 증언으로 볼 때, 당시 한국인 봉제공장이 5~6개 정도 있었을 것으로 추정할 수 있다.

이처럼 과테말라로의 초기 한인 이주는 과거 중남미로 '농업이민'을 떠나던 것과는 달리 봉제 산업을 중심으로 한 '단기적 이윤' 획득이 가장 중요한 목적이었으며, 실제 많은 한인들이 상당한 이윤을 획득한 것으로 보인다. 하지만 이 당시 과테말라로 들어온 한인들은 대부분 '이민국'을 통한 정상적 루트로 입국한 것이 아니라, 단기체류 자격으로 들어오거나 제3국을 통해 밀입국한 이들로써, 과테말라에서 장기적 체류를 구상하고 있었던 것은 아니었다.

(2) 마낄라도라(Maquiladora)를 통한 대규모 이주

1980년대 중반 이후 과테말라 내에서 CBI 정책 등의 실현으로 한인 봉제 공장이 조금씩 늘어나면서 한인수가 늘어난 것은 사실이지만

1990년까지 현재와 같은 거대 규모의 한인 사회가 형성된 것은 아니었다. 과테말라의 한인 사회가 폭발적으로 증가한 것은 마낄라도라로 불리우는 보세 가공업이 활성화되기 시작한 1989년 이후부터였다.

1989년 과테말라 정부는 수출산업을 적극 육성하고 외국인투자유치를 활성화하기 위해 시행령(Decreto) 제29-89호로 수출진흥법(Ley de Maquila / Ley de Fomento y Desarrollo de la Actividad Exportadora y de Maquila)을 제정하였다. 이 법에 의하면, 마낄라(Maquila) 업체[7]에 대해서는, 경제부(Ministerio de Economía) 승인을 조건으로 ① 기계류 수입 시 관세 및 부가세 면제, ② 원부자재 및 포장재 수입 시 1년간(2년간 연장가능) 관세유예, ③ 소득세 10년간 면제, ④ 평화협정세(IETAAP) 면제[8] 등의 혜택을 받게 된다. 또한 마낄라 기업이 위치한 장소는 과테말라 국내 어디든 관계없이 자유무역지대로 간주되며 기업 폐쇄 시 설비의 이동도 보장된다.

위와 같은 혜택은 1980년대 후반 이후 노동생산성이 악화되어 이전만큼 이윤을 획득하지 못하던 한국의 다양한 산업에게 상당히 흥미로운 조건일 수밖에 없었다. 특히 한국 내에서 하향세를 경험하고 있던 섬유 봉제업체들에게는 노동생산성을 극대화 할 수 있고 미국으로의 수출이 상당히 유리하다는 측면에서 최적의 투자여건으로 떠올랐다.

마낄라도라는 과테말라뿐만 아니라 멕시코를 비롯해 온두라스, 니카라과, 엘살바도르 등지에서도 상당히 광범위하게 운영되고 있었다.

---

7   조립 또는 제조를 목적으로 무관세로 관련 장비 및 자재를 수입, 생산품을 과테말라 외의 나라로 재수출하는 업체를 일컫는다.
8   평화협정세 면제는 2008년까지 존속되었다.

하지만 과테말라는 멕시코에 비해 저렴한 인건비와 타 중미국가에 비해 인구 및 인프라가 높다는 측면에서 한국 기업에 투자 효용가치가 높았다. 이러한 이유로 1997년 신원그룹이 과테말라에 현지 공장을 세우면서부터 한국 기업들의 '공격적인' 투자가 진행되었고, 과테말라 현지에서도 이를 상당히 반기는 입장이었다. 신원이 처음 과테말라에 투자를 하던 1997년은 36년간의 과테말라 내전이 평화협정을 통해 종결되던 해로서, 당시 알바로 아르수(Alvaro Arzu) 과테말라 대통령이 직접 신원 공장의 준공식에 참석해 '한국의 봉제회사가 과테말라의 진주'라고 치사하기도 했다.[9]

이렇듯 과테말라 내에서 마낄라도라 산업이 본격화되던 1990년대 중후반부터 한인 사회는 거의 폭발적인 확대를 시작한다. 한인 봉제 공장들은 과테말라시티와 그 인근 지역인 비야누에바(Villa Nueva) 와 믹스코(Mixco), 나랑호(Naranjo), 빨린(Palin), 산크리스토발(San Cristobal), 산후안(San Juan), 치말테낭고(Chimaltenango) 등지에 집중적으로 설립되었다. 이들 공장에서는 대부분 여성용 정장과 와이셔츠, 니트를 생산했으며, 생산된 물품은 전량 29-89 수출진흥법에 의거해 미국으로 수출되었다. 공장에는 많은 한국인들이 경영주 혹은 관리직으로 들어와 근무하였고, 과테말라 주민들이 노동자로 고용되었다.

하지만 이 당시 상사 주재원 및 봉제공장 경영을 목적으로 입국한 한인들 역시 단기체류 형식으로 과테말라에 입국하였으며, '정착 이주'를 목적으로 한 이들은 거의 없었다.

---

9 「신원 과테말라 의류기지 준공」, 『매일경제』, 1997.11.19 보도.

(3) 상인 및 서비스업 집단의 형성

과테말라에서 마낄라도라를 통한 봉제업은 한인들이 증가할 수 있었던 가장 큰 원동력이었다. 한인 봉제공장의 확장은 상당히 집단적이고 단기간에 이루어졌으며, 현재 과테말라 한인 공동체의 주요 근간을 이루고 있다. 하지만 과테말라 한인 사회에서 봉제공장이 가지는 중요성은 크지만, 그렇다고 과테말라에 거주하는 모든 한인들이 봉제공장과 관련된 일을 하는 것은 아니다. 봉제공장과는 다른 방식으로 과테말라 한인 이주사에서 중요한 영역을 차지하고 있는 부분이 있는데, 그것은 바로 상인 및 자영업 집단이다.

2013년 현재 과테말라 한인회 회장을 역임하고 있는 유동열은 1988년 11월 과테말라에 최초로 입국하였다. 그가 과테말라에 온 목적은 봉제공장을 하기 위해서 온 것이 아니라 다른 사업을 하기 위함이었다. 그는 1970년대 중반부터 한국의 시장에서 장사를 시작했고, 1983년부터는 소위 '스탁[10] 오퍼상'을 하면서 멕시코와 칠레, 아르헨티나, 브라질, 에콰도르, 파라과이, 중동 등의 한인들에게 스탁제품을 '덤핑가격'으로 공급하였다. 그러던 중 과테말라에서 자신의 물건을 납품받아 장사를 하던 상인들로부터 과테말라의 경기가 상당히 좋다는 이야기를 듣고, 1990년부터 자신이 직접 과테말라에 가게를 내어 장사를 하기 시작했다.

---

10 스탁(stock) 제품이란 공장에서 수출 등의 목적으로 물건을 만들 때 불량률 등을 재고하여 주문량보다 약 5% 정도 더 많은 물량을 만들어내는데, 이렇게 주문량보다 많이 만들어져 제조 공장에 잉여물로 남게 되는 제품을 '스탁제품'이라고 한다.

1988년에 내가 과테말라로 들어와 보니 나를 과테말라로 불러들인 두 명과 더불어 총 5가구가 장사를 하고 있었다. 그리고 이후 한 번씩 한국을 갔다올 때마다 한국인 가게 수는 조금씩 늘어났다. 한인 가게 수가 20~40개 정도 일 때까지만 해도 '춘삼월'이었다고 할 수 있다. 하루의 매출액이 만 불 정도를 훨씬 상회했고 일하는 도중에는 돈을 다 못 셀 정도였다. 그래서 돈을 자루에 담아두었다 집에 들어가서 세고 그랬다.(한인회장 유동열 증언)

봉제공장이 들어오기 시작한 1980년대 이전부터, 과테말라시티 소나1 등의 중심가에서 한인들이 장사를 했다는 이야기는 많이 들을 수 있었다. 하지만 이들이 계속 과테말라에 정착한 것은 아니었으며, 유동열의 증언에서 보듯이, 1980년대 후반 과테말라에서 활동하고 있던 한인 가게 수는 많지 않았던 것으로 보인다.

이들은 대개 한국이나 미국으로부터 값싼 가격에 물품을 사들여와 과테말라 내수시장뿐만 아니라 온두라스, 니카라과, 엘살바도르 등의 중미국가들을 대상으로 판매하였다. 주로 거래되는 물품은 의류와 신발을 포함한 잡화들이었고, 거래를 통해 상당히 큰 이윤을 벌어들인 것으로 보인다. 이러한 소문이 퍼지게 되자 과테말라 내 한인 상인들의 숫자는 계속 증가하게 되었으며, 이들의 대부분은 과테말라시티 소나1의 20번가(calle)와 21번가(calle) 사이에 위치한 '뿌에블리또(Pueblito)'라는 건물에 집중적으로 입주해 장사를 하기 시작하였다. 2013년 현재, 지하 1층과 지상 3층으로 구성된 뿌에블리또 건물에는 한인 가게가 약 130여 개 이상 입주해 있으며, 이 건물 외곽에 자리 잡은 한인 가게까지 포함하면 총 300여 개 이상의 한인 상가들이 집중해 있다.

또한 이렇게 많은 한인들이 과테말라에 모이게 되자 어느 시기부터 한국인을 고객으로 하는 서비스업 종사자들이 들어서기 시작하였다. 현재 과테말라시티의 소나7을 중심으로 시내 곳곳에는 상당히 많은 한국식당과 편의점, 미용실, 이발소, 병원, 한의원, 안경점, 슈퍼, 한인전용 하숙집, 노래방들이 입주해 있으며, 이외에도 12개의 한인교회와 천주교 성당도 자리 잡고 있다. 이들은 거의 과테말라 현지인을 대상으로 장사를 하는 것이 아니라 한국인만을 대상으로 영업을 하고 있다.

4. 과테말라 한인 사회의 특성과 문화적응전략

과테말라는 여타 중남미 국가와 마찬가지로 종족적 다양성이 상당히 높은 국가이다. 크게 보면 전체 인구의 약 50% 이상이 라디노(ladino)[11] 라 불리는 메스티소(mestizo)로 구성되어 있으며, 이외 40% 이상의 주민은 23개 부족으로 이루어진 마야 원주민으로 구성되어 있다. 특히 과테말라는 마야 원주민의 '인종(race)'적 편견을 없애면서 하나의 '종족'으로 인식하게 하여 다문화주의를 완성하고자 하는 다양한 시도들

---

[11] 흔히 백인과 인디오(indio)의 혼혈을 인종적으로 메스티소라 부르며, 이 용어는 중남미 전체 국가에 공통으로 사용되고 있다. 하지만 과테말라는 특별히 메스티소의 개념을 '라디노'라는 말로 대체하고 있다. 라디노는 인종적으로 백인과 인디오의 혼혈이라는 의미를 가지고 있지만, 또한 근대국민국가로 편입된 원주민(indígena)을 의미하기도 한다. 즉 인종적으로는 원주민이지만 자신들의 전통 복식과 관습을 버리고 현대적 삶을 살고 있는 이들 모두를 라디노라 일컫는 것이다.

이 진행되고 있다.[12] 또한 여타 중남미 국가와 마찬가지로 과테말라 역시 역사적으로 볼 때 이주와 이민을 적극 장려하고 추진한 국가이다. 과테말라를 포함한 대부분의 중남미 국가들은 식민시기부터 독립 이후까지 이주와 이민 정책을 광범위하게 사용하였으며, 이와 같은 양상은 현재에도 그대로 이어지고 있다.

이와 같은 현실에 기반하여 과테말라는 타문화와 혼종문화를 바라보는 입장에 있어서 상낭히 개방적인 시각을 가지고 있으며, 해외에서 이주한 외국인을 바라보는 시각 역시 상당히 '관대'하다는 평가가 지배적이다. 하지만 현재 과테말라의 한인 사회는 호스트 사회로부터 '관대'한 시선만을 받고 있는 것은 아니다. 이것은 과테말라에 거주하는 한인 사회의 독특한 문화적응전략과 긴밀한 관계를 가지고 있으며, 이에 대한 몇 가지 사례를 살펴보도록 하겠다.

1) 이윤획득을 위한 단기 이주의 특성

주과테말라 한국 대사관은 2010년 1월 1일을 기준하여 과테말라 내의 한인이 약 1만여 명 거주하고 있고, 교민(2,700명)보다 상사주재원 등 진출업체 관련자(7,300여 명)가 더욱 많다고 하였다. 또한 중앙선거관리위원회와 외교통상부는 과테말라 거주 재외국민 인구를 12,918명

---

12 현재 과테말라에는 마야 원주민의 인권 및 문화정체성 보호를 위한 각종 제도들을 개선해야 한다는 의견이 많다. 하지만 실제적으로 마야 원주민의 존재가 과테말라 내에서 존중받고 있는 것은 아니다. 마야 원주민은 36년간 과테말라 내전의 가장 큰 피해자였으며, 아직까지도 과테말라의 빈곤과 대표적 소수자로 인식되고 있다.

(영주권자 3,101명, 체류자 9,817명)으로 게시하고 있다.[13]

통계의 정확성은 차지하더라도, 여기서 발견할 수 있는 한 가지 사실은 과테말라 내 한인들의 주거 유형이 장기정착 유형이 아니라 단기이주 형태가 많다는 것을 알 수 있다. 이러한 사실은 앞선 장에서 한인 이주의 형태를 설명하면서 몇 몇 사례를 제시한바 있다. 과테말라 거주 한인들의 많은 수는 대부분 영주권 획득 등의 장기체류를 목적으로 이주한 것이 아니라 이윤을 획득한 이후 다른 곳으로 다시 이주하기 위해 입국한 이들이다. 이것은 마낄라 봉제기업뿐만 아니라 소나1을 중심으로 한 상인집단에서도 공통적으로 발견되는 것이다.

이와 같은 단기거주를 목적으로 한 이주의 형태는 최근 중국의 한족(漢族)들이 전 세계 각국에서 이윤획득을 위해 단기이주를 한 후 다양한 지역으로 옮겨 다니는 경향이라든지, 여타 중남미 국가의 한인 이주 형태에서도 상당 부분 확인할 수 있는 사실이다. 사실 중남미는 한인들에게 아직까지 지리적으로 상당히 먼 곳일 뿐만 아니라 경제적으로도 선진국으로 인식되는 곳이 아니다. 또한 냉전 시기를 거치는 동안 상당히 불안

---

13 위 통계는 과테말라 현지에서 구전에 의해 떠돌던 정보를 사용한 것이기에 정확한 것이라 볼 수 없으며, 현지 거주 인원을 정확히 파악하는 것은 사실상 불가능하다고 볼 수 있다. 이에 주과테말라 한국 대사관은 좀 더 정확한 과테말라 거주 한인규모를 파악하기 위해 2013년 6월부터 8월 24일까지 '한인사회 기초조사(인구센서스)'를 실시하였다. 이 조사의 중간 결과에 의하면 과테말라 거주 한국인은 670가구, 2,000여 명(한국국적, 영주권, 외국국적 모두 포함)으로 집계되었다.(2013.9.4 기준) 물론 이 조사는 모든 거주 가구에 대해 강제적으로 진행된 것이 아니라 한인회 등을 중심으로 자발적으로 실시된 것이므로 상당히 많은 한인들이 포함되지 않았을 가능성이 많다. 만약 과테말라 거주 한국인을 12,918명으로 본다면, 이것은 타 중남미 국가에 비해 월등히 많은 인구가 거주하는 것이다. 참고로 타 중남미국가 중 한인들의 거주가 많은 국가로는 멕시코 11,364명, 브라질 상파울로 48,468명, 아르헨티나 22,580명, 파라과이 5,126명 등을 꼽을 수 있다.(외교통상부 2013년 참고)

한 정치가 실시되었고, 내전 등의 정치 불안요소가 끝난 이후에도 치안의 부재는 상당히 심각한 것이 사실이다. 과테말라 역시 정치적 불안이 계속되고 있고 사회적 인프라가 제대로 확립되어 있지 않다. 또한 36년간 내전의 후유증은 현재까지도 사회 곳곳에 영향을 미치면서 치안 등의 상황이 상당히 열악해 외국인들이 편안히 거주할 수 있는 상황은 아니다.

이러한 조건 속에서 한인들이 과테말라로 이주하게 된 경위는 거의 경제적 요인에 기인하고 있다. 과테말라는 미국 시장과 근접한 중미 국가 가운데서 가장 많은 인구를 보유하고 있어 활용 가능한 노동력이 풍부하며, 이에 노동인건비가 상당히 싸다. 또한 과테말라는 중미 국가들에 대한 물류 허브 역할을 수행하고 있기에 엘살바도르나 온두라스 등의 상인들이 과테말라로 들어와 여러 가지 물품을 도매로 구입해 가는 경우가 많다. 그러므로 과테말라는 자연스럽게 중미 전체를 대상으로 하는 의류 도매창구이자 봉제산업의 전진기지로 성장할 수 있었고, 또한 미국으로 물품을 수출하는데 있어서 상당히 유리한 교두보를 형성할 수 있게 되었다. 당연히 과테말라로 오게 된 한인들은 위와 같은 경제적 이점에 기반하여 이주한 것이다.

실제로 앞선 장에서 소개한 바와 같이, 과테말라에 이주한 한인들의 주요 부류는 마낄라 업체와 연관된 이들이거나, 여타 중남미 지역을 이동하며 장사를 하였던 사람들, 그리고 미국으로 불법 이민을 가기 위해 잠시 정착한 이들이 주류를 이루고 있다. 이들의 대부분은 소위 '선진국'으로 이주를 하여 그 사회에서 '하층민'으로 살아가는 유형이 아니라, '후진국'으로 이주하여 원주민보다 높은 수준의 생활을 '향유'한다고 믿고 있는 사람들이다. 이들에게 있어서 '후진국'인 과테말라는 정착을 위한 거주지이기보다는 이윤을 얻을 수 있는 단기간의 정착지일 뿐이다.

또한 2000년대 이후 급격하게 바뀌고 있는 과테말라의 경제 상황 역시 한인들의 단기이주를 부추기고 있다. 현재 대부분의 과테말라 한인들이 종사하고 있는 봉제업의 경기가 상당히 악화되고 있다. 여기에는 여러 가지 이유가 있을 수 있으나 무엇보다도 상승된 노동인건비가 가장 중요한 이유이다. 1984년 과테말라에 입국한 조재봉은 당시 봉제기업 라인의 노동자 한 달 인건비가 약 48달러였다고 말하였다. 하지만 1999년 과테말라 대통령이 된 알폰소 포르티요(Alfonso Portillo)는 집권 4년 동안 매해 20% 이상의 인건비를 올렸으며, 그 결과 현재 과테말라 봉제기업의 한 달 인건비는 468달러가량이다. 상황이 이렇게 되자 낮은 노동인건비를 핵심 무기로 삼고 있던 한인 봉제기업들은 수익이 상당히 떨어질 수밖에 없게 되었다. 이와 동시에 또 다른 위기는 한인 봉제기업의 '든든한' 법적 기반이 되었던 수출진흥법 29-89의 시한이 2015년에 끝나게 된다는 것이다. 이 법이 적용되지 않을 경우, 한인 봉제기업들은 소득세 면제 혜택을 받을 수 없게 되며, 이것은 기업 경영에 있어서 크나큰 타격이 될 수밖에 없다. 이에 많은 한인기업들은 과테말라 현지 공장을 인건비가 더욱 싼 중미 지역 국가나 동남아시아 등지로 이전할 계획을 갖고 있으며, 이것은 곧 대규모 한인 이주로 이어질 가능성이 높다.

봉제산업이 점점 바닥으로 가면 (과테말라) 교민사회는 큰 변화를 겪게 된다. (…중략…) 지금 마낄라 29-89법이 모든 소득세가 면제되는데, 만약 소득세까지 내라고 하면, 그걸 내고도 있을 사람이 거의 없지요.(서목 증언)

이렇듯 자의반 타의반으로 과테말라 현지 사회와 '깊은' 접촉을 하지 못하는 한인 사회의 특성은 '한글교육'에서 잘 나타나고 있다. 일반적으로 해외에 이주한 한인들은 민족 정체성 고양과 자문화를 잊지 않기 위한 수단으로 차세대에게 한글교육을 시키고 있다. 과테말라에서도 1989년 한인회가 설립된 이후부터 줄곧 한글학교 설립을 위해 노력했으며, 1990년 1월 과테말라 한인교회에서 한글학교를 처음으로 운영하기 시작하였다.[14] 현재 과테말라 한글학교의 학생은 약 250~60명으로서, 대부분 한인 이주민 자녀들이 등록되어 있다. 하지만 현재 과테말라 내 한글학교의 목적은 민족성을 고양하는데 중점을 둔 것이 아니라, 자녀들이 언젠가 한국으로 돌아가 생활해야 하기 때문에 이를 위한 사전교육으로 진행한다고 보아도 무방하다. 실제 유소년시기 과테말라에 입국한 한인 자녀들의 상당수는 과테말라에서 국제학교 등을 졸업한 후 미국 등으로 유학을 가는 경우가 대부분이다. 이들은 영어와 스페인어 구사능력이 상당히 뛰어나지만, 문화적으로 볼 때 과테말라나 미국 등지에서 '이방인'으로 취급받을 수밖에 없다. 특히 미국의 대학을 졸업한 이들의 대부분은 그곳에서 취직을 하지 못하고 다시 과테말라로 돌아오거나 한국으로의 진출을 꾀하고 있는 실정이다.

과테말라에서는 가정 형편이 아주 어려우면 몰라도 대부분 국제학교를 보낸다. 국제학교를 보내는 목적은 한국으로 가기 위해서이다. (···중략···) (과테말라 이주) 1.5세대들은 과테말라에서 초중고를 다니지만 대학은 (과

---

14 과테말라 한글학교의 설립은 한인회가 주도적으로 하였다. 하지만 초창기 한인회 내부에서 자체적으로 한글학교 운영이 어려워 한인교회에 운영을 위탁하였다.

테말라를)나가서 교육을 받는다. 이 애들은 과테말라로 다시 돌아온다 할지라도 주류 사회에 편입되지는 못한다. 하지만 이들이 한국으로 가더라도 언어 문제 때문에 주류 사회에 편입하는 것이 상당히 힘들다. (…중략…) 해외동포자녀법에 보면 만 6세 이전에 해외로 나온 대한민국 국적의 해외동포는 군대를 안가도 상관없다. 하지만 과테말라의 부모 중 10명 중의 9명은 모두 한국으로 보내 군대를 보내고 있다. 군대를 보내야 말을 배우니까.(조재봉 증언)

위와 같은 현실의 이유는 경제적으로 성공한 부모세대가 자신들의 자식을 미국이 아니라면 과테말라에 그대로 안주시킬 의향이 없다는 인식에 기인하고 있다. 하지만 결과적으로 위와 같은 한인들의 인식과 단기이주 형태는 과테말라 내부에서 한인들을 고립시키고 현지 문화와의 충돌을 조장하는 중요한 원인이 되고 있다. 과테말라에서 현지 문화와 한인 사회의 가장 심각한 충돌은 한인들의 삶의 터전인 기업내부에서부터 발생하고 있다.

2) 문화 간 커뮤니케이션의 부재 – 엔클레이브(enclave)로서의 한인 사회

해외 이주에 있어서 단기 이주 형태의 사례는 과테말라에만 존재하는 것은 아니다. 하지만 이 유형에서 중요한 논점은 단기 이주의 특성이 호스트 사회와의 상호작용에서 어떤 결과를 초래하고 있는가의 문제이다. 과테말라 한인 이주 사례는 이러한 부분에서 상당히 큰 부작용

을 낳고 있으며, 이것은 무엇보다도 기업 현장에서 발생하고 있다.

앞서 밝힌 바와 같이, 과테말라에 이주한 한인들은 대개 호스트 사회에서 노동자로 고용된 것이 아니라 오히려 수많은 현지인을 고용하는 입장에 서 있다. 특히 과테말라의 봉제기업들은 노동생산성 강화를 위하여 값싼 현지 노동력을 대거 고용하였다. 하지만 해외진출 기업에서 노동자를 관리한다는 것은 단지 생산성을 높이기 위한 경영전략의 수준이 아니라, 좀 더 복합적인 문화적 인식에 기반하여야 한다. 왜냐하면 이때 기업 혹은 공장은 노동현장일 뿐만 아니라, 두 개의 문화가 상호작용하고 있는 문화접변의 현장이기 때문이다.

이러한 측면에서 과테말라 한인 기업들은 소위 '문화 간 커뮤니케이션(intercultural communication)'의 중요성을 대부분 간과한 채 기업 경영을 해 온 것이 사실이다. 홀(Hall, 1959)은 문화 간 커뮤니케이션에 대해 "다른 문화를 가진 사람 간의 커뮤니케이션"이라 정의하였다. 즉 문화 간 커뮤니케이션 연구는 복수의 문화가 접촉했을 때 발생할 수 있는 문화충격과 갈등, 오해, 적응문제 등에 대해 언어적·비언어적 요소, 문화적 가치관, 행동 및 사고방식 등의 분석을 통해 소통 방안을 찾아내는 것이라 할 수 있다. 현재 세계화와 더불어 국가 간의 자본 교류가 급증하면서, 문화 간 커뮤니케이션의 영역은 학문적 담론을 넘어서 비즈니스 환경에서 더 많이 사용되고 있는 실정이다. 그러나 과테말라 한인 기업의 상황은 문화 간 커뮤니케이션을 논하기에는 너무나 동떨어진 처지에 놓여 있었다.

대체적으로 과테말라 현지 기업에 이주한 한인들은 일부를 제외하고 스페인어 구사능력이 높지 않았다. 또한 단기이주를 목표로 최대한의 이윤을 올리기 위해 노력하다 보니, 기업 현장에서 관리자와 피고용 현지민과의 관계가 원활히 정립되지 않았다. 특히 이주 초기 혹은 현재에도 간혹 발생하고 있지만, 한인 관리자들은 과테말라 노동자를 대할 때 있어서 강압적 노동통제방식, 즉 신체적 접촉을 하거나 큰소리를 치고,[15] 잔업 등을 일방적으로 강요하였다. 이것은 "느리디 느린" 과테말라인들을 최대한 빨리 움직이게 해 적기에 목표 생산량을 달성하기 위함이었다. 하지만 이것은 일반적인 과테말라의 노동문화를 섬세하게 이해하지 못했기 때문에 나온 행동이다. 개략적인 과테말라의 노동문화는 낮은 목소리로 지시와 명령하기보다 제안하는 것을 좋아하고, 물리적인 힘을 가하거나 경멸적인 어투로 말하는 것을 대단히 싫어한다.[16] 그러므로 과테말라에서 한인들의 인상은 '고함치고 사람을 패는' 것으로 상당 부분 고착화되었다. 이렇듯 과테말라 한인 기업들의 노동통제 방식은 현지 문화에 근거한 '동의'보다 '강제'에 중점을 두면서 경영 관리상 상당한 어려움에 봉착하게 되었다.

다른 외국인 기업에 비해 한인 기업은 훨씬 엔클레이브적[17]이다. (…중략…) 독일인이나 미국인처럼 문화를 뒤섞는 노력은 하지 않는다. (…중

---

15 이 경우 주로 "빨리 빨리"를 뜻하는 "apúrate", "aprisa"나 "más rápido"를 큰 소리로 외친다.
16 이러한 한인 기업의 노동통제 방식이 과테말라에 존재하는 것은 엄연한 사실이나 모든 기업에 전면적으로 해당하는 것은 아니다. 2012년 현지조사 시 필자는 여러 곳의 한인 기업들을 방문하여 공장 등을 둘러볼 수 있었다. 이 당시 경영진들은 과테말라 한인 기업의 노동통제 방식에 상당한 문제가 있었음을 시인하면서, 새로운 기업문화를 조성하기 위해 상당 부분 노력하고 있는 중이었다.
17 본디 엔클레이브는 사전적 의미로 한 국가나 도시 내의 소수민족 집단 거주지를 의미하는 말이다. 하지만 위 맥락에서의 엔클레이브라는 의미는 현지 사회와 교류가 일어나지 않는 '고립적 문화'라는 의미가 더 크다.

략…) 한인들은 과테말라에서 문화적으로 잘 적응을 하지 못하는 것처럼 보인다. 물론 나름대로 차별하며 운영하는 미국인 클럽, 독일인 클럽도 있다. 하지만 이들은 문화적으로 적응을 했다. 하지만 한인들은 과테말라 사회와 사회적, 문화적 연계가 없는 엔클레이브로 존재한다.(한국국제노동재단, 2003, 120~121)

물론 위에서 언급한 사례는 다양한 견지에서 해석될 수 있겠지만, 과테말라 한인 사회의 고립성을 설명하는데 있어서 문화 간 커뮤니케이션의 부재가 중요한 역할을 하고 있다는 것은 분명한 사실이다. 과테말라 한인 기업의 엔클레이브적 특성은 민족 혹은 종족적 특성을 비교해 분석해 볼 수도 있다. 또한 두 사회가 가진 특유의 노동문화를 비교함으로써 그 원인을 찾아낼 수도 있을 것이다. 하지만 이주와 문화적응전략이라는 측면에서 볼 때, 과테말라 한인 사회의 고립성은 어느 정도 예견할 수 있는 것이었다. 호스트 사회와 동화하며 이 과정에서 이윤을 추구한 것이 아니라 값싼 노동력만을 찾아 이주한 것이기에, 과테말라 이주 한인들에게 문화 간 커뮤니케이션과 같은 문제는 상당히 부차적인 것이 될 수밖에 없었다. 앞서 밝힌 베리의 모델로 볼 때, 과테말라의 한인 사회는 '극단적 분리(separation)' 경향을 보이고 있다. 그러므로 그들의 삶의 터전이라 할 수 있는 기업 혹은 작업장에서도 커뮤니케이션은 크게 중요한 요소로 작용하지 않았다.

사실 현지조사 과정에서, 문화 간 커뮤니케이션에 대한 한인 기업의 망각이 과테말라에 진출한 한인들의 기질에 기초한다는 증언을 많이 들을 수 있었다.[18] 증언들의 주요 내용은 과테말라에서 소규모 봉제업을 하는 이들의 대부분이 한국의 평화시장 혹은 동대문 등지에서 일하던 재단사나 하층 노동자였고, 또한 중졸 이하의 학력을 가졌으며, 이로 인해 현지 노동자를 대하는 방식에 있어서 격식 있는 커뮤니케이션을 할 수 없었다는 것이었다. 하지만 이것은 지나치게 개별 인성에 의존한 설명으로서, 전체 현상을 설명하기에는 상당히 부족할 수밖에 없다. 문화 간 커뮤니케이션은 타문화에 대한 존중과 그 문화와 융합하고자 하는 의도가 가장 중요한 역할을 한다. 이것은 사전 교육이나 학습을 통해 어느 정도 획득할 수 있지만, 가장 중요한 것은 호스트 사회와의 접촉을 얼마나 깊게 설정하는 가의 문제도 큰 영향을 미치게 된다. 결국 과테말라에서 발생하고 있는 문화 간 커뮤니케이션의 문제 역시 호스트 사회와의 접촉 의지가 현저히 낮으므로 생길 수 있는 한인 사회의 또 하나의 특성인 것이다.

3) 공동체의 분열과 파편화 – 과테말라 한인회의 사례

단기 이주와 문화 간 커뮤니케이션 부재로 설명할 수 있는 과테말라 한인 사회의 특성은 한인 공동체 내부에도 영향을 미치고 있다. 이것은 과테말라 한인 사회에 형성된 공동체의 분열 및 파편화라는 측면에서 두드러지게 나타나고 있다. 과테말라 한인 사회에는 상당히 다양한 형태의 공동체 및 모임이 존재하고 있으나 이중 가장 대표적인 것은 과테말

---

18 특히 위 증언에서 언급한 한인들의 대부분은 1970년대 말부터 1980년대 후반 사이 과테말라에 입국한 초기 이주자에 집중되어 있었다.

라 한인회라고 할 수 있다. 전 세계적으로 한인들이 거주하는 지역에서는 '한인회'를 만들어 공동의 이익과 친목을 도모하는 경우가 많다. 과테말라도 1989년부터 한인회가 구성되어 2014년까지 명맥을 유지해오고 있다. 하지만 과테말라 한인회의 역사는 선의의 설립 목적을 가지고 있음에도 불구하고 상당히 파행적으로 운영되어 온 것이 사실이다.

　1989년 과테말라에서 최초로 한인회가 설립된 이유는 이주민들의 비자 문제를 해결해 주기 위함이었다. 과테말라와 한국은 2007년 사증면제협정을 체결하여 현재 비자 없이 90일 간 단기간 방문을 할 수 있다. 또한 과테말라는 장기체류자를 위한 영주거주비자 등을 발급하고 있다. 하지만 한인들의 과테말라 이주가 시작된 1970년대부터 1990년대 말까지 과테말라로 오기 위한 비자 발급은 상당히 까다로운 편이었으며, 또한 비자가 발급되었다고 해도 단기(6개월) 비자여서 이를 갱신하는데 상당히 오랜 시간이 걸렸다. 과테말라에 체류하는 한인들의 대부분이 관광을 목적으로 온 것이 아니라 사업체를 가지고 있었으므로, 이 문제는 특단의 조치가 필요한 상황이었다. 이때 이 어려움을 공동으로 대처해 해결하고자 결성한 것이 한인회였다.

　그러나 과테말라 한인회는 결성 초기부터 상당한 불협화음이 있었다. 초대 한인회장 김용덕의 증언에 의하면, 당시 한인 사회 내부에는 봉제기업 쪽 사람들을 중심으로 뿌에블리또에 있는 한인을 한인회에 가입시키면 안 된다는 입장이 많았다고 한다. 그 이유는 뿌에블리또의 상인들이 소위 '보따리 장사'를 하며 전 남미를 떠돌고 있기에 진정한 의미의 과테말라 거주 한인이라 보기 힘들다는 것이었다. 하지만 위의 반대 속에는 또 다른 의미가 숨어있기도 했다. 많은 뿌에블리또의 상인들은 남미 및 전 세계 다양한 지역을 이동하다 과테말라에 (밀)입국한 경우가 많았으며, 상당수의 상인들은 이 과정에서 밀수를 하거나 불법적으로 물품을 통관시키기도 하였다. 이러한 한인 상인들의 불법행위는 간혹 과테말라 세관이나 경찰의 표적이 되기도 하였으며, 이 과정에서 합법적으로 기업 활동을 하고 있던 한인 봉제기업들이 한인이라는 동일성 때문에 피해를 입는다고 생각한 것이었다.

> 봉제기업 쪽에서는 상가 쪽의 불법 통관 때문에 자기들이 피해를 본다고 주장하였다. 그 이야기를 하면서 우리를 '장돌뱅이'라고 표현하기도 해서 그날 그쪽(봉제기업) 사람들과 큰 싸움이 났던 적이 있다. 이후 상인들은 약 4~5년간 한인 봉제공장에서 나온 수표를 현금으로 바꿔주는 일을 일절 하지 않았다. 아무래도 시장에 현금이 많은데, 공장 쪽에서는 이걸 못 바꾸니 상당히 어려웠을 것이다. 공장 쪽의 사람들은 뿌에블리또에 있는 사람들이 조금이라도 돈이 많고 성공한 것에 대해 어쨌든 끌어내리고 폄하하려 했다.(뿌에블리또 상인 증언)

이렇듯 초기부터 한인회의 운영은 봉제기업과 뿌에블리또를 중심으로 한 상인집단의 반목으로 시작되었다. 이후 두 집단은 각각 '과테말라봉제협회'와 '상공인연합회'를 만들어 한인회 주도권 싸움을 계속 하였으며,[19] 90년대 중후반에는 한인회 운영에 한국의 조직폭력배가 개

---

19 두 집단 간의 주도권 싸움이 있었다고는 하나, 실제 대부분의 한인회 회장은 봉제기업 쪽에서 선출되었고, 상공인연합회는 항상 독자적인 세력을 형성하고 있었다. 현재까지 과테말라 한인회 회장은 총 14명이었으며, 이 중 뿌에블리또 상인 중 한인회장이 된 경우는 두 번이다.

입하거나 살인사건이 발생하는 등 과테말라 한인 사회를 극단적인 상황으로 몰고 가기도 하였다. 이러한 사건이 발생한 후 자연히 한인들은 한인회라는 전체 공동체로부터 멀어지기 시작하였고, 소규모 모임이나 동호회 등을 중심으로 모임을 가질 뿐, 전체적인 공동체에 적극적으로 결합하지 않았다.[20]

위와 같은 한인회 내부의 분열은 소위 '이주의 정통성'과 과테말라 당국의 표적이 될 수 있는 '불법적 활동'(밀수 및 불법통관 등)이 핵심 이슈로 작용하였다. 즉 '검증되지 않은' 한인들이 과테말라에서의 이윤획득에 상당한 부담으로 작용했으며, 그 주요한 대상은 이주가 상대적으로 빈번한 상인들이었다.

이렇듯 한인회가 분열된 원인은 무엇보다도 두 대립 진단이 서로의 정주성을 인정하지 않는 상황에서 발생하였다. 만약 두 대립집단이 장기적 관점에서 과테말라에 정착하려는 의도를 가지고 있었다면, 이 대립의 해결 방향은 다소 상이했을 것이라 본다. 결국 단기 이윤획득의 목표를 가진 봉제기업과 상인들은 최단 시간 내 과테말라에서 이윤을 얻어야만 했고, 이 과정에서 두 집단 간의 이해관계가 한인회의 분열이라는 형태로 발산된 것이다.

---

20 2014년 현재 과테말라 한인회는 이전 사업에서의 실패를 반면교사 삼아 새로운 비약을 하고자 노력하고 있으나, 아직까지 많은 한인들은 이 모임에 적극적으로 결합하고 있지 않다.

5. 결론

전 세계적으로 신자유주의 세계화 정책이 위세를 떨치면서 국가별 이주와 이민의 양상 역시 이전과는 다른 모습을 가지게 되었다. 한국에서도 '선진국'으로의 이주를 막연히 희망하던 예전과 달리, 현재 전 세계 거의 모든 나라에 한인들이 이주해 거주하고 있는 실정이다. 이러한 해외 이주의 추세에서, 중남미로의 이주는 좀 더 색다른 '특성'을 가지고 있다. 1962년 브라질과 아르헨티나로의 농업이민이 '후진국'으로 낙인찍힌 한국에서 '미지의 세계'로 '희망'을 찾아 떠난 것이라면, 1980년대 이후 수많은 중남미 국가로 이주하고 있는 한인들의 모습은 전지구적 자본주의와 결코 떼어 놓고 설명할 수 없다. 본 논문에서는 한인 해외 이주 사례 중 중남미 지역의 현황을 살펴보기 위해, 과테말라 한인 이주사에 대한 개략적인 민족지를 서술하였다. 논문에서 살펴본 한인 사회는 호스트 사회와의 문화접촉을 최소화하며 극단적인 이윤획득을 추구하고 있었으며, 이와 더불어 변화하는 경제양상에 따라 다른 지역으로의 이주를 계획하고 있다. 비교심리학적 견지에서 볼 때, 이와 같은 과테말라 한인 사회의 이주 유형은 호스트 사회와의 접촉을 극단적으로 기피하는 '분리' 유형의 특성을 가지고 있다.

위의 현상은 고정화된 해외 이주 개념에 조금은 상이한 특성을 제공해 주고 있다. 예를 들어 중남미의 대다수 국가들은 스페인으로부터의 독립 쟁취 이후 자국의 필요에 의해 상당수의 해외 이주자들을 받아들였으며, 또한 1980년대 이후부터는 미국이나 유럽 등으로 자국민들을 해외로 방출하는 역할을 담당하고 있다. 한국 역시 1960년대 해외이주법의 설치 이후부터 상당수의 인구가 새로운 기회를 찾아 해외에 정착하고자 이주를 실시하고 있는 상태이다. 이러한 양상은 전통적인 개념에서의 '이주' 혹은 '이민'이라고 볼 수 있으며, 설령 미국에 체류하고 있는 히스패닉(Hispanic)과 같이 호스트 사회와의 접촉이 상당히 긴밀하지 못한 경우도 있지만, 대개의 경우는 호스트 사회 내부에 정착하는 것을 목표로 삼고 있다. 하지만 자유무역과 다국적 기업을 중심으로 한 새로운 세계시장의 개편은 해외이주의 양상에 있어서 투자와 이윤획득만을 목표로 한 단기 이주의 형태를 생산해 내게 되었다. 현재 중남미로 이주한 많은 한인들의 이주 양상이 여기에 해당하며, 특히 과테말라 사례는 전형적인 형태를 보여주고 있다. 이윤획득을 위한 단기 이주는 전 세계 자본시장의 교류가 활발해지면서 현재보다 더욱 활성화 될 가능성이 높다. 그러므로 본 논문에서는 과테말라 한인 해외이주 유형을 소개하면서, 특히 중남미에서 다양한 이주를 분석할 수 있는 시발점을 만들고자 하였다.

향후 이 부분의 발전된 연구를 위해서는 상당히 많은 분석들이 시도되어야 한다. 예를 들어 과테말라 한인 단기 이주를 더욱 확연히 볼 수 있도록 과테말라 내 타 외국인들의 해외이주 사례(일본 혹은 화교 등)를 연구하여야 할 것이며, 또한 한인회를 제외한 다양한 한인 공동체 혹은 모임들이 어떠한 방식으로 호스트 사회와 접촉하고 있는 가를 분석해야 할 것이다. 또한 본 논문에서 지적한 단기 이주의 '부정적' 측면 이외에 '긍정적' 부분은 어떻게 조사할 수 있을까에 대해서도 향후 논의가 필요하다 하겠다.

참고문헌

고려대 노동문제연구소 편, 『멕시코 한국기업의 노동문화 적응』, 서울 : 생각의나무, 2000.

국제노동협력원, 『해외진출기업 HRM 시리즈–과테말라 진출기업 노무관리 안내서』, 서울 : 매일 노동뉴스, 2009.

박영미, 「초기 한인 이주자들의 멕시코전역으로의 분산과 각 지역별 한인회 연구」, 『스페인어문학』 제33호, 2004.

브라질한인이민사편찬위원회, 『브라질한인이민 50년사』, 상파울로 : 브라질한인회, 2011.

서성철, 「쿠바이민사」, 『이베로아메리카연구』 제11호, 2000.

아르헨띠나 한인 이민문화연구원, 『아르헨띠나 한국인 이민 40년사』, 부에노스아이레스 : 아르헨 띠나한인회, 2005.

진경수, 『세계의 한민족–중남미』, 서울 : 봉일원, 1996.

조돈문, 「마낄라도라 산업 내 한국기업의 노사관계와 노동자」, 미래인력연구센터, 『멕시코 한국기업의 노동문화 적응』, 서울 : 생각의나무, 2000.

한국국제노동재단, 『과테말라 진출기업 노무관리 안내서』, 서울 : 해외진출기업 HRM 시리즈(8), 2003.

Bee, R. L., *Patterns and Precesses*, New York : Free Press, 1974.

Berry, J. W., "Psychology of acculturation–Understanding individuals moving between cultures", *Applied cross-cultural psychology*, 1990, pp.232~253.

_____, "Immigration, acculturation and adaptation", *Applied Psychology–An International Review* 46, 1997, pp.5~34.

_____, "A Psychology of immigration", *Journal of Social Issues* 57, 2001, pp.625~631.

_____, "Acculturation–Living successfully in two cultures", *International Journal of Intercultural Relations* 29, 2005, pp.697~712.

Hall, E. T., *The Silent Language*, New York : Greenwood Press. 1959.

Van Oudenhoven, J. P. · Ward, C., "Fading Majority Cultures–The Implications of Transnationalism and Demographic Changes for Immigrant Acculturation", *Journal of Community & Applied Social Psychology* 23, 2012, pp.81~97.

1960~70년대 광부·간호사의 서독 취업

신화에서 역사로

윤용선

1. 들어가는 말

'찬란한' 과거가 역사가 아닌 신화로 둔갑하는 현상은 한국에서 어렵지 않게 볼 수 있다. 멀게는 거북선과 이순신으로 신화화된 임진왜란으로부터 가깝게는 1960~70년대의 경제개발에 이르기까지, 적지 않은 역사가 학문적 주제라기보다 극적인 드라마에 가깝다.[1] 이처럼 과거가 현재에게 풍부한 정보와 영감을 주는 경험 많은 대화 상대가 아니라

---

1 이러한 경향은 영화 〈명량〉과 〈국제시장〉의 대성공이 상징적으로 보여준다. 영화진흥위원회 집계에 따르면, 〈명량〉과 〈국제시장〉은 각각 17,615,045명과 14,262,199명의 누적 관객 수를 기록해 관객 동원에서 방화와 외화를 모두 망라해 역대 1위와 2위를 차지했다. 매출액에서도 〈명량〉은 1,358억 원으로 1위를 기록했고, 〈국제시장〉은 1,110억 원으로 관객 수에서 4위를 차지한 〈아바타〉에 이어 3위를 차지했다.(http://www.kobis.or.kr/kobis/business/stat/boxs/findFormerBoxOfficeList.do)

과장된 내러티브나 미화의 대상이 될 경우, 역사는 빈곤해질뿐더러 특정집단의 이익을 위해 기능하는 도구로 전락할 위험에 노출된다.

오늘날에는 1960~70년대 경제개발에 대한 평가를 둘러싸고 이러한 현상이 목격된다. 주지하다시피, 이 시대에 정체성을 둔 정권의 등장으로 말미암아 평가와 논의는 더욱 객관성을 잃어버린 채 과도하게 정치화함으로써 역사와 신화의 경계가 모호해지는가 하면, 다른 한편에서는 이에 대한 반발로 경제개발의 어두운 이면을 부각하는 서술의 불균형이 나타나기도 한다. 두 진영의 갈등은 오늘날 현실정치에서 정치세력의 형성에도 영향을 끼치며, 심지어 대통령 선거처럼 과거보다는 연재와 맞닿아 있어야 마땅한 곳에서도 강력하게 작용한다. 그야말로 역사 아닌 역사의 과잉이 아닐 수 없다.

1960~70년대 광부·간호사의 서독 취업(이하 서독 취업)에 관한 논의 역시 이러한 분위기로부터 자유롭지 못하다. 2013년과 2016년에 각각 50주년을 맞은 서독 취업은 '땀과 눈물로 조국의 근대화의 초석이 된' 사람들의 전설이 되었다. 1964년 겨울 서독의 광산촌을 방문한 박정희 대통령과 광부/간호사의 만남이 눈물바다가 되었다는 이야기 역시 사실일지언정 역사적 의미가 크지 않은 감상적 회고에 가깝다. '눈물 젖은 역사'[2]는 개인의 감회이지 역사가 아니다. 신화화는 결국 개인의 기억까지 왜곡해 급기야 취업 노동자의 임금을 담보로 서독 차관을 들여왔다는 주장으로까지 나아갔다.[3]

---

2 강천석, 「눈물 젖은 역사를 가르치라」, 『조선일보』 칼럼 동서남북, 2003.9.2, http://www.chosun.com/editorials/news/200309/200309020178.html.

3 진실과 화해를 위한 조사위원회(이하 진화위)는 2008년 이러한 주장의 사실여부를 확인하는 조사활동을 했으며, 조사 결과 이는 당연히 사실이 아닌 것으로 판명되었다. 주장

본 발표는 이러한 문제의식에서 출발해 이 주제를 역사화 해보려 한다. 당시의 서독 취업이 노동이주 그 이상도 이하도 아니었음을 보여줌으로써 '공로', '희생', '경제원조' 등과 같은 신화적 용어들을 논의에서 배제하고, '파독(派獨)'이라는 용어가 의미하듯 서독 취업이 경제개발을 위해 국가에 의해 주도된 노동력의 동원이었다는 주장 또한 비판적으로 검토해보고자 한다.

본 발표는 서독 취업을 크게 거시적 차원과 미시적 차원에서 평가해보고자 한다. 전자의 경우에는 노동력 유입국이었던 서독의 경제상황, 당시 서방세계를 단단하게 결속시켰던 냉전이 서독 취업에 끼친 영향, 정부 간 교류에 노동이주 및 경제개발 간에 어떤 부분 등에 주목해보고자 한다. 이어서 서독취업이 취업노동자 개인의 미시적 세계에서 어떠한 의미를 가졌는지를 살펴보고자 한다. 이를 통해 개인의 시선으로 밑으로부터 바라본 서독 취업과 국가의 정책이나 선전처럼 위로부터 바라본 모습과는 괴리가 있었음을 보여주고자 한다.

자체가 신빙성이 약했으나, 1960년대 서독 차관 도입에 직접 참여했고 박정희의 서독 방문을 수행했으며 서독에서 경제학 박사학위를 받은 백영훈 박사의 주장이었기 때문에, 이를 무시하기가 쉽지 않았을 것이다.

2. 노동이주로서 서독 취업과 냉전의 역할

서독 취업을 낳은 주요 원인으로는 흔히 실업률 해소, 경제개발에 필요한 외화 획득, 서독의 노동력 부족, 냉전의 영향 등이 언급된다. 냉전 시대의 국제정치적 키워드는 체제경쟁이었으며, 서방 진영은 경쟁에서 우위를 차지하기 위해서는 경제개발이 중요하다는 점을 처음부터 인식하고 있었다. 이러한 인식에서 비롯된 마셜 플랜은 얼마 안 있어 냉전의 현장인 분단 독일에서 가시적인 성과를 드러내기 시작했다. 1950년대를 시나며 전쟁의 후유증을 극복한 서독 경제는 1960년에 접어들어 호황을 구가했다. 서독은 사회주의에 대한 자본주의의 우위를 보여주는 모델이었으며, 서독 수상 에르하르트와 박정희는 이 점에서 의견이 일치했다. 1964년 12월 박정희의 서독 방문을 마무리하며 발표된 한독공동성명서에는 다음과 같은 내용이 들어있었다. "경제부흥이 분단된 국토를 통일하려는 투쟁에 있어서 가장 중요한 무기의 하나라는 것과 이 투쟁에 있어서 양국 국민은 전통적이고 상호불가분의 관계를 맺고 있다는 것을 인식하고 양국은 조속한 공업화에 중점을 둔 한국경제 개발이 공동의 이익에 관하여 가장 중요하다는 점에 의견의 일치를 보았다."[4]

그러나 공동성명에서 표현된 경제성장을 통한 승공이라는 원칙은 양국 간의 '의견의 일치'라기보다는 서독이 가난한 동맹국 한국에게 해

---

4   『봉정칠만리-박정희 대통령 방독기』, 동아출판사, 1965, 130쪽.

준 조언이었다. 백영훈의 회고록에 따르면, 에르하르트는 박정희와 회담하는 자리에서 '라인 강의 기적'과 자국의 경제개발에 커다란 관심을 갖고 있는 아시아의 빈국에서 온 군인 출신의 신참내기 지도자에게 조언을 아끼지 않았으며, 진정한 반공이란 공산주의를 경제적으로 압도하는 것이라는 점을 누누이 강조했다.[5] 박정희 역시 서독 방문의 목적이 성공한 동맹국으로부터 한수 배우는데 있음을 밝혔다. 그는 서독방문 길에 오르는 출국 인사에서 다음과 같이 말했다. "나는 종전 후의 그 폐허 위에서, 더구나 공산주의 세력과 대치하면서, 오늘의 위대한 경제 건설과 번영을 이룩한 독일연방공화국의 부흥상을 샅샅이 시찰할 것이며……."[6] 당시 주한 서독 대사 뷩어(Karl Bünger) 역시 박정희가 자국의 경제성장에 커다란 관심을 갖고 있다고 본국에 보고했다.[7]

냉전의 영향은 계속해서 확인된다. 에르하르트는 경제성장에 관한 조언 외에도 하루빨리 과거로부터 벗어나 일본과 관계개선을 하라고 박정희에게 촉구했다. 그는, 한일관계의 정상화는 당시 한국민의 정서상 시기상조라고 보는 박정희를 설득하기 위해 서독이 프랑스 및 영국과의 불편했던 과거를 청산하고 냉전 하에서 새로운 협력관계로 돌아섰다는 사실을 상기시켰다.[8] 백영훈의 이러한 회고는 노명환이 발굴한 독일연방기록보존소 기록과 일치한다.[9] 노명환의 연구에 따르면, 에르

5   백영훈, 『한강에 흐르는 라인강의 기적-잊혀진 기적의 현장』, 출판사/출판연도 없음, 73~75쪽.
6   유상근 편, 『파독광부 45년사』, 재독한인글뤽아우프회, 34쪽.
7   노명환, 「한국 산업화 정책과 서독의 의미와 역할 1961~1967」, 『사림』 Vol. 38, 2011, 297쪽. 독일 측 문서에 따르면, 뷩어는 당시 박정희를 매우 긍정적으로 평가했으며, 당시 서독 정부가 갖고 있던 박정희에 대한 이미지는 뷩어의 보고서에 의해 크게 영향을 받은 것으로 보인다.(위의 글, 300~301쪽)
8   백영훈, 앞의 책, 75~76쪽.

하르트는 일본과의 관계정상화 촉구에서 한 걸음 더 나아가 동북아시아조약기구(North East Asia Treaty Organization, NEATO)의 창설까지 언급했다.[10] 이처럼 냉전은 진영 내 국가들 간의 제반 협력과 관계 설정에 있어서 매우 중요한 역할을 했다.

그러나 그럼에도 간과해서는 안 될 점은 서독 취업은 본질적으로 노동력이 부족한 서독과 실업 문제를 안고 있던 한국이 국제노동시장에서 한 거래였다는 사실이다. 마셜 플랜과 부분적으로 한국전쟁 특수(Korea-Boom)[11]로 인해 서독 경제는 1950년대를 지나며 회복세로 돌아섰다. 그러나 회복된 경제는 전쟁으로 막대한 노동력을 상실한 상태에서 불언히 노동력 부족 사태에 직면하게 되었으며, 부족한 노동력은 외국으로부터 공급되었다. 1955년 이탈리아 노동자를 필두로 그리스와 에스파냐(1960), 터키(1961), 모로코와 한국(1963), 포르투갈(1964), 튀니지(1965), 유고슬라비아(1968)로부터 노동력의 유입이 뒤따랐다. 터키, 모로코, 유고슬라비아 등은 노동력의 수급이라는 경제적 필요성이 종교나 이데올로기를 초월한 것이었음을 보여준다.

한편 여기서 눈에 띠는 현상은 노동력 유출국 중 한국만이 유일하게

---

9   노명환, 앞의 글, 308쪽.
10 위의 글, 301~302쪽.
11 아벨스하우저(Werner Abelshauser)에 따르면, 한국전쟁이 가져온 경제적 효과는 가히 극적이었다. 서독의 투자재와 원자재에 대한 국제시장의 수요는 급증했고, 국내시장에서는 소비재 수요가 가파르게 상승했다. 1950년 11월에 이르면 산업생산이 전년 대비 1/3정도 증가했다. 그밖에 전후 경제체제에서 미국식 자유주의 시장경제와는 다른 코포라티즘적인 독일의 전통적 생산체제를 전면적으로 해체하려했던 미국의 간섭은 중단되고 생산의 효율성이 중시된 것도 한국전쟁의 영향 때문이었다.(베르너 아벨스하우저, 「서독과 서유럽 경제에서 한국전쟁의 의미」, 역사문제연구소 편, 『한국전쟁에 대한 11가지 시선』, 역사비평사, 2010, 167·178~181쪽)

지리적으로 유럽과 가깝지 않은 국가였는데, 그래서 서독 취업을 냉전의 맥락 속에서 보려는 입장은 충분히 근거가 있다. 냉전과의 관계 속에서 볼만한 이유는 더 있다. 서독 취업은 개인 차원이 아니라 동맹국 간의 협정에 의해 추진되었으며, 궁극적으로 승공(勝共)을 위한 개발원조로 선언되었다. 실제로 미국과 영국은 진영 논리를 내세워 서독을 압박했다. 심지어 영국은 서독이 계속해서 제3세계 개발원조에 미온적인 태도로 일관하면 서독 주둔 영국군을 철수시키겠다고 위협하기까지 했다.[12]

이슬람 국가인 터키와 모로코로부터 노동력을 수입한 것 역시 두 나라가 냉전 체제에서 서방 및 서독과 협력한 대가였으며, 한국인 광부의 서독 취업을 이해하는데 있어서도 냉전은 결정적인 키워드로 간주된다.[13] 물론 이와 다른 주장도 있다. 1950년대에 회복세로 돌아선 서유럽 경제는 1960년대에 접어들어 양적으로 비약적인 성장을 했으며, 이는 노동력 부족 현상으로 이어졌다. 남동유럽 빈국의 노동력을 둘러싸고 북서유럽 국가들 간에 경쟁이 벌어질 정도로 노동력 부족현상은 심각했다. 더구나 경쟁에는 대서양 건너편의 캐나다까지 가세했다.[14] 당시의 상황은 공급이 수요를 능가하는 노동시장의 일반적인 모습과는

---

12   이유재 · 박주연, 「초국가적 관점에서 본 독일 한인 디아스포라」, 『역사비평』, 2015.2, 326쪽.
13   이용일, 「트랜스내셔널 한 · 독 교류사를 위한 "인정투쟁"」, 『독일연구』 28호, 2014, 77 ~78쪽.
14   Heike Knortz, *Diplomatische Tauschgeschäfte. "Gastarbeiter" in der westdeutschen Diplomatie und Beschäftigungspolitik 1953~1973*, Böhlau Verlag, 2008, pp.30~32. 크노르츠에 따르면, 1962년 함부르크 주재 캐나다 총영사는 서독에 취업 중인 그리스인 노동자들을 자국으로 이주시키려 했으며, 그로 인해 일부 서독 기업은 노동력 부족문제에 직면하기도 했다. 훗날 제3국 이주를 택한 한국인 광부 · 간호사 중 일부가 캐나다를 선택한 것 역시 이와 무관하지 않아 보인다.

달랐으며, 노동력 수입국들이 저자세였다는 주장이다.

그렇다 해도 극동의 작은 나라 한국이 서독의 노동력 공급자로 선택된 이유는 현상적으로 냉전 말고는 이렇다 할 만 한 것이 없다.[15] 냉전시대 최초의 열전을 치른 한국은 자타가 공인하는 냉전적 국가였으며, 한국전쟁은 냉전의 훈장이었다. 미지의 나라 한국의 존재를 세계에 알린 전쟁은 세계 어디서도 유례를 찾기 어려운 뚜렷한 냉전의 흔적을 한반도에 새겨놓았으며, 그로 인해 특히 한국과 관련된 제 현상은 자동으로 냉전과 결부시키려 하는 관성과 고정관념이 생겨났다.

주지하다시피, 냉전은 국제정치적으로 거의 세계를 하나로 묶는 매우 견고한 프레임이었으며, 진영의 결속은 항상 다른 사안보다 우선시되었다. 그래서 뉘른베르크 전범재판, 탈나치화(Entnazifizierung), 도쿄 전범재판처럼 서방 세계의 결속을 저해할 수 있는 과거사 정리는 시늉으로 끝나고 말았다. 한국전쟁 직후 활발했던 대한(對韓) 원조에 피로감을 느낀 미국이 경제가 회복세로 돌아선 일본과 서독에게 부담을 떠넘기려 한 것도 냉전 체제를 전제로 한 것이었다. 실제로 미국은 한국주재 서독 대사 뷩어(Karl Bünger)에게 서독이 한국의 경제개발에 관심을 기울이도록 은근한 압력을 가했다.[16] 미국이 한·미·일 동맹을 의식해 한국에서 격렬한 반대에 부딪혔던 한일협정을 조속히 매듭짓도록 양국을 압박한 것 또한 잘 알려진 사실이다.

그러나 미국이 매우 중시했던 냉전 네트워크도 시장의 논리를 초월할

15　노명환과 정흥모의 연구도 서독 취업과 냉전의 관계를 매우 자세하게 다루고 있다. 두 연구는 노동 이주와 관련해 국제정치적 차원에서 다양한 맥락이 있었음을 밝히고 있다.

16　윤용선, 「1960~70년대 파독 인력송출과 차관-원조인가, 거래인가?」, 『독일연구』 26호, 2013, 383쪽.

수는 없었다. 근대 이후 하늘 아래 자본주의로부터 자유로운 것은 없으며, 근대적 국가이성의 핵심 역시 국부(國富)의 증진이었고, 아담 스미스의 『국부론』은 오늘날까지도 권위를 잃지 않고 있다. 냉전 네트워크 역시 미국이 주도하는 서방의 경제 블록을 에워싼 채 보호하는 방호벽 역할을 했으며, 따라서 경제와 무관하게 독립적으로 존재하는 체제가 아니었다. 이러한 관점에서 보면, 서독 취업은 '파독'이라는 용어가 의미하는 것처럼 현상적으로는 한국과 서독 정부가 주도한 냉전적 기획이지만, 본질적으로는 노동 이주로 자본주의적 행위이자 과정이었다.

서독 취업을 냉전과 결부시키는 입장은 그것이 개인이나 민간이 아닌 국가 차원에서 주도되었다는 사실로부터 출발한다. 그러나 냉전은 필요조건일지언정 충분조건은 아니었다. 가령 서독의 노동력 부족과 빈국들의 실업문제 같은 경제적 요인이 없었다면, 냉전은 그저 국제정치적 진영을 나누는 기준에 불과했을 것이다. 바꿔 말해, 서방 국가들의 경제관계에서는 공통의 경제적 이익이 진영 논리에 앞섰다. 만약 터키, 모로코, 한국이 서독이 필요로 했던 단순 노동력을 제공할 수 없었다면, 반대로 서독이 이들 세 나라가 공급할 수 있었던 노동력을 필요로 하지 않았다면, 이들 사이의 냉전적 협력체계는 그 의미가 크게 축소되었을 것이다. 서방의 단결 구호인 반공(反共)이란 현상적으로는 이념의 대립이었지만, 본질적으로는 자유무역, 자본의 자유로운 이동, 노동시장의 국제화 등으로 표현되는 자본주의를 사회주의의 위협으로부터 방어하는 것을 의미했다.

앞서 언급한 바대로, 서독을 방문한 박정희에게 서독 수상 에르하르트(Ludwig Erhard)는 경제성장만이 승공의 비결이며, 이러한 맥락에서 한국의 경제성장은 같은 분단국가인 서독의 관심사이기도 하다고 밝혔다. 또한 서독은 한국이 빈곤으로 북한에 의해 적화 통일될 경우 자국에 미칠 영향에 대해 우려하기도 했다.[17] 그러나 여기서 간과해서는 안될 점은, 그럼에도 두 분단국의 경제적 연대는 한국이 거래 파트너나 시장으로서의 가치가 있을 때나 가능했다는 사실이다. 물론 마셜 플랜을 제공받고 한국전쟁 특수를 누린 서독이 한국의 경제발전에 기여하는 것은 도의적인 문제일 수 있다. 그렇다 해도 서독이 단지 동맹이라는 이유만으로 한국의 경제개발에 부담을 느껴야 할 이유는 없었다. 바꿔 말해, 냉전은 경제적 이익을 보장하는 한에서만 존중되었으며, 그것과 무관하게 존재하는 초월적 가치는 아니었다.

이러한 추론을 뒷받침해주는 사례가 있다. 동독이 이미 1949년에 북한과 외교관계를 수립한 것과 달리, 서독은 한국 측의 채근에도 불구하고 1956년 8월이 돼서야, 게다가 한국 측의 강력한 요구로 인해 마지못해 무역대표부가 아닌 영사관을 서울에 설치했다. 서독이 무역대표부를 고집한 것은 한국을 냉전의 동맹국으로서 보다는 경제적 맥락에서 보았다는 것으로 해석할 수 있으며, 이는 당시 양국의 무역수지를

---

17 진실과 화해를 위한 조사위원회, 「파독 광부·간호사의 한국경제발전에 대한 기여의 건」, 『2008년 하반기 조사보고서』 제1권, 2008, 183쪽. 한국전쟁 발발 직후에는 서독에서 '독일판 한국'에 대한 우려의 분위기가 감지되었으나, 1950년 가을부터는 정치엘리트들 사이에서 전쟁 위협은 없다는 견해가 지배적이었다. 이들은 한국전쟁의 원인이 군사적이라기보다 남한 자본주의 체제의 위기에 있었다고 보았으며, 따라서 상대적으로 안정적인 서독이 동독으로 하여금 군사적으로 침략하도록 유발할 가능성은 희박하다고 보았다. 반면에 아데나워 정부와 보수 세력은 한국전쟁을 서독의 재무장을 추진하는 기회로 활용하고자 했다. 그러나 전쟁의 상흔에서 아직 회복되지 않은 서독국민들은 새로운 전쟁 위협에도 불구하고 재무장에는 반대했다.(미카엘 렘케, 「일어나지 않은 전쟁－지나간 전쟁경험과 분단 독일에서의 한국전쟁」, 김성보 외, 『한국전쟁에 대한 11가지 시선－한국, 동서독, 프랑스, 폴란드, 헝가리』, 역사비평사, 2010, 131~134쪽)

통해 뒷받침된다. 1954년과 1955년에 한국의 서독 수출은 각각 100만 마르크, 180만 마르크에 불과했던 반면, 서독의 한국 수출은 1,900만 마르크, 4,920만 마르크에 달했다.[18]

서독 취업에 관한 논의에서 냉전의 의미와 역할을 애써 과소평가해야 하는 이유는 더 있다. 즉, 그 어떤 곳보다 냉전을 치열하게 경험한 한반도에서 냉전은 가치중립적 개념이 되기 어렵다. 그래서 상호 경제적 이익을 추구하는 거래였던 서독 취업이 냉전의 프리즘을 통과하면 개발원조로 둔갑한다. 냉전의 관점에서 본 서독 취업은 선진 동맹국 서독이 체제경쟁 차원에서 가난한 우방 한국에게 베푸는 개발원조로 보이기 때문이다. 그러나 서독취업은 앞서 언급한 바대로 원조가 아니라 호혜적 거래였다. 차관의 경우도 마찬가지이다. 모든 공공/상업 차관은 이자나 상품/플랜트 수출과 연계되어 있다는 점에서 원조가 아닌 거래이다. 사업자금이 필요한 개인에게 은행이 돈을 빌려주는 행위는 원조가 아니라 영업활동이다.

서독 취업을 냉전과 결부시키지 말아야하는 이유를 좀 더 살펴보기로 하자. 광부의 서독 취업은 광산기술훈련생 연수라는 이름으로 이루어졌다. 양국 정부는 1961년 12월 13일 '한독 정부 간 경제 및 기술협조에 관한 협정'을 체결했으며, 이는 장차 제공될 공공/상업차관과 기술원조의 법적 근거가 되었다. 광부의 서독 행은 독일의 선진 채광기술을 배워 한국의 광산업 발전을 도모한다는 명분을 내세웠지만, 실제로

---

18   이유재, 「동서의 양진영에서−남북한에 대한 동서독의 개발원조 1953~1963」, 김성보 외, 『한국전쟁에 대한 11가지 시선−한국, 동서독, 프랑스, 폴란드, 헝가리』, 역사비평사, 2010, 189쪽.

는 서독이 필요한 단순 노동력의 구매 그 이상도 이하도 아니었다. 1975년 한독기술협력위원회가 조사한 바에 따르면, 3년 계약 만료 후 귀국해 탄광산업에 재취업한 사람은 단 두 명에 불과했다.[19] 동맹국에 대한 기술원조라는 명분을 무색하게 만드는 사실이 아닐 수 없다.

서독이 한국인을 포함한 외국인 노동력을 받아들여야 할 경제적인 이유는 충분했다. 앞서 언급한 바대로, 노동력 부족은 1950년대 후반부터 가시화되었다. 특히 1961년 8월 동독이 노동력 유출을 막기 위해 장벽을 설치하자, 인력난은 더욱 가중되었다. 인력부족은 노동조합조합이 우려한 것이었으며, 따라서 노조는 외국인 노동력의 유입으로 임금하락이 발생하지 않는다는 조건 하에 이에 동의했다.[20] 노동시장에서는 단순노동력 부족이 특히 심각했는데, 일자리가 충분한 상황에서 독일인이 저임금 단순 노동을 기피한 것은 당연했으며, 광부와 간호사가 그러한 직업에 속했다.

서독 광산업은 1950년대 말부터 정부의 지원 중단, 석유의 확산, 값싼 미국/체코 산 석탄 수입 등으로 위기를 맞았으며, 그로 인해 독일 노동자들이 취업을 기피하는 산업으로 전락했다. 그런데 광산업의 쇠퇴는 전통적인 탄광지대인 루르 지방의 급속한 공동(空洞)화로 이어질 위

---

19 진실과 화해를 위한 조사위원회, 앞의 책, 180쪽.

20 이용일, 「노동시장 중심의 독일 외국인 정책의 지속성, 1873~현재」, 『독일연구』 제6호, 2003, 86쪽. 이와 반대로 당시 외국인 노동력 유입에 대한 비판 역시 제기되었는데, 노동력 조달의 용이함은 기업들로 하여금 기술혁신 노력을 게을리 하게 만든다는 것이었다. 사양 산업을 과감하게 정리하는 대신 인위적으로 연명하게 함으로써 고급노동력이 역동적으로 성장하는 산업분야로 이직하는 것을 막는 것 또한 문제라는 지적이 있었다. 그밖에 1970년대 초에 외국인 노동력의 3/4이 2차 산업에 고용됨으로써 서독 경제가 3차 산업으로 이행하는 것을 지연시킨다는 점이 지적되었다.(Knortz, 앞의 책, 34쪽)

험성을 내포하고 있었다. 이러한 상황에서 단기 고용 외국인 노동력의 수입은 공동화의 완급 조절을 의도한 조치였다.[21] 이처럼 광부의 서독 취업은 탄광산업의 급격한 구조조정으로 인해 발생하는 사회·경제적 문제를 해결하기 위한 조치이기도 했다.

간호 인력의 공급 역시 시급한 상황이었다. 서독에서 간호 인력은 한국과 달리 병원에만 국한되지 않고 양로원이나 요양시설 등 다양한 의료 및 복지 시설에서 요구되었다. 경제가 안정기에 접어든 1960년대부터 사회복지에 대한 관심이 높아지면서 간호 노동력의 수요는 증가했으나, 공급은 턱없이 부족한 상태였다. 게다가 이 분야 여성 독일인이 일하기를 꺼렸고, 유럽으로부터의 노동력 공급도 원활하지 못했다. 이러한 상황에서 한국인 간호 인력이 환영 받은 것은 당연했다.[22] 그 결과 1959~1976년에 무려 10,723명의 한국인 간호 인력이 서독행 비행기에 올랐다.[23] 간호사의 경우 인력부족으로 인해 3년 계약은 애당초 유명무실한 것이었다. 이처럼 서독 취업은 한국에게 일방적으로 이익이 되는 '원조'가 아니었다.

간호 인력의 대규모 유출은 한국에서 인력 부족 사태를 야기했고, 급기야 1968년 세계보건기구 한국 사무소가 주한 서독대사관 측에 우려를 표명하기에 이르렀다. 이러한 사실을 보고받은 서독 연방 노동복지부는 서독병원협회에 한국인 간호사의 고용을 자제해줄 것을 요청하기도 했다.[24] 서독 취업이 야기한 한국의 간호 인력 부족사태는 두 가지

---

21 이용일, 앞의 글, 2003, 82~84쪽.
22 나혜심, 「파독 한인여성 이주노동자의 역사─1960~70년대 한인간호인력 독일행의 원인」, 『서양사론』 제100호, 2009, 271~272쪽.
23 진실과 화해를 위한 조사위원회, 앞의 책, 225쪽.

사실을 말해준다. 먼저, 서독 취업 간호사들은 이미 직업 활동을 하던 상태로 광부와 마찬가지로 서독행이 기술원조의 일환인 직업교육을 받기 위한 것이 아니었다. 둘째, 간호 인력의 대량 유출은 한국에 비해 월등히 높은 서독의 임금 때문으로 경쟁의 논리가 지배하는 시장에서 흔히 볼 수 있는 현상이었다. 냉전 하의 개발원조론을 반박하는 증거들이다. 재독 여성작가 조-루베국남(Cho-Ruwwe Kook-Nam)의 지적처럼, 한국인 간호사들은 제3세계에서 교육을 받아 제1세계를 위해 일하고 봉사한 셈이며, 따라서 서독 취업은 한국이 서독의 발전에 기여한 '전도된 개발원조'일 수도 있었다.[25]─굴론 아더안 수상은 개발원조론에 대한 반론으로 의미가 있지만, 한국이 서독의 경제발전에 일방적으로 이바지했나는 인상을 주는 또 다른 개발원조론으로 서독 취업을 호혜적 거래로 보는 필자의 견해와 거리가 있다.

3. 서독 취업에서 국가와 개인

1960~70년대 한국의 경제개발은 국가 주도로 이루어졌다. 1928년 스탈린이 처음 실시한 '경제개발 5개년계획'은 국가주도 산업화의 전형이며, 한국에서도 개발시대인 1962~1981년 기간에 4차에 걸쳐 5

24   Politisches Archiv, V6-80-55-92.23. Bd. 1510, pp.40~41.
25   이유재・박주연, 앞의 글, 339쪽.

개년계획이 수립 및 실시되었다. 비합법적 집권이라는 핸디캡으로 경제개발에 사활을 걸었던 박정희 정권은 반공을 국시로 내세웠지만 개발을 위해서라면 악마한테서도 배웠다. 한국의 뒤늦은 산업화는 이처럼 정권의 운명과 결부됨으로써 사실상 사회주의 계획경제와 유사하게 국가의 전략에 의거해 진행되었다. 그 결과 자유주의적 시장경제가 아니라 국가의 명령이 경제를 지배했으며, 시장에서의 경쟁이 아닌 정부의 특혜가 기업의 운명을 좌지우지했다. 이처럼 적어도 경제 분야에서는 반공 이데올로기의 실체가 모호했다.

후진적인 정치문화 속에서 다소 개 직접이며 신속하게 이루어져야 하는 산업화에서는 권위적인 통치방식이 효율적이라는 사실은 스탈린 소련과 박정희 한국을 통해 입증되었다. 국가는 경제 분야의 세세한 부분까지 간섭했으며, 그 결과 1970년대 소련의 고스플란(국가계획위원회) 법령집은 뉴욕의 전화번호부보다 두껍다는 우스갯소리가 있을 정도였다. 한국에서는 고스플란과 이름까지 유사한 경제기획원이 경제개발을 전반적으로 기획하고 통제했다.

국가 주도의 경제개발은 심지어 노동이주까지도 간섭했다. 대개 개인이나 민간 차원에서 이루어지는 해외 취업이 산업화에 필요한 외화의 확보와 높은 실업률 완화를 목적으로 관(官)에 의해 추진되었다. 오늘날 서독 취업이 개발 신화의 레퍼토리 중 하나가 된 이유도 그것이 경제개발의 일환으로 기획되었기 때문이며, '파독' 광부·간호사는 본인의 의사와 상관없이 신화에 등장하는 작은 영웅들이 되었다. 2014년 3월 독일을 방문한 박근혜 대통령은 동포 간담회 연설에서 "여기 계신 동포 1세대인 파독 광부, 간호사, 간호조무사 여러분은 땀과 눈물로 조국 근대화의 초석을 만들어 주셨다"고 치하했다.[26] 개발 신화의 최대 수혜자인 대통령의 말이라 그런지 그냥 덕담으로만 들리지 않는다.

신화화된 역사는 종종 해프닝을 낳기도 한다. 실제로 서독 취업 노동자를 국가유공자로 인정해달라는 요구가 제기되었으며, 이와 관련해 2013년 10월 23일 국회에서 '파독근로자 예우, 어떻게 할 것인가?'라는 토론회가 개최되기도 했다.[27] 베트남 파병 장병들은 국가유공자 인정을 받았고, 중동 건설의 경우는 건설기업들이 각종 포상과 혜택을 받았는데, 외화 획득이라는 기여에서 동일한 역할을 한 서독 취업 노동자도 적절한 대우를 해달라는 것이었다. 오늘날 독일에서 소액의 연금으로 어렵게 생활하는 은퇴 노동자들에게 산업화에 기여한 공로를 인정해 복지를 제공해야 한다는 요구였다.[28] 그러나 당시로서는 특권에 가까웠던 서독 취업을 국가 발전에 대한 희생으로 인정해달라는 주장은 다소 당혹스럽다.

물론 이러한 요구를 단순한 금전적 보상 요구로 폄하해서는 안 된다. 이유재/박주연의 지적대로, 서독 취업을 개발 신화의 관점에서 보려는 태도에는 이주노동자로 살아온 삶을 인정받고 싶어 하는 인간적인 욕구가 내재한다. 그러나 이러한 요구가 독일이 아닌 한국한테 제기된 점은 그들도 납득하기가 쉽지 않다.[29] 아마도 한국에서는 정권까지 창출

26 朴대통령 독일 방문, 「여러분의 눈물 젖은 돈이 祖國의 종잣돈 됐다」, 『조선일보』, 2014. 3.29, http://news.chosun.com/site/data/html_dir/2014/03/29/2014032900257. html?Dep0=twitter&d=2014032900257.

27 「근로자 파독 50주년 기념 토론회 열려」, 『연합뉴스』, 2013.10.23, http://www.yonhap news.co.kr/politics/2013/10/23/0512000000AKR20131023148200371.HTML.

28 「파독근로자, 국가사회발전의 유공자인가?」, http://berlinreport.com/bbs/board.php? bo_table=free&wr_id=81392.

29 이유재·박주연, 앞의 글, 340~341쪽.

한 신화가 빚어낸 현상일 것이다. 역사교과서의 국정화 사태까지 야기한 개발 신화의 열풍을 고려하면, 그리고 국회에서 토론회 자리까지 마련한 것을 보면, 당혹스러운 국가유공자 인정 요구가 전혀 맥락 없이 제기된 것은 아닌 것으로 보인다.

서독 취업의 신화화는 그것이 외화획득을 목적으로 국가가 기획한 동원이었다는 주장에서 출발한다.[30] 따라서 이에 대한 반론 역시 외화획득의 실상과 동원 여부를 차분하게 검토하는 데서 출발해야 마땅하다. 비합적으로 갓 태어난 박정희 정권의 최대관심사는 경제개발과 실업률 감소였고, 해외 취업이나 이주는 잉여 노동력의 처분과 외화 송금의 기대라는 두 마리 토끼를 한 번에 잡을 수 있게 해주는 매력적인 수단이었다. 국가한테 최상의 시나리오는 해외로 아예 이주해 임금이나 소득의 상당 부분을 국내로 지속적으로 송금하는 것으로, 3년의 한시적인 계약이었던 서독 취업은 이점에서 이상적인 경우는 아니었다. 그럼에도 1965~1975년에 광부·간호사가 국내에 송금한 전체 액수는 1억 달러를 약간 상회했으며, 송금이 많았던 초기 3년의 경우 당시 수출액의 2%에 조금 못 미쳤다.[31] 이는 당시 한국의 경제 규모로 볼 때 결코 작은 액수가 아니었다.

그러나 국가의 기대는 애당초 잘못된 것이었다. 즉, 체류기간과 외화 송금은 대개 반비례했다. 체류기간이 길수록 송금 규모는 줄어들거나

---

30 국가유공자 인정 요구도 이러한 관점에 근거한다. 서독 취업은 베트남이나 중동 취업의 경우와 달리 국가 차원에서 이루어졌고, 현지에서도 국가가 파견한 노무관의 관리를 받았기 때문에 국가유공자의 자격이 있다는 주장이다.(이영석, 「파독 근로자의 국가 발전에 대한 기여 담론과 국가적 예우」, 『독일어문학』 64(단일호), 2014, 229~230쪽)
31 진실과 화해를 위한 조사위원회, 앞의 책, 213쪽.

아예 송금이 중단되었다. 외화 송금에 대한 국가의 기대에 가장 많이 부응한 취업자는 3년 계약 만료 후 귀국하는 사람들로, 그들은 귀국 이후를 염두에 두고 수입의 대부분을 본국으로 송금했다. 그러나 미국을 위시한 제3국으로의 이주를 계획했거나 계약 만료 후에도 서독에 잔류하기를 희망하는 사람들은 송금을 줄이거나 중단했다. 지극히 자연스런 현상이었다.

1972년 라인란트-팔츠에 소재한 12개 병원에 근무 중이던 한국인 간호 인력 152명을 무작위로 추출해 실시한 심윤종의 설문조사는 체류기간이 송금 여부 및 규모와 밀접하게 관련이 있음을 보여주는데, 체류기간이 긴 사람일수록 일반적으로 송금액수가 적었으며, 계약 기간을 연장해 3년 이상 체류하는 경우는 대부분 송금이 불규칙해지거나 중단되었다. 이처럼 체류기간과 송금 간에 상관관계가 있다고 본 심윤종은 서독 취업의 주요 목적인 송금 효과를 극대화하기 위해 3년 계약 후 귀국을 원칙으로 하는 '순환(rotation) 원칙'의 도입과 강화를 제안하기도 했다.[32] 남해 독일마을 거주민 25명을 대상으로 실시한 설문조사 결과도 이와 크게 다르지 않다. 장기 체류를 계획하기 이전에는 현지 생활비가 수입의 15%에 불과했고 국내 송금이 무려 66%에 달했으나, 장기 체류 결정 이후에는 국내 송금이 26%로 줄어들고 현지 생활비는 35%, 현지 저축은 45%로 증가했다.[33]

제3국 이주는 부족한 단순 노동력을 충원하려 했던 서독과 외화 획

32 심윤종, 「해외 취업인의 실태─재독 한국간호원을 중심으로」, 『인문과학 논문집』 제2권 7호, 1975.11, 1,835쪽.
33 이영석·박재홍, 「재독일 교민의 역이주와 귀향 의식에 대한 연구─남해군 '독일마을' 입주 교민들의 경우」, 『독어교육』 제36집, 2006, 459쪽.

득을 기대했던 한국 정부 모두에게 최악의 경우였다. 특히 계약 기간 중에 발생하는 제3국 이주에 대해 양국의 언론은 모두 예민하게 반응했다. 간호사 일부가 계약 기간 만료 이전에 직장으로부터 '무단이탈'하여 제3국으로 이주하고 있다는 비판적인 기사가 국내 및 서독의 언론을 통해 대대적으로 보도되었다. 독일의 주요 일간지 『프랑크푸르터 알게마이네 차이퉁(FAZ)』은 한국인 간호사의 업무능력은 높이 평가하면서도 계약을 어기고 미국이나 캐나다로 이주하는 사태를 강도 높게 비판했다.[34] 『경향신문』은 1967년 10월 말 기준으로 무려 265명이 직장을 무단이탈해 제3국으로 이주한 사실을 사설에서 비판적으로 다루었다.[35]

서독 정부 역시 이 문제를 심각하게 보고 있었음을 보여주는 문서가 있다. 연방노동청장이 연방노동복지부 장관에게 한 보고(1969년 6월 30일)에 따르면, 노르트라인-베스트팔렌에서는 뒤셀도르프 시립병원에 근무 중인 75명의 한국인 간호 인력 중 31명이 계약 만료 전 퇴직했는데, 이들은 대부분 미국이나 캐나다로 이주했다. 같은 지역의 다른 병원의 경우는 계약 위반 사례가 10~15% 정도였다. 헤센에서는 357명의 간호사 중 121명이 제3국으로 이주했거나 서독 내에서 직장을 옮겼다. 149명은 계약 만료 후 귀국했고, 80명은 계약을 연장했다. 라인란트-팔츠-자르란트의 경우는 20명이 계약 만료 전 퇴직해 미국 및 캐나다 이주, 서독 내 직장 변경, 귀국 등을 택했다.[36]

---

34 진실과 화해를 위한 조사위원회, 앞의 책, 190~191쪽.
35 「파독광부 집단이탈」, 『경향신문』 사설, 1967.11.17.
36 Politisches Archiv des Auswärtigen Amtes, 513V6-80.55-92.23, Bestand 85, Bd. 1511, Forts.Band 1512, Auswärtiges Amt 513-V6, pp.17~18. 연방노동청장은 간호

제3국 이주를 결정한 사람들은 대개 출국하기 전부터 귀국을 생각하지 않았던 것으로 보인다. 뉴욕 파독산업전사 동우회 회원 11명을 대상으로 실시한 설문조사는 미국 이주를 이미 서독 취업 이전에 결심했다는 사실을 보여준다. 서독은 미국으로 가기 위한 징검다리 역할을 한 셈이었다. 따라서 서독 취업 시 조국의 경제발전에 기여하겠다는 의도를 갖고 있었는지 여부를 묻는 질문에 다수가 부정적인 답변을 한 것은 당연했다. 취업 동기는 대부분 경제적 이유나 선진국에서 자신의 미래를 개척하겠다는 목적 때문이었다.[37]

서독 취업 동기에 관한 설문조사 결과 역시 이와 다르지 않다. 취업 중인 간호사를 대상으로 1972년에 실시한 취업 동기에 관한 질문에 응답자의 53%가 경제적인 이유를, 32%는 서구사회에 대한 동경을 들었다.[38] 1974년에 역시 서독 취업 간호사를 대상으로 실시한 설문조사 결과도 이와 유사하다. 서독 취업을 결정한 동기는 경제적인 이유가 58%로 가장 많았고, 해외 생활을 경험하기 위해서가 27.4%, 학업을 위해서가 22.9%, 외국에 대한 동경이 8.9%였다.[39]

광부들의 계약 만료 후 진로를 살펴보면, 대략적으로 귀국이 40%, 독일 체류가 40%, 제3국 이주가 20% 정도였다.[40] 제3국 이주의 경우 1960년대 취업자들은 주로 북미를 선택한 반면, 1970년대 취업자들은 대체

사의 미국 취업을 한독협회 이수길 박사가 주도하고 있는 것으로 알고 있었다. 그는 이수길 박사의 주선 활동에 관한 보고가 들어온 적이 아직은 없지만, 만약에 있게 되면 적절한 조치가 취해져야 한다고 보고했다.(위의 글, pp.18~19)

37 이선옥, 「뉴욕 파독산업전사 동우회원 11명에 대한 설문조사」, 2013.10.3.
38 심윤종, 앞의 글, 1,826쪽.
39 김조자, 「서독주재 한국간호요원의 발전을 위한 취업실태 조사연구 I」, 『대한간호』 76호, 대한간호협회, 1975.3.4, 28~29쪽.
40 유상근 편, 앞의 책, 81쪽.

로 유럽 내에서의 이주를 선택했다.[41] 계약 연장이 가능했던 간호사의 경우는 절반 정도가 독일 정착을 선택했고, 10%에 가까운 1,000여 명이 캐나다와 미국 등지로 이주했으며, 4,000여 명이 귀국했다. 따라서 광부와 간호사 모두 절반 이상이 귀국 대신 외국 체류를 선택했고,[42] 그로 인해 외화획득에 대한 정부의 기대를 만족시키지 못한 셈이었다.

광부들이 귀국을 선택하지 않았던 이유는 대체로 다음과 같았다.

① 귀국 후 경제적 기반 부재 : 송금한 임금 대부분을 가속이 소비했거나 일자리 보두명

② 서독에서 취업 모색 : 탄광노동이 힘들거나 적성에 맞지 않아 애당초 다른 직업을 물색

③ 유학으로 전환 : 광부 취업은 서독으로 오기위한 수단이었고 본래 목적은 유학

④ 제3국 선택 : 서독 취업은 제3국으로 가기 위한 징검다리[43]

간호사의 경우는 광부와 다소 차이가 있었다.

① 한국에 비해 월등히 높은 서독의 물질적인 생활수준

② 간호보조원은 귀국할 경우 다시 해외에 취업하는 것이 불가능

③ 서독에서의 결혼이나 학업, 제3국 이주를 계획[44]

---

41   위의 책, 106쪽.
42   위의 책, 86쪽.
43   위의 책, 87쪽.
44   이상의 이유는 심윤종, 앞의 글, 1,835쪽 참고.

④귀국 후의 취업 문제

⑤서독 취업 간호사의 도덕성에 대한 한국 사회의 부정적인 인식[45]

⑥서독 생활로 인한 가치관의 변화

⑦귀국 후 해외 재취업의 어려움[46]

이처럼 귀국을 꺼리는 이유들이 당시로서는 납득할 만한 것으로, 취업 노동자의 절반 이상이 내린 결정은 합리적이었다고 볼 수 있다. 귀국을 고민하던 간호사들은 광부들이라면 하지 않아도 될 어려움을 겪어야 했다. 1966년 10월 서독에서 근무 중인 간호 인력 1,048명을 대상으로 실시한 설문조사 결과에 따르면, 20세 이하가 18.2%, 21~30세가 78.5%, 30세 이상이 3.3%였으며, 1973년 통계에 따르면 20세 이하가 9.4%, 21~25세가 48.49%, 26~30세가 26.20%, 31~35세가 7.6%, 36~40세가 5.07%, 41세 이상이 3.2%였다.[47] 두 시기 간에는 연령 분포에 있어 다소 차이가 나타나지만, 결혼 적령기의 20대 비중이 공히 압도적으로 높다. 1960년대 여성을 바라보는 한국사회의 보

---

45 『동아일보』(1974.6.15)에 기고한 대한간호협회회장 전산초 씨의 칼럼 「간호원 수출에 문제점 있다」는 독일 쥐트 도이체 차이퉁의 보도(한인 간호사를 상대로 취업허가 및 체재기간 연장을 미끼로 성범죄를 저지른 서베를린시 공무원에 관한 내용)와 관련해 서독 취업 간호사의 인력관리 강화를 촉구하면서, 사건이 간호사의 품위와 위신을 손상시켰다고 보았다. 이 사건은 다수의 국내 일간지에 여러 차례 보도되어 서독 취업 간호사의 부정적인 이미지 확산에 기여했다. 이와 반대로 귀국한 광부는 '숱한 독일여성들에게 로맨스를 뿌리'고 결혼하자고 애원하는 독일 처녀를 가까스로 떼어놓고 온 매력적인 남자로 묘사되었다.(「돌아와서 말하는 서독 광부 3년」, 『경향신문』, 1968.4.13) 당시 한국 사회에 만연했던 남성우월주의와 성차별을 상징적으로 보여주는 에피소드이다.

46 이상의 이유는 김조자, 앞의 글, 20쪽 참고.

47 정해본, 「서독진출」, 박래영 편, 『한국의 해외취업』, 재단법인 아산사회복지사업재단, 143~144쪽.

수성을 감안할 때, '행실을 알 수 없는' 외국 생활을 한 미혼 여성은 귀국 후에 주위의 따가운 시선을 각오해야 했다.

게다가 간호사의 경우 송금 역시 부정적인 기억으로 남아있었다. 자신에 대한 지출을 줄이고 더 많이 송금하기 위해 여가시간마저 줄여가며 일했지만, 정작 송금한 돈의 처분권은 가족이나 남자 형제의 것이었다.[48] 남존여비 사상이 지배한 1960~70년대 한국 사회에서 여성의 희생을 당연하게 여기는 풍조가 낳은 폐단이었다. 이처럼 여성은 남성과 달리 경제적인 이유 외에도 문화적이고 정서적인 이유에서 가부장적인 고국 대신 서독, 해외를 선택했을 가능성이 높다.

또한 서독 취업은 당시로서는 일종의 특권에 가까운 것으로 희생과는 거리가 멀었다. 1960년대 한국의 경제수준은 어느 정도였을까? 유엔에서 작성한 1965년 경제통계에 따르면, 대만의 국민 1인당 GNP가 200달러, 태국 113달러, 필리핀 237달러인데 반해, 한국은 필리핀의 절반도 안 되는 107달러에 불과했다.[49] 1960년대 경제개발의 성과가 가시화된 1970년 한국의 1인당 GNP가 251달러였을 때, 서독은 한국의 11배인 2,748달러에 달했다.[50] 세계 최빈국 중 하나였던 한국에서 산다는 것이 미래를 앞둔 젊은이들에게는 암울하기 짝이 없는 것이었다. 이러한 상황에서 서독 취업은 사회적으로 커다란 반향을 일으켰으며, 이는 당시 모집과 관련한 여러 상황을 통해 확인된다.

당시 서독 취업은 여러 면에서 엄청난 기회로 인식되었다. 1960~

---

48 김원, 『박정희 시대의 유령들』, 현실문화연구, 2011, 138쪽.
49 박승, 『한국경제성장론』, 일신사, 1969, 15쪽.
50 Choe Jae-Hyeon · Hansjürgen Daheim, *Rückkehr-und Bleibeperspektiven koreanischer Arbeitsmigranten in der Bundesrepublik Deutschland*, Peter Lang, 1987, p.18.

70년대는 해외여행 자체가 극소수 사람들만이 향유할 수 있는 특권을 의미했다. 모든 면에서 우리보다 앞서 보이는 선진국은 동경의 대상이었고, 그곳에서 장기간 생활한다는 것은 특히 젊은이들에게 뿌리치기 어려운 유혹이었다. 게다가 여성에게는 가부장적인 사회의 숨 막히는 억압으로부터 벗어나 자유와 미래를 꿈꿀 수 있는 기회이기도 했다. 바꿔 말해, 산업화에 필요한 외화획득과 심각한 실업문제의 해소를 위해 정부 주도 하에 추진된 당시의 서독 취업은 개인에게는 빈곤과 가부장적 문화 및 억압으로부터 벗어날 수 있는 절호의 기회로 여겨졌다.

그렇다면 당시 노동자들이 서독에서 받은 임금은 한국에서 경제적으로 어느 정도의 가치를 갖고 있었을까? 서독 취업이 시작된 이듬해인 1964년에 취업한 어느 광부의 경우 1966년 7월 월급 총액이 1,475.17마르크(약 123,910원)였고, 각종 공제액 685.55마르크(약 57,590원)를 제하고 789.62마르크(약 66,360원)가 실제 수령액이었다. 갱부감독(Steiger)이었던 그의 임금은 상당히 높은 편이었다. 그의 증언에 따르면, 1년 반 동안 꾸준히 송금하여 미아리에 70만 원 상당의 주택 한 채를 구입했다고 한다.[51] 주택 구입비 70만 원은 18개월간의 실 수령 임금 1,194,480원의 약 59%에 달하는 금액으로, 그는 수입의 절반 이상을 저축해 국내에 송금했다고 볼 수 있다.

광부들에게는 각종 보너스가 지급되기도 했다. 휴가비로 1년에 300마르크(1975년 기준), 귀향보조비로 3년간 1회 300마르크, 성탄절 보너스로 1년에 1,579마르크, 취업 1년 후 저축보조수당으로 연 312마르

---

51 진실과 화해를 위한 조사위원회, 앞의 책, 206~207쪽.

크가 지급되었다. 휴가는 6개월 이상 근속자에 한해 연령에 따라 21~27일이 주어졌으며, 취업 2년차에 1회 30일간 귀향 휴가를 갈 수 있었다.[52] 사회보장에서도 서독의 일반적인 규정이 적용되었다. 광부의 사회보장 및 각종 공제는 한독 양국 간에 체결한 『한국인 광부의 한시적 고용에 관한 협정』(1970.2.17)에 상세하게 규정되었다.[53]

그로 인해 파독 광부·간호사 공모는 높은 경쟁률을 나타냈다. 최초의 광부 모집은 독일파견광부선발위원회가 1963년 8월 13일 전국에서 실시했는데, 총 2,895명이 응모해 무려 15:1의 경쟁률을 뚫고 194명이 되었 ...... 이후 11월 2차에 걸친 추가 모집을 통해 91명이 선발되었다. 추가로 선발된 이들 91명은 모두 식민 ...... 반면, 1차에 선발된 194명 중 광부경력을 가진 사람이 없지는 않았으나 현직 광부는 아니었고, 대부분이 광산과는 거리가 먼 사람들이었다.[54] 1964년 11월 1일 공모에는 총 3,158명이 응모해 791명이 최종 선발되어 4:1의 경쟁률을 보였다.[55] 높은 경쟁률과 최종 선발자의 대

---

52 위의 글, 208쪽.
53 "15조 사회 보장 (1) 한국인 광산노동자는 광부연금보험을 제외한 사회 보장의 모든 영역에서 본 협정문 16조에 따라 독일인 노동자와 동일한 보호를 받는다. 개별 사항은 다음과 같다. i. 의료보험금 불입은 노사가 각각 절반씩 부담한다. 피고용자의 보험 불입금은 임금에 포함되어 있으며, 고용자에 의해 의료보험으로 납부된다. ii. 산재보험 불입금은 고용자만이 부담한다. 산재보험은 출퇴근 시 사고와 직업병을 포함하는 산업재해의 모든 결과에 적용된다. iii. 연방노동청(Bundesanstalt für Arbeit) 회비는 노사가 공히 부담한다. 고용자는 피고용자의 임금에서 회비를 공제하여 자신의 부담금과 함께 납부한다. (2) 직업병에 대한 보상(18항과 42항)과 산재보상에 있어 본국 노동자와 외국인 노동자의 동등한 대우(19항)에 관한 국제노동기구의 협정이 한국에는 적용되지 않기 때문에, 산업재해와 직업병의 보상과 관련해서는 독일 국내법이 적용된다."(Politisches Archiv des Auswärtigen Amtes, V6-80-55-92.23, Bestand 85, Bd. 1510, pp.10~11)
54 정해본, 앞의 글, 59~60쪽.
55 위의 글, 64~65쪽.

부분이 탄광 노동을 해본 적이 없는 사람들이었다는 사실은 한국에 비해 월등하게 높은 임금으로 인해 서독 취업을 커다란 이권으로 여겼음을 보여준다. 언론 역시 광부의 서독 취업을 특별하게 취급했는데, 1차 시험에 합격한 사람은 마치 고시합격자처럼 각 신문에 명단이 게재되었다.[56]

간호사의 임금을 살펴보면, 1966년 10월 말 기준 324명의 간호보조사의 임금은 100~199달러(400~796마르크)였다. 간호사 중 297명이 간호보조사의 임금수준과 동일했으며, 595명(66.7%)은 200~299달러(800~1,196마르크)의 임금을 받았다.[57] 파독 간호사에 관한 연구에 따르면, 1972년 설문조사 응답자의 월 평균 실 수령 임금은 700~800마르크였으며, 이 중 18%(27명)의 경우는 1,000마르그 이상이었다. 당시의 임금은 한국에 근무하는 간호사 임금의 4배가 넘는 액수였다.[58]

1960~70년대에 해외 취업은 높은 임금과 가난한 조국을 떠날 수 있는 기회라는 점에서 매력적이었다. 광부 취업 응모자격은 '탄광종사 경력 1년 이상인 자로 이직 후 3년이 경과하지 아니한 자'(파독광부백서, 89쪽)로 원칙적으로 광부 출신만이 지원할 수 있었음에도 경쟁률이 높았던 점과, 1963~66년에 취업한 광부 중 무려 30%가 대졸이었다는 사실(45년사, 79쪽)은 선발과정이 투명하지 않았을 가능성을 암시한다. 탄광 노동과 거리가 먼 대졸자가 자격요건을 맞추기 위해서는 서류 위조를 포함한 부정이 필요했을 것이다.

---

56 유상근 편, 앞의 책, 29쪽.
57 정해본, 앞의 글, 138쪽.
58 심윤종, 앞의 글, 1,827쪽.

1966년 10월 서독에서 근무 중인 간호 인력 1,048명을 대상으로 실시한 설문조사 결과에 따르면, 대졸 14%, 초대졸 5%, 고졸 78%, 중졸 3%로 고졸 이상 학력자가 무려 97%에 달했다.[59] 또한 6,124명을 대상으로 1973년 12월 31일에 노무관이 실시한 설문조사에 따르면, 중졸이 18.9%, 고졸이 65.7%, 초대졸 또는 중퇴가 11.8%, 대졸이 3.5%를 차지했다.[60] 1966년 조사결과와 비교해보면, 중졸이 6배 이상 증가했고, 고졸 이상 학력은 97%에서 81.1%로 감소했지만, 고학력자 비율이 여전히 높다는 사실을 알 수 있다.

간호사의 고학력은 간호대학, 간호전문대학, 간호고등학교 등 한국의 간호사 양성교육 제도에서 비롯된 것으로, 이러한 교육제도가 없는 서독에서 한국인 간호사의 근무 만족도에 좋지 않은 영향을 끼쳤다. 정식 간호사 자격을 갖춘 이들은 서독 취업 초기에 마치 간병인을 연상시키는 단순한 업무로 인해 높은 임금에도 불구하고 근무 조건에 상당히 실망했다. 한국인 간호사가 계약 만료 이전에 제3국으로 이주하는 사태와 관련해 연방노동청장은 노동복지부 장관에게 보고하는 자리에서 단순 업무에 대한 불만을 이탈 원인 중 하나로 지적했다.[61]

간호사의 선발과정도 별반 다르지 않아 보인다. 1967년 8월 10일 주한 서독대사관이 본국 외무성에 보낸 보고서에 따르면, 상당수가 출국 직전까지도 비자는 물론 심지어 여권도 없었다. 그러나 이들을 태우지 않고 전세기를 서독으로 그냥 돌려보낼 경우 항공비용을 선지불한

---

59 정해본, 앞의 글, 142쪽.
60 위의 글, 143쪽.
61 Politisches Archiv des Auswärtigen Amtes, 513 V6-80.55-92.23, Bestand 85, Bd. 1511, Forts.Band 1512, Auswärtiges Amt 513-V6, pp.17~18.

독일간호협회가 막대한 손해를 감수해야 하기 때문에 임시여행증명서를 발급해 일단 출국시킬 테니까 서독 도착 즉시 한국대사관과 협의해 처리하라는 내용이었다. 보고서는 이처럼 황당한 일이 벌어진 원인으로 출국 직전에도 이러저런 이유로 선발인원이 계속 변동되었기 때문이라고 보았다.[62]

서독대사관은 결혼, 질병, 기타 사유 등을 이유로 선발된 인원 중 일부가 출국 직전 취업을 포기했다고 보고했지만, 높은 경쟁률을 뚫고 선발된 서독 취업을 개인사정으로 포기해야 했던 경우는 그리 많지 않았을 것이다. 그보다는 커다란 인기였던 서독 취업을 노리면서 적지 않은 미련이 있었음을 감안하면, 취업 알선 대가를 지불하지 못한 사람이 다른 사람으로 대체되었을 가능성도 추측해볼 수 있다. 한편 뒷돈을 지불히면서까지 서독행 비행기에 오른 사람이 3년 후 귀국했을 가능성 또한 높아 보이지 않는다.[63] 또한 '학사 광부'가 국가의 기대에 부응했을 가능성도 상상하기 어렵다. 그들에게 서독 취업이란 어떻게든 가난한 고국을 떠나 선진국에서 자신의 미래를 개척하겠다는 사적이고 은밀한 선택이었다. 외화 송금과 직업교육을 통해 조국의 경제개발에 기여한다는 것은 애당초 그들의 관심사가 아니었음을 여러 자료들이 보여준다.[64]

---

62 Politisches Archiv des Auswärtigen Amtes, V6-80-55-92.23, pp.80~82.

63 오늘날 한국에 기술연수생 자격으로 입국해 계약 만료 후 불법 체류자 신분으로 머물며 저임금에 시달리고 있는 외국인 노동자 역시 이와 유사한 상황일 것이다. 이들 중 상당수가 한국 취업을 위해 자국 기준으로 볼 때 상당한 액수의 '알선 수수료'를 지불한 것으로 알려져 있다.

64 간호사들은 이러한 사실은 매우 솔직하게 밝힌다. 나혜심과 김원의 연구, 뉴욕거주 파독 노동자 출신 교포에 대한 이선옥의 면담, 본 연구자의 남해 독일마을 면담 등은 모두 서독 취업의 사적인 성격을 보여준다. 광부의 무단이탈을 비난한 『경향신문』의 사설 (1967.11.17) 역시 무자격 고학력자의 취업을 원인 중 하나로 간주한다.

4. 맺는말

이 글에서는 서독 취업에 관한 논의에서 냉전 하의 개발원조론과 외화 송금을 통한 경제개발 기여론을 비판적으로 검토해보았으며, 그 결과 다음과 같은 결론에 도달했다.

① 서독 취업은 현상적으로는 분명 냉전과 관련이 있었지만 그렇다고 그것이 체제경쟁에서 승공을 위해, 한국의 경제개발을 지원하기 위해 기획된 것은 아니었다. 그것은 서독에게는 저임금 비숙련 노동력 부족 문제를 해결하고 산업구조의 급격한 개편으로 발생할 수 있는 여지를 줄이기 위한 것이었고, 한국에게는 외화획득과 실업문제의 완화를 위한 것으로, 본질적으로 순수한 경제적 행위인 호혜적 거래였다. 냉전은 이러한 거래가 이루어지는 네트워크 혹은 시장 역할을 했을 뿐으로 거래 자체를 성사시킬 수는 없었다. 거래의 성사 여부는 예상되는 경제적 이익이나 효과만이 결정할 수 있었다. 따라서 서독 취업은 냉전에 의해 형성된 동맹 진영 내에서 이루어진 개발원조일 수 없었다. 오늘날 한국에서 궂은일을 도맡아하는 외국인 노동자의 취업이 제3세계에 대한 원조의 일환이라는 주장에 동의할 사람은 없을 것이다.

② 한국과 서독 정부는 서독 취업을 3년으로 제한했다. 이를 통해 한국 정부는 외화의 송금을 기대했고, 서독 정부는 외국인 노동자의 이주민화를 방지하고자 했다. 그러나 이러한 기대에 부응한 노동자는 절반도 안 됐다. 나머지 절반 이상은 서독에 정주했거나 제3국으로 이주함으로써 양국의 기대를 모두 저버렸다. 또한 귀국을 포기한 노동자들은

대부분 송금을 중단하거나 대폭 줄였다. 따라서 외화획득에 주로 기여한 집단은 3년 계약 후 귀국을 선택한 노동자들로, 굳이 공로를 논한다면 서독 취업이 이제 아련한 추억이 되어버린 귀국 노동자들이 그 대상이 되어야 마땅할 것이다. 게다가 서독 취업 노동자들은 서독행 비행기가 이륙한 순간부터 국가의 통제력에서 벗어나 자신의 삶을 계획하고 개척했다. 즉, 국가는 경제개발의 일환으로 '파독'을 했을지 모르지만, 서독 취업은 광부·간호사 개개인에게는 보다 나은 삶을 찾으려는 사적인 선택에 불과했다. 서독 취업 노동자를 국가유공자로 보기 어려운 이유가 바로 거기에 있다.

2013년 서독 취업 50주년을 맞은 광부에 이어, 2016년은 간호사들의 취업 50주년으로 5월 21일 독일 에센에서는 50주년 기념행사가 성대하게 시행되었다. 1천 명이 넘는 사람들이 독일 전역에서 관광버스를 이용해 행사에 참여했고, 심지어 미주와 호주에서도 97명이 참석했다고 한다.[65] 은퇴한 간호사들이 독일에서 치열하게 살아온 삶을 회고하고 그 의미를 헤아려보는 뜻깊은 자리였을 것이다.

대통령과 보건복지부 장관의 신화 같은 공허한 축사는 또 경제발전의 영웅/희생을 운운했다. 그러나 노동 이주란 더 나은 삶을 찾아나서는 사적인 행위이지 조국의 발전을 위한 영웅적 희생이 아니다. 그들은 '한국 경제 발전의 초석'이 아니라 한국과 독일을 이어주는 작은 문화 사절들이었다. 독일인과 가정을 이루기도 하고, 직장 동료와 지인들에

---

[65] 「독일서 간호사 파독 50년 성대한 기념식 "우리 모두 잘 해냈다"」, 『연합뉴스』, 2016.5.22, http://www.yonhapnews.co.kr/bulletin/2016/05/22/0200000000AKR20160522005500082.HTML.

게는 이러 저러한 한국의 이미지를 심어주었을 것이다. 그들의 독일 정주는 냉정한 독일사회가 그들의 근면함과 유용함을 인정했음을 의미한다. 그들은 노동윤리가 엄격하기로 소문난 독일 직장에서 정년을 맞은 질 높은 노동력이었다.

서독 취업 노동자들은 1960～70년대 한국의 빈곤이 낳은 디아스포라였다. 그러나 그들이 떠나야 했던 가난한 조국은 이제 존재하지 않으며, 그래서 노년을 고국에서 보내기를 원하는 이들에게 역이주가 용이하지 않을 수도 있을 것이다. 근거 없는 영웅/희생자 만들기로 역시 근거 없는 국가유공자 인정 요구를 자극하기보다, 역이주를 원하는 이들을 도울 수 있는 방안을 차분히 모색할 필요가 있다.[66] 그런 의미에서는 독일이 좋은 본보기이다. 독일은 동구권 붕괴 이후 동유럽 거주 독일인의 역이주를 정부가 발 벗고 나서서 추진했다. 그 결과 독일어가 모국어가 아닌 독일 혈통을 가진 동유럽인 450만 명이 독일로 이주했다. 해외 거주 광부·간호사 출신들은 3년 계약 후 귀국을 선택한 이들에 비해 외화송금 액수는 적었을지 모르지만 평생 가족과 고국을 그리워해야 했다. 가난 때문에 해외 이주를 택한 이들을 부유해진 고국이 보듬는 것은 법적인 문제가 아니라 도의적이고 인도적인 문제이다—구한말과 일제강점기에 가난으로 정든 땅을 떠나야 했던 고려인과 그들의 후손은 부유한 조국한테 여전히 외면당하고 있다.

서독 취업의 신화화는 이제 중단되어야 마땅하다. 그것은 사실도 해석도 모두 아니기 때문이다.

---

66 은퇴한 서독 취업노동자의 복지와 관련해서는 이영석, 앞의 글(230～234쪽)에서 비교적 상세하게 다루고 있다.

참고문헌

「돌아와서 말하는 서독 광부 3년」, 『경향신문』, 1968.4.13.

『붕정칠만리. 박정희 대통령 방독기』, 동아출판사, 1965.

강천석, 「눈물 젖은 역사를 가르치라」, 『조선일보』 칼럼 동서남북, 2003.9.2, http://www.chosun.com/editorials/news/200309/200309020178.html.

권이종 편, 『파독광부백서』, 한국파독광부총연합회, 2009.

「근로자 파독 50주년 기념 토론회 열려」, 『연합뉴스』, 2013.10.23, http://www.yonhapnews.co.kr/politics/2013/10/23/0512000000AKR20131023148200037[.]html.

김원, 『박정희 시대의 유령들』, 현실문화[연구], 2011.

[□□□], 「[□□□□] 간호요원의 발전을 위한 취업실태 조사연구 I」, 『대한간호』 76호, 대한간호협회, 1975.3.4, 24~35쪽.

나혜심, 「파독 한인여성 이주노동자의 역사―1960~70년대 흰인간호인력 독일행의 원인」, 『서양사론』 제100호, 2009, 255~285쪽.

_____, 「독일의 대한개발원조와 한인 여성의 노동이주」, 『독일연구』 28호, 2014, 37~68쪽.

노명환, 「냉전 시대 박정희의 한국 산업화 정책과 서독의 의미와 역할 1961~1967」, 『사림』 Vol. 38, 2011, 289~323쪽.

「독일서 간호사 파독 50년 성대한 기념식 "우리 모두 잘 해냈다"」, 『연합뉴스』, 2016.5.22, http://www.yonhapnews.co.kr/bulletin/2016/05/22/0200000000AKR20160522005500082.HTML.

미카엘 렘케, 「일어나지 않은 전쟁. 지나간 전쟁경험과 분단 독일에서의 한국전쟁」, 김성보 외, 『한국 전쟁에 대한 11가지 시선―한국, 동서독, 프랑스, 폴란드, 헝가리』, 역사비평사, 2010, 119~145쪽.

朴대통령 독일 방문, 「여러분의 눈물 젖은 돈이 祖國의 종잣돈 됐다」, http://news.chosun.com/site/data/html_dir/2014/03/29/2014032900257.html?Dep0=twitter&d=2014032900257.

박래영 편, 『한국의 해외취업』, 재단법인 아산사회복지사업재단, 1988.

박승, 『한국경제성장론』, 일신사, 1969.

백영훈, 『한강에 흐르는 라인강의 기적―잊혀진 기적의 현장』, 출판사 및 출판연도 없음.

아벨스하우저, 베르너, 「서독과 서유럽 경제에서 한국전쟁의 의미」, 김성보 외, 『한국 전쟁에 대한 11가지 시선―한국, 동서독, 프랑스, 폴란드, 헝가리』, 역사비평사, 2010, 163~181쪽.

변형윤, 『한국경제연구』, 유풍출판사, 1995.

심윤종, 「해외 취업인의 실태-재독 한국간호원을 중심으로」, 『인문과학 논문집』 제2권 7호, 1975.11, 1,825~1,838쪽.

영화진흥위원회 관객 수 통계, http://www.kobis.or.kr/kobis/business/stat/boxs/findFor merBoxOfficeList.do

유상근 편, 『파독광부 45년사』, 재독한인글뤽아우프회, 2009.

윤용선, 「1960~70년대 파독 인력송출과 차관-원조인가, 거래인가?」, 『독일연구』 26호, 2013, 377~409쪽.

_____, 「1960~70년대 파독 인력송출의 미시사-동원인가, 선택인가?」, 『사총』 81호, 2014, 421~450쪽.

이선옥, 〈뉴욕 파독산업전사 동우회원 11명에 대한 설문조사〉, 2013년 10월 3일 실시.

이영식, 「파독 근로자의 국가 발전에 대한 기여 담론과 국가적 예우」, 『독일어문학』 64(단일호), 2014, 219~240쪽.

이영식 · 박재홍, 「재독일 교민의 역이주와 귀향 의식에 대한 연구-남해군 '독일마을' 입주 교민 들의 경기」, 『독일학』 제16집, 2006, 443~480쪽.

이용일, 「노동시장 중심의 독일 외국인 정책의 사적 성, 1955 문제」, 『독일연구』 제6호, 2003, 59~100쪽.

_____, 「트랜스내셔널 한 · 독 교류사를 위한 "인정투쟁"」, 『독일연구』 28호, 2014, 69~97쪽.

이유재, 「동서의 양진영에서-남북한에 대한 동서독의 개발원조 1953~1963」, 김성보 외, 『한국 전쟁에 대한 11가지 시선-한국, 동서독, 프랑스, 폴란드, 헝가리』, 역사비평사, 2010, 182 ~209쪽.

이유재 · 박주연, 「초국가적 관점에서 본 독일 한인 디아스포라」, 『역사비평』, 2015.2, 321~343쪽.

정해본, 「서독진출」, 박래영 편, 『한국의 해외취업』, 재단법인 아산사회복지사업재단, 1988, 54~ 164쪽.

진실과 화해를 위한 조사위원회, 「파독 광부 · 간호사의 한국경제발전에 대한 기여의 건」, 『2008 년 하반기 조사보고서』 제1권, 173~257쪽.

Choe, Jae-Hyeon · Daheim, Hansjürgen, *Rückkehr- und Bleibeperspektiven koreanischer Arbeitsmigranten in der Bundesrepublik Deutschland*, Peter Lang, 1987.

Knortz, Heike, *Diplomatische Tauschgeschäfte—"Gastarbeiter" in der westdeutschen Diplomatie und Beschäftigungspolitik 1953~1973*, Böhlau Verlag, 2008.

Piore, M. J., *Birds of passage—Migrant Labor Industrial Societies*, Cambridge, 1979.

Politisches Archiv des Auswärtigen Amts, V6-80-55-92.23. Bd. 1510.

Politisches Archiv des Auswärtigen Amts, V6-80-55-92.23. Bestand 85, Bd. 1404, Forts. Band 1405.

1970년대 중반 오키나와의 한국인 계절노동자[1]

이동의 배경과 실태

도노무라 마사루·라경수

1. 들어가며

본고는 1973년부터 76년까지 행해졌던 오키나와에서의 한국인 계절노동자 채용과 송출에 초점을 맞추었다. 오늘날 이 일은 관계자 이외의 사람들에게는 '잊혀진 사실'이 되었다. 그러나 선행연구가 전혀 없는 것은 아니며 히라오카 아키토시[平岡昭利]의 「사탕수수농업의 외국인노동자 도입과 실태—『공업적 농업』의 단면[サトウキビ農業における外国人労働者の導入と実態—『工業的農業』の一断面]」(1992), 오키나와 현 상공노동부의 『오키나와 현 노동사[沖縄県労働史]』제3권(2001) 등 두 개의 문헌

---

1   본고는 일본어 논문인 外村大·羅京洙, 「1970年代中期沖縄の韓国人季節労働者—移動の背景と実態」(『移民研究年報』第15号, 2009.3, 77~95頁)를 한국어로 번역해 재게재한 것임을 밝힌다.

이 이 문제를 다루고 있다. 전자의 경우는 오키나와 남북 다이토[南北大東] 섬에서의 사탕수수 농업과 관련된 논급으로, 오키나와에 도입되었던 한국인노동자 전체를 다룬 것은 아니며, 후자의 경우 오키나와 현 당국의 통계데이터 및 지역신문의 보도에 비추어 전반적인 개요를 기록하는 것에 그치고 있다. 따라서 두 연구 모두 계절노동자를 송출한 한국 측의 상황에 대한 분석은 없다. 이 밖에 아시아 각국으로부터의 연수생 도입 문제를 고발한 저서, 오치아이 에이슈[落合英秋]의 『아시아인노동력 수입[アジア人労働力輸入]』(1974)이 오키나와의 한국인 계절노동자에 관해 언급하고 있으나 관련기술은 1페이지에도 못 미칠 정도의 극히 간단한 것이다.

또한 '인력 송출' 혹은 '노동력 수출'이라고도 불린 한국의 해외취업정책에 관한 연구 상황을 보더라도 주로 다뤄지고 있는 것은 독일, 베트남, 중동 각국으로의 이동에 대해서이며, 일본과의 관계는 별로 다뤄지지 않았다. 사전류의 설명에서도 "일본과의 관계에서는 일본정부가 외국인노동자의 취업을 원칙적으로 인정하지 않았기 때문에 기술연수 등 이외의 것은 공식적으로는 존재하지 않는다"(梶村 外, 2000, 「人力送出」項目)고 기술하고 있다.

이상에서 살펴본 연구 상황을 고려하여, 본고에서는 오키나와의 한국인노동자 도입 경위 및 배경과 함께 오키나와에 건너 온 한국인노동자가 어떤 사람들이었으며 그 노동이나 대우가 어떠했는가, 그것이 관계자들에게 어떤 영향을 주었는가를 밝히고자 한다.

2. 본토 복귀 전후 오키나와의 역외(域外) 노동력 도입

오키나와로의 한국인노동자 이동은 1973년에 시작되었다. 그러나 오키나와의 외국인노동자 도입은 그 이전부터의 역사를 갖고 있다. 이하의 내용에서는 그 배경 경위 곧 한국인노동자 도입 전사에 대해 간단하게 기술해 두고자 한다.

주지하는 바와 같이 1972년 5월 본토 복귀 이전의 오키나와는 독자적인 행정권과 경제권을 가진 국가와 흡사한 '영역'을 형성하고 있었는데, 그 영역 밖으로부터의 노동력 수용이 활발했다. 미군기지 내의 노동에 종사하는 사람들은 물론, 기지 밖에서도 일본 본토를 포함한 다른 영역에서 온 사람들의 취업과 노동이 드물지 않았다. 그렇다고 해서 무제한적인 노동력의 도입이 있었던 것은 아니다. 점령 초기의 행정 실태는 불명확하지만, 어느 시기부터인가 미군 측 기관인 류큐[琉球]열도 미국민정부가 영역 밖으로부터의 노동자 도입 허가를 실시했다. 이후 1965년 9월에 '비류큐인 고용에 관한 규칙'이 실시되고나서부터는, 오키나와 주민 측의 자치기관인 류큐정부 노동국이 역외 노동자 도입을 관할하게 되었다.

현재 통계로 파악 가능한 것은 이 이후의 도입에 대해서이며, 전체적인 허가 건수 및 남녀별 '비류큐인' 노동자 고용허가의 연차별 추이는 〈표 1〉과 같다. 또한 그중에서 본고와 관련이 있는 사탕수수 수확노동과 제당공장 그리고 파인애플통조림 제조공장의 노동자는 〈표 2〉에서 볼 수 있듯 다수가 존재했다.

〈표1〉 미국 시정권(施政權) 아래에서의 오키나와 '비류큐인' 고용 허가 상황

연도	건수	인원		
		남	여	합계
1965	256	424	32	456
1966	1,083	2,204	1,103	3,307
1967	1,258	2,993	1,717	4,710
1968	1,210	2,771	2,882	5,653
1969	1,174	3,328	2,258	5,586
1970	1,255	3,430	2,804	6,234
1971	1,203	3,873	2,394	6,267

단위 : 건수, 명(名).
출처 : 류큐정부노동국, 『취업소개관계연보』 1971년판.

〈표2〉 사탕수수 수확·제당공장·파인애플통조림 공장의 '비류큐인' 도입 상황

연도	사탕수수 수확·제당공장			파인애플통조림 제조공장			통계
	남	여	합계	남	여	합계	
1966	50	380	430	0	286	286	716
1967	111	697	808	0	488	488	1,296
1968	339	939	1,278	0	717	717	1,995
1969	385	959	1,344	15	210	225	1,569
1970	415	851	1,266	15	491	506	1,772
1971	160	540	700	10	155	165	865

단위 : 명(名).
출처 : 류큐정부노동국, 『취업소개관계연보』 1971년판.

그렇다면 이 시기 오키나와에서 이들 직종에 외국인노동자가 다수 종사했던 이유는 무엇일까? 이는 작업 내용이나 오키나와 노동시장의 상황과 관련이 있다. 사탕수수 및 파인애플은 장기보존이 가능하지 않기 때문에 수확과 가공 때 계절적으로 대량의 노동력을 투하시키는 수밖에 없다. 그 노동력은 이전까지 농촌 내부에서 조달되었다. 그러나 상공업이 일정 수준의 발전을 이루게 되면서 오키나와의 도심부 또는 임금이 상대적으로 높은 일본 본토에서 일자리를 찾으려는 사람이 증가했고, 1960년대 후반에는 오키나와에서도 농촌의 과소(過疎)화가 진

행되었다. 게다가 파인애플 제조공장은 오키나와 본섬의 북부나 이시가키[石垣]섬 등 파인애플 농업지대에 입지해 있었고, 사탕수수 재배농업도 오키나와 본섬 이외의 외딴 섬이나 오키나와 본섬 북부의 교통이 불편한 지역에서 전개된 탓에, 도시의 노동력을 임시적으로 활용하는 일도 용이하지 않았다. 또한 사탕수수 수확노동은 상당한 육체적 피로를 동반하는 중노동이고, 파인애플통조림 공장의 경우는 저임금이었기 때문에 오키나와 내부의 근로희망자가 적었다.

이러한 사정으로 인해 오키나와 내부에서 확보할 수 없었던 노동력은 구해져으며는 동아민 아대마에서 것그 사했다. 내반으로부터 노동력이 도입된 배경에는 지리적으로 가깝다는 것 외에도 같은 산업 전개에 의한 숙련도 높은 노동자의 존재(存在), 진진(戦前)부터 이어져온 대만·오키나와 간의 활발한 인적교류(林, 1984; 野入, 2008)가 작용했던 것 같다. 물론 이는 대만보다 오키나와의 임금수준이 상대적으로 높아 대만에서의 노동력이 이 시기 풍부하게 도입될 수 있었다는 조건을 전제로 성립한 것이었다.

미국 시정권 아래에서 행해진 이와 같은 오키나와로의 외국인노동력 도입은 단순 노동력을 외국에서 들여오지 않겠다고 하는 일본정부의 정책과 일치하지 않는 것이었다.[2] 그러나 본토복귀를 앞둔 류큐정부와 일본정부의 협의에서, 오키나와는 사탕수수농업, 제당업, 파인애플통조림 제조업에서의 외국인노동력 도입을 본토복귀 이후 5년간의 한시적 조치로서 허가받게 된다.[3]

---

2   1967년 3월, 외국인노동력을 받아들이지 않겠다고 한 정부방침이 국무회의에서 승인되었고, 이후에도 이 방침이 유지되었던 것으로 여겨진다.(落合, 1974, 232~233)

이와 같은 조치가 취해진 배경에는 다음과 같은 사정이 있었다. 먼저 1960년대 말부터 본토복귀 이전까지, 사탕수수와 파인애플은 오키나와의 품목별 수출액 중 50~70%를 차지하는 '기간산업'이었다.(琉球銀行調査部, 1984, 1,324) 이에 따라 이들 산업이 저조한 것은 오키나와 경제에도 큰 영향을 끼친다고 하여 오키나와에서 해당산업의 확보 및 육성을 주장하는 목소리가 높아졌는데, 사탕수수 수매가는 1960년대 말부터 낮게 책정되었고 파인애플통조림도 수입자유화가 결정되면서 경영 합리화의 압박을 받고 있었다. 반면 같은 시기 사탕수수 수확이나 채당겁, 파인애플통 수업 채소의 필요한 인건비는 상승하여 노동력 확보 자체가 오키나와 사회경제의 변동 속에서 곤란을 겪고 있었다. 젊은이들의 노동력이 농업에서 이탈하였고, 오키나와 도시부로의 인구이동과 함께 일본 본토로의 젊은 층 노동력 유출 역시 급증했다.(沖縄県商工労働部第3巻, 2001)

이런 상황 속에서 일본정부 역시 오키나와의 '기간산업' 확보를 요청하는 주장에 민감하게 반응하지 않을 수 없었다. 오키나와 현 주민들의 불만을 억누르고 광대한 미군 기지를 남겨둔 채 본토로의 복귀를 실행시킨 일본정부는, 일본정부에 대한 주민들의 비판과 불신이 고양되지 않도록 하기 위해서라도 오키나와의 경제 침체와 본토와의 경제격차 잔존이라는 사태를 지양하기 위해 노력할 필요가 있었던 것이다. 이상의 상황을 배경으로, 일본정부도 사탕수수농업, 제당업, 파인애플통

---

3 법률적인 근거는 그 외의 여러 복귀특별조치와 마찬가지로 1971년 12월 31일 공포된 복귀특별조치법(「오키나와 복귀에 따른 특별조치법[沖縄の復帰に伴う特別措置法]」)에 의거한다.

조림 제조업에서의 지속적인 외국인노동력 도입이라는 오키나와 측의 요청을 받아들이게 되었다.

본토 복귀 후의 오키나와는 사탕수수 수확이나 파인애플통조림 공장의 노동력 확보에 있어 이전보다 한층 더 어려움을 겪게 되었다. 1972년도에는 공공직업안정소를 통한 일반직업 소개에서 오키나와 현 밖에서의 취직이 현 내에서의 취직을 상회하는 등 일본 본토로의 노동력 유출이 더욱 증가하였고, 일시적이기는 하지만 오키나와 현 내에서도 좋은 조건의 고용처가 급증했다. 구체적으로는 본토 복귀에 따른 인프라 정비, 1975년에 개최되었던 오키나와 국제해양박람회와 관련된 토목 건축사업이 그에 해당된다. 해양박람회장 근처에 들어섰던 제조공장의 사사(社史)에 의하면, 해당 시기 현 내의 토건공사현장에서 받을 수 있었던 근로 임금은 민간기업의 평균급여를 웃도는 수준이었으며, 이것이 사탕수수 수확노동의 임금수준 인상을 견인하여 생산농가 경영을 압박했다.(北部製糖株式会社, 1976, 159~160) 당연한 결과로 파인애플통조림 제조업에서도 같은 현상이 일어났을 것으로 보인다.

동시에 본토 복귀를 전후하여 도입되어야만 했던 노동력의 공급처인 대만 노동시장에도 변화가 발생했다. 이시다 히로시[石田浩]에 의하면, 1960년대 후반 대만에서는 농촌의 "잉여노동력 뿐 아니라 기간노동력까지도 유출되었던 탓에 농업취업자의 절대수가 감소"했으며(2003, 63), 따라서 대만에서도 차례로 사탕수수 수확노동, 파인애플통조림 제조공장의 노동력 확보가 곤란해져만 가고 있었다. 이미 1967년경 대만 업계 관계자가 중화민국 정부를 상대로 오키나와로의 노동자 송출 중지를 진정하려는 움직임도 시작되었고(『琉球新報』, 1967.4.15), 1971년에는 대만으로부터의 노동자 도입 수가 〈표 2〉에서 보듯 대폭 감소했다. 그리고 이듬해인 1972년, 대만 측은 같은 해 9월의 '대일[台日]국교단절'을 이유로 오키나와로의 노동자 파견 중지 조치를 취하게 되었다.

이 일은 이제껏 대만인노동자를 고용해 온 사업에 심각한 타격을 주었다. 1973년 초엽의 수확기에 사탕수수의 대규모 경영이 이뤄졌던 미나미다이토[南大東] 마을의 농업조합장은 "대만노동자가 빠진 섬의 제당사업은 생각할 수 없다. (…중략…) 노무자 모집 공고도 냈으나 일당 3~4천 엔의 임금으로는 누구도 와주지 않는다"(『沖縄タイムス』, 1973.2.27)며 탄식했다고 하는데, 해결책은 없었고 사탕수수를 "벨 수 있을 만큼만 벤 다음 나머지는 그대로 말라죽게"(『沖縄タイムス』, 1973.3.23) 하는 농가마저 생겨났다.

3. 한국의 해외취업정책과 오키나와로의 이동

오키나와, 대만 그리고 일본 본토가 노무수급과 조달에 어려움을 겪던 시기에, 다른 한편 한국에서는 노동력 공급에 여유가 있었다. 1960년대 후반부터 70년대 전반 일본과 대만의 실업률은 거의 1%대의 추이였으며, 오키나와에서는 본토 복귀 전후 실업률이 0%대였던 것에 반해, 한국의 실업률은 대략 4~6%대로 높은 수준인 채였다.(国際労働事務局, 1978; 沖縄県商工労働部 別巻, 1994) 이러한 국내의 고용상황 개선과

외화획득을 목적으로, 1960년대에 한국정부는 '해외취업 정책'이라는
이름 아래 자국노동자의 외국 '송출'을 개시했다.

이 정책은 한국정부 내지는 관변의 재단법인이 노동자 모집과 인솔
등을 담당하여 시행했으며, 1960년대 중반에는 서독의 탄광, 60년대
후반에는 베트남의 미군관련 업무에 노동자가 송출되었다. 그러나 60
년대 후반에 서독으로의 노동자 송출은 정체된다. 이는 동베를린에서
북한 스파이와 접촉했다는 혐의로 한국정부가 서독에서 유학중인 한국
인 학생과 대학교수 다수를 체포한 사건을 계기로, 양국 정부 간 관계
가 악화된 데 따른 것이었다. 나아가 1970년대에 들어서서 베트남으로
의 노동자 이동도 베트남 전선의 축소와 함께 감소하게 되었으며, 한국
정부의 해외취업 정책의 전개 폭은 좁아지게 되었다.(〈표 3〉 참조)

이러한 사태를 타개하기 위해 한국정부는 송출처 및 직종의 다양화를
꾀했다. 그 일환으로 일본을 상대로 한 기술연수생, 의료관계 요원, 음
식점 '호스테스' 등의 송출 확대를 목표로 하게 된다. 이를 위해 1971년
에는 대일 기술연수생 파견을 담당하는 재단법인 국제기능개발협회가
설립되었고, 또한 1965년에 발족한 이래로 해외취업 전반을 담당해 온
재단법인 한국해외개발공사도 1973년에 일본지사를 설립했다.[4]

오키나와에서 어느 시점에 누구에 의해 한국으로부터의 노동자 도
입이 제기되었는지는 불명확하지만, 파인애플통조림 제조공장의 성수
기를 앞둔 1973년 8월에는 한국 측 알선기관인 국제기능개발협회와
오키나와 현의 파인애플통조림 공업조합 사이에 한국인노동자 도입에

---

4   한국 해외취업정책의 전개에 대해서는 박래영 외, 『한국의 해외취업−어제, 오늘, 그리
     고 내일』(1988)을 참조.

〈표 3〉 지역별·연도별 한국노동자 '송출' 수

연도	베트남	서독	일본	동남아시아	미국	유럽 외(外)	중동
1965	93	2,251	42	47	295	66	
1966	10,097	1,520	9	312	24	7	
1967	5,328	428	185	221	234	57	
1968	6,046	94	250	176	582	73	
1969	2,131	847	323	150	413	51	
1970	1,134	3,022	464	266	914	108	11
1971	355	2,731	393	807	844	61	49
1972	88	1,728	469	991	736	109	18
1973	8	2,120	821	616	973	47	80
1974	6	2,416	2,096	759	608	19	231
1975	1	910	1,521	1,345	358	62	6,466

단위 : 명(名).

관한 계약이 정식으로 체결되었고(『沖縄タイムス』, 1973.8.16), 10월에 한
국인노동자가 오키나와에 도착했다.(『沖縄タイムス』, 1973.10.10) 뒤이어
사탕수수 관련 계절노동자에 있어서도 이듬해 1월, 국제기능개발협회
를 창구로 하여 한국으로부터의 노동력 도입이 실현되었다.(『沖縄タイム
ス』, 1974.1.8)[5] 1976년까지 실시된 한국인 계절노동자 도입 인가(認可)
수는 〈표 4〉에서 볼 수 있다.

〈표 3〉과 〈표 4〉를 통해 오키나와로 송출된 노동자 수의 비율이 한
국정부의 해외취업 정책에 의해 같은 시기 일본으로 송출된 한국인노
동자수 전체 중 차지하는 비율로서도 낮지 않다는 점,[6] 해외로의 전체

---

5 〈표 4〉에서는 1973년에 사탕수수 수확·제당공장에서 받은 한국노동자 수가 634명이
   라고 되어있으나, 이 숫자는 연말 무렵 단계에서의 계약을 허가한 것으로 실제 오키나와
   에 들어온 것은 1974년 새해 벽두였던 것으로 판단된다.
6 〈표 4〉의 1973년 오키나와의 노동자 도입 수인 911명은 〈표 3〉의 1973년 한국에서 일본
   으로 송출된 노동자 수 821명을 웃돌기에 모순이다. 이는 다음의 사정과 관련 있는 것으
   로 추측해 볼 수 있다. 오키나와에서의 사탕수수 수확노동은 연말 내지는 새해 초부터

196 트랜스내셔널 노동이주와 한국

<표 4> 사탕수수 수확·제당공장·파인애플통조림 제조공장의 한국인노동자 도입 상황

연도	사탕수수 수확·제당공장			파인애플 공장			통계
	남	여	합계	남	여	합계	
1973	325	309	634	0	277	277	911
1974	375	390	765	0	706	706	1,471
1975	121	277	398	0	390	390	788
1976	42	266	308	0	0	0	308

단위 : 명(名).
출처 : 오키나와 현 상공노동부, 『沖縄県労働史』 別巻, 1994.

노동자 송출 중에서 일본으로의 송출이 중심적인 위치를 차지하고 있다는 점을 확인할 수 있다. 오키나와로의 노동자 송출은 1970년대 중반―석유 파동의 영향을 받아 지역으로의 송출이 감소한 반면 중동 송출이 시작되지 않았던 틈새의 시기이긴 하지만―한국의 해외취업 정책에서 중요한 요소였다.

또한 오키나와로 송출된 노동자는 주로 여성으로서, 일의 내용은 가계보조적인 계절노동이었으나, 그럼에도 받을 수 있었던 임금은 같은 시기 한국의 임금 수준에 비해 굉장히 높았고, 따라서 외화획득 측면의 의미가 적지 않았을 것으로 보인다. 실제 오키나와 파인애플통조림 제조공장에 취업했던 한국인의 계약임금 혹은 실제 수입금액으로 전해지고 있는 액수는 월급 54,000원 내지 80,000원이라고 하는데, 한국정부 노동청의 통계에 따르면 1975년 전산업의 월간 평균급여는 42,062원이었다. 덧붙이자면 80,000원 정도를 받았던 것은 대학교수나 공무원 관리직 집단이었다. 오키나와에서 계절노동으로 받는 임금은 동시

시작되며 따라서 노동자의 이동도 그 시기에 행해지는데, 노동자 도입 허가가 떨어진 것은 그 전이다. 그러므로 허가한 시점의 집계인지 실제 이동한 시점의 집계인지에 따라 차이가 발생하는 부분이 있는 것으로 추측된다.

<표 5> 관련노동의 임금수준 추이

연도	사탕수수 수확노동(일급)	제당공장(시급)	파인애플통조림 공장(시급)
1972	1,203	108	
1973	2,298		150~165
1974	3,741		240

단위 : 엔(円).
출처 : 오키나와 현 농림수산부, 『糖業年報』 第13~16号, 1973~1976 및 『沖縄タイムス』, 1972.1.8·1973.4.18·1973.8.11·1974.11.27에 의함.

대의 한국인 입장에서 본다면 꽤 높은 액수였던 셈이다.

그러니 이렇듯 한국 수준에서 봤을 때 '고액'인 임금은 오키나와나 일본 전체 노동시장의 임금과 비교해 본다면 '높다'라고 말할 수 없는 금액이었다는 점에 주의할 필요가 있을 것이다. 즉 한국인노동자가 취업한 직종·산업의 임금은 일본엔(円)으로 <표 5>와 같다. 전국의 남자 월간 평균급여(고정급)는 1973년 89,674엔, 1974년 115,817엔, 1975년 142,468엔이라는 추이를 보였으며, 사탕수수, 파인애플 관련 계절노동에서 받는 임금은 일본국내에서 가계보조적인 것에 지나지 않았다. 또한 전술한 것처럼 해양박람회 관련 공사 등으로 오키나와에서 토건노동자의 임금이 상승했다는 것을 떠올려 본다면, 한국인노동자의 임금은 지역 내 노동시장 중에서도 상대적으로 낮은 수준이었다고 볼 수 있을 것이다.

그럼에도 불구하고 오키나와에 온 한국인 계절노동자는 그런 임금을 감수한 존재였으며, 오키나와의 '기간산업'인 사탕수수, 파인애플 관련 산업의 인건비 상승에 억제 역할을 담당하고 있었다. 또한 그러한 일을 통해 오키나와의 경제와 사회를 안정시키고 나아가서는 일본 본토·오키나와 간 관계의 안정에도 기여했다고 보는 것 역시 가능할 것이다.

4. 오키나와행 한국인 계절노동자의 노동과 생활

이상의 경로로 오키나와에 이주해 온 한국인 계절노동자는 어떤 사람들이었으며 오키나와에서 그들의 노동과 생활은 어떠했을까? 임금 등에 관해 앞서 간략히 살펴보았으나, 이하의 내용을 통해서는 이를 보다 상세히 살펴보고자 한다.

이와 관련한 조사로서 필자들은 관련 행정당국의 통계 외에도 오키나와에서 한국인노동자가 접했던 사람들로부터 이야기를 청취함과 동시에 지역신문의 관련기사를 수집하고 또 한국어 신문으로부터도 관련 기사를 찾아냈다. 1974년 11월 29일과 같은 해 12월 1일부 『조선일보』에는 파인애플통조림 공장에 취업했던 노동자의 체험수기를 바탕으로 한 기사가 게재되어 있다. 이 기사를 통해 파인애플통조림 제조공장에서 일한 한국인노동자가 20대 전반의 여성이며 그녀들이 강원도의 탄광지대인 황지읍(黃池邑, 현재의 태백시)에서 온 사람임을 확인할 수 있었다. 이에 필자들은 2008년 3월 22일부터 24일까지 강원도 태백시에서 조사를 실시했다. 태백시에서는 운 좋게도 먼저 23일에 태백시립석탄박물관에서 탄광노동자였던 남성 두 명으로부터 당시의 이야기를 들을 수 있었고, 이어서 다음 날 그중 한 명의 여동생으로 실제 오키나와 본섬 북부의 파인애플통조림 공장에서 일했던 경험을 했던 남진순 씨와 만나 그 체험담을 들을 수 있었다. 또한 남진순 씨의 지인이며 태백에서 오키나와로 건너가 파인애플통조림 공장 일을 한 적 있는 최춘숙 씨와 2008년 8월 14일 서울에서 만나 증언을 들었다. 남진순 씨

(1953년생)와 최춘숙 씨(1955년생)는 두 사람 다 1973, 1974, 1975년 총 3번의 오키나와 근로경험을 가진 사람들이었다.

위와 같이 수집한 자료와 증언으로부터 파악된 사실은 다음과 같다. 먼저 오키나와에서 취업을 하게 되기까지의 경위는 남진순 씨와 최춘숙 씨 모두 공통적이다. 두 사람 모두 당시 태백시에 있던 대한석탄공사 산하의 탄광에서 가족이 일하고 있었고, 그곳을 통해 오키나와 파인 애플통조림 공장 측의 구인광고를 알게 되어 지원했다. 태백시의 전 탄광노동자 두 사람은 대한석탄공사의 종업원 노동조합 역시 그 구인광고를 알리고자 했다고 증언한다. 이 석가 전 시가 해외취업 전반는 정부의 승인을 얻은 알선업자가 신문에 실은 모집광고 등을 보고 지원하는 것이 일반적이었으나, 오키나와로 간 노동자의 경우는 이와 달랐다. 즉 오키나와 측이 한국 측에 구인광고를 신청하여 한국 측의 알선기관인 국제기능개발협회가 대한석탄공사에 모집을 의뢰하면, 대한석탄공사가 각 지부·탄광회사에 이를 주지(周知)시키고, 해당 노동조합이 이에 협력하는 흐름의 네트워크에 의해 노동자 모집이 이뤄졌음을 알 수 있다.

또한 앞서 본 히라오카[平岡]의 논문은 사탕수수 수확노동에 종사했던 한국인노동자가 각기 다른 여러 지역 출신이었다고는 해도, 1973년에는 전라남도 화순군, 1974년은 불명확, 1975년에는 강원도 출신자가 다수였다는 사실을 기록하고 있다. 이 중 전라남도 화순군은 탄광지대로서 유명한 지역이며 강원도 역시 태백시를 비롯해 탄광이 산재해 있는 지역이다. 오키나와로 향한 한국인노동자 전체가 탄광지 출신이었다고 할 수는 없으나, 탄광 관련 네트워크가 구인 인원을 충족시키는

데 일정한 역할을 담당했을 것임은 자명해 보인다.

그렇다면 왜 탄광관련 기업과 노동조합이 함께 나서 종업원=조합원 가족들을 대상으로 외화벌이 노동을 알선했던 것일까? 이는 당시 탄광노동자의 임금이 그다지 높지 않아, 다수의 가족을 부양해야 할 경우 그 수입만으로는 충분치 않았던 점과 관련이 있었던 것 같다.[7] 즉 탄광노동자의 임금을 주된 수입원으로 하여 가계를 꾸려나갔던 세대에서는 가족 구성원 중 누군가가 가계보조적인 노동에 종사할 필요가 있었는데, 탄광지대에서는 적당한 일자리를 구하기 어려웠고 이에 기업 혹은 노동조합이 가계보조적인 일자리를 소개했던 것이라고 알 수 있다. 객관적으로 봤을 때 이는 결국 탄광노동자의 저임금구조가 유지되도록 하는 일이었으나, 이 점에 대해 노동조합원들은 별다른 의문을 갖지 않았던 것으로 보인다. 필자들은 석탄박물관에서 만난 전 탄광노동자 남성에게 "노동조합이 왜 그런 일을 했습니까?"라고 물었다. 돌아온 것은 '조합원의 생활을 위해' 노동조합이 그렇게 하는 것은 당연한 일이었다고 하는 대답이었다.

그렇다면 이상과 같은 네트워크를 통해 한국정부 해외취업정책의 일환으로 오키나와의 구인정보를 접한 사람들이나 그 가족들은 그것을 어떻게 받아들였을까? 먼저 실제로 오키나와에 갔던 사람들은 오키나와라는 지역이나 사탕수수, 파인애플 관련 노동에 대해 충분한 지식을 갖고 있었던 것은 아니었으나, 자신들에게 기회가 될 것이라고 생각하여 취업에 적극적으로 임했음을 알 수 있다. 최춘숙 씨는 "해외여행 혹

---

7   무엇보다도 최춘숙 씨는 "당시 탄광 가족의 생활이 그렇게까지 가난했다고는 할 수 없다. 우리들보다 곤란한 동포들도 많았다"고 말했다.

은 구경을 한다는 느낌이라 가보고 싶다고 생각했다", "일본, 오키나와에 대한 호기심도 있었고 돈도 벌 수 있을 거라는 생각이었다"고 밝혔으며, 『조선일보』 1974년 12월 1일자의 기사는 오키나와에서 취직한 노동자들이 '부유한 나라'라는 긍정적인 이미지를 가지고 오키나와로 향했음을 전한 바 있다. 따라서 오키나와 행을 선택한 것은 기본적으로 자신들의 이익이나 희망사항에 근거한 일이었던 셈이다. 무엇보다 최춘숙 씨가 "외화벌이로 조국 경제발전에 기여할 수 있다는 설명에 어느 정도 공감하는 측면이 있었다"고 진술한 것을 보면, 그들은 한국정부의 정책 의도에 대해서는 알고 있었고 긍정적으로 여겼던 것 같다.

오키나와 행에 대한 그들 가족의 반응은 어땠을까? 최춘숙 씨의 경우를 보면 "탄광에서 일했던 오빠가 회사에 게시되어 있는 광고를 보고 '한 번 가보는 게 어떠냐'고 권했다"고 하는데, 가족들도 오키나와 행에 찬성하는 입장이었음을 알 수 있다. 자신들의 주된 가계수입을 책임지는 기업과 노동조합의 관여 아래 진행되었던 구인모집이었기에 안심한 측면도 있었을 것이다. 한편 남진순 씨의 오빠는 조총련의 조직과 활동을 이유로 그녀의 오키나와 행에 대해 우려를 표했다고 한다. 남북관계가 첨예한 긴장 속에 있었던 때였고, 실제로 '북한 간첩 사건'이 한국 내에서 빈번히 발표되었던 터이므로 그런 우려를 하는 것도 무리는 아니었다. 이 외에도 20대의 미혼여성이 고향과 가족 곁을 떠나 일하는 것이 적절치 않다고 하여 반대한 가족들이 있었다는 것도 증언을 통해 확인할 수 있었다.

어쨌든 오키나와로 향한 노동자들은 그곳에서의 노동과 생활 그리고 그것을 통해 받게 될 임금에 대한 기대를 가졌을 것이다. 그렇다면 오키나와에서의 노동과 생활은 실상 어떠한 것이었으며, 당사자들은 그것을 어떻게 느끼고 있었을까?

이 점을 밝히고 있는 자료나 증언은 단편적인 것들까지를 포함해 몇 가지가 있으나, 그것들을 통해 볼 수 있는 양상은 단일하지 않다. 한국에서 발행된 신문기사는 오키나와에서의 노동이 고된 것이었을 뿐만 아니라 임금과 대우도 기대에 미치지 못하여 한국인노동자들이 큰 불만을 안고 귀국했다고 전한다. 파인애플통조림 제조공장에 취직한 한국인여성의 체험수기 등을 바탕으로 정리한 『조선일보』 1974년 11월 29일, 12월 1일자 기사는 그 제목부터 '오키나와의 혹사―한국의 딸들은 이렇게 속았다'는 식의 것으로, 그녀들이 받은 대우나 임금이 부당한 것이며 주위의 일본인으로부터도 협박을 낭했다고 보도하고 있다. 임금의 경우 원래의 계약은 '월급 54,000원'이었으나 실제로는 시급제나 여러 명목으로 제해지는 금액이 있었고, 일이 없다는 이유로 계약보다 이른 귀국을 시켜버리는 경우도 있어 '실제 수령한 임금은 총액 30,000원 정도'였다. 일의 내용도 "파인애플통조림 공장에서 일할 줄 알았는데 하수도공사 일을 하게 되었고, 남자가 하기도 힘든 벽돌쌓기 등의 중노동을 해야만 했다"고 한다. 또한 조총련의 존재를 이유로 한국인노동자들은 반장의 통제를 받았다. 일요일에 바깥 구경을 하고 싶다는 요청도 받아들여지지 않았고, 심한 경우 "화장실에 갈 때도 반장의 허가를 받아야만 하는 등 거의 감금 상태"였다거나 '음험하고 흉악한 일본인 사원의 눈총'을 받아야만 했다는 불만 역시 호소한다. 밤에는 숙소에 "일본인 남성 사원들이 모여들어 여성들을 곤란케 하여" 한국인 여성노동자들은 "매일 밤 일본인 남성 사원들의 그림자가 두려워 제대로 잠을 잘 수 없었다"고도 밝히고 있다.

한국 신문의 보도 이외에도, 오키나와의 사업장 측과 한국인노동자 측 관계가 반드시 양호한 것은 아니었으며, 노동일도 용이하지 않았음을 보여주는 자료나 증언이 존재한다. 파인애플통조림 제조공장이 아닌 제당공장의 한국인 기술자—즉 비교적 고학력자인 한국인 남성—의 경우, 그들을 고용한 기업의 사사(社史) 중에는 "노무와 관련된 측면에서는 고생스러움이 많았다"고 적고 있는 것들이 있다.(第一製糖株式会社, 1980) 또한 당시 오키나와 본섬 북부의 파인애플통조림 공장에서 일했던 사람으로 파견됐다고 말하며 전후 귀국이 되는 '파인애플 눈 제거'[8] 작업에 종사하던 한국인 여성들의 피부가 파인애플 산(酸) 때문에 짓무른 것이 '불쌍했다'고 말한다.[9]

이 밖에도 산재(産災) 사고가 발생했던 사실 역시 오키나와 측 신문자료를 통해 확인할 수 있다. 1973년 12월에는 오키나와 본섬 북부 파인애플통조림 제조공장의 한국인여성 노동자가 커팅 기계에 손가락이 말려들어 손가락을 절단당했고,(『沖繩タイムス』, 1973.12.6) 1974년 1월에는 요나구니[与那国] 섬에서 사탕수수를 운반하던 트럭에 끼여 한국인노동자 1명이 사망했다.(『沖繩タイムス』, 1974.1.13) 제당공장에서도 "한국어로 재해방지 설명판을 만들어 각 곳에 설치했으나 한국노무자에 한해 사고가 많이 발생하는 경향을 보였다"고 한다.(第一製糖株式会社, 1980)[10]

---

8 기계에서 껍질을 벗긴 후에도 파인애플에 여전히 남아있는 먹기 나쁜 부분을 수작업으로 떼어내는 공정을 가리킨다.

9 2006년 9월 26일, 나하[那覇] 시에서 진행된 K씨와의 인터뷰 증언.

10 또한 이 책은 한국인의 산업재해가 다발했던 이유를 안전의식의 차이에서 찾고 있다. 그 요소도 적지 않게 작용했을 수 있으나, 한국어 간판을 표시해둔 것만으로 의사소통이 충분히 행해졌다고 할 수 있는가 없는가 하는 점을 비롯해, 노무관리의 방식이 영향을

그러나 당사자인 남진순, 최춘숙 두 사람은 필자들과의 인터뷰에서 그런 사실을 일부 인정하면서도 오히려 오키나와에서의 노동과 생활이 긍정적이고 즐거운 체험이었다고 이야기했다. 두 사람은 오키나와에서 자신들을 통솔했던 반장이 경찰이나 군인 출신으로 일본어를 할 줄 아는 50~60대의 인물이었고, 감시나 통제가 있긴 했지만 반장들의 주된 일은 일본어 통역이었으며 특별한 큰 문제없이 서로 친하게 지냈다고 밝혔다. 1970년대 당시, 긴장된 남북관계 속에서 조총련에 대한 한국 사회의 경계는 당연한 것으로 여겨졌다. 특히 해외에 나와 있는 사람들은 대상으로 반공교육이 철저히였기 때문에 어느 정도의 감시나 통제는 문제시될 일이 아니었으며, 따라서 반장들 역시 억압하는 사람으로는 여겨지지 않았던 것 같다.

이런 와중에 남씨와 최씨 두 사람 모두 오키나와에서 여유를 즐기기도 했던 것 같다. 일이 끝난 후에는 수다나 독서, 쇼핑 시간도 있었고, 일요일에는 회사 주최로 맥주나 도시락이 포함된 섬 내 버스 관광도 있었다고 한다. 그중에서도 해양박람회 견학은 가장 인상 깊은 기억으로 남아 있다고 증언했다.

또한 두 사람은 일본인과의 관계도 양호했다고 말한다. 두 사람은 미혼인 일본인 남성이 숙소를 엿보러 오거나 하는 일도 있었지만, 같은 공장의 일본인노동자나 지역주민과는 탁구 시합을 하거나 한국 고전무용을 선보이는 자리를 마련하기도 했다며 교류했던 기억을 들려주었다. 이뿐 아니라 오키나와에 거주하며 국제기능개발협회의 주재원 직

미쳤을 가능성도 있는 것은 아닌지 의문이 든다.

함을 지녔던 한국인 목사 딸 P씨도, 지역주민과 한국인노동자 사이에 친근한 관계가 형성되었다고 밝힌 바 있다. 그는 자신의 아버지가 한국인노동자를 위해 학예회나 발표회, 체육회 등을 개최하여 행사 때 한국인이 일본인에게 한국무용을 가르치거나 반대로 일본인이 한국인에게 일본어를 가르쳤던 사실, 1975년 해양박람회 때 한국인노동자 중 일부도 한복(치마저고리)을 입고 참가했던 일 등이 있었다고 말했다. P씨는 그런 활동을 통해 일본인들의 생각도 바뀌었고 한국인노동자에 대한 일본인들의 태도가 개선되었다는 견해를 밝혔다.[11]

이 밖에도 일의 내용이나 직장의 분위기 역시 당사자가 고통이라고 느낄 만한 것은 아니었다는 증언이 있다. 최춘숙 씨는 그리운 추억을 떠올리듯 "직장 분위기도 상당히 좋고 자유로웠다. 일 자체도 그다지 힘들지 않았다. 작업할 때 질 좋은 파인애플을 골라 몰래 먹거나 파인애플 과즙으로 무좀을 치료하거나 하기도 했다"고 이야기했다. 그리고 과외(課外)의 일을 했던 것은 맞지만, 그것은 기업 측의 강요에 의해서가 아니었다고 말한다. 최춘숙 씨는 "날씨 탓 등으로 파인애플이 들어오지 않을 때, 풀베기나 땅콩껍질 벗기는 일을 한 것은 사실이지만 그렇게 싫은 일은 아니었다"고 했으며, 남진숙 씨는 파인애플과 관련 없는 일이 "부수입을 벌 수 있는 자발적인 일"이었다고 기억하고 있다. 임금에 대해 부당한 처우를 받았다는 증언은 두 사람 어느 쪽에서도 들을 수 없었다. 두 사람은 월급 80,000원을 받았다고 했으며, 잔업을 한 경우에는 단 10분 정도라 할지라도 그에 대한 수당이 지급되었다고 밝혔다.

---

11 2007년 10월 11일, 도쿄에서 진행된 P씨와의 인터뷰 증언.

이와 같은 두 사람의 오키나와에서의 노동체험 기억과『조선일보』기사 상에서 소개된 상황 설명 중 어느 것이 옳은 것일까? 어디에서 인식의 차이가 발생한 것일까? 이 점에 대해서는 보다 신중한 조사와 고찰이 필요하다. 계약에 없는 노동을 시킨다거나, 일상 행동을 제약한다거나 했다는 점은『조선일보』의 기사와 두 사람의 증언 양쪽 모두를 통해 확인 가능했다. 그러나 그것이 강요·억압이었는가, 그렇게 부를 만한 정도의 일은 아니었는가 하는 점은 간단히 판단할 수 없다. 또는 일본인과의 접촉 방식에 있어 공포를 느끼게 할 정도로 노골적인 남성의 접촉이 일반적이었는가 어떠했는가 하는 점 역시 진상을 알기 어렵다. 이러한 점들은 당사자들의 주관에 따라 입장차가 있을 수 있다. 임금이 약속과 달랐다고 하는 것은 큰 문제였는데, 익숙지 않은 언어를 사용하며 중간에 알선업자를 매개로 하여 맺은 계약이었기에 오해가 있었을 가능성도 부정할 수 없다.

그러나 당사자의 증언을 통해 적어도 오키나와에서의 노동에 대해 완전히 부정적 입장의 사람들만 있는 것은 아니라는 점은 확실히 알 수 있다. 남씨와 최씨는 오키나와에서의 계절노동을 돌아보며 "결혼자금을 모았다"고 만족해했다. 그리고 해당 지역의 일본인노동자나 주민과 한국인의 사이에 "일정한 교류가 있었다"고 하는 것도 관계자의 증언을 통해 보건대 사실이라 할 수 있을 것이다.

5. 오키나와 사회에 던진 파문과 노동력 도입 정지

이처럼 한국으로부터 오키나와로의 노동력 도입은 적어도 일부 개인들에게는 경제적인 만족 혹은 민족적인 장벽을 뛰어넘은 우호적인 교류를 선사했다. 그러나 오키나와 사회 전체로 시야를 확대해봤을 때는, 이에 대해 더욱 다양한 견해를 가진 사람들이 출현하였고 이와 동시에 정치적인 파문을 불러일으켰다는 점에 주의할 필요가 있다.

지역신문 보도를 통해 한국인 계절노동력 도입에 대한 오키나와 측의 여론 동향을 살펴보면, 당초에는 특별히 이를 비판하는 논조는 보이지 않았다. 오히려 지역신문에는 사탕수수, 파인애플 관련 산업 노동부족을 돕는 존재로서 한국인노동자를 평가하는 기사가 게재되었다. 동시에 해양박람회 관련 공사를 수주했던 건설 회사나 해양박람회 관광객을 기대했던 호텔업자 등은 파인애플통조림 제조공장 등에서의 '성공'에 이어, 자신들도 한국인노동자 도입을 계획하고자 한다는 의향을 표명했다.(『沖縄タイムス』, 1974.1.15; 1974.8.2)

그러나 오키나와 현 내에서도 이와 다른 견해를 표했던 세력이 소수지만 존재했다. 조총련 오키나와 현 본부가 이에 해당한다. 본래 오키나와에는 전전(戰前)부터 계속해서 거주해 온 조선인이 아주 소수밖에 없었고 미군 시정권 아래에 있었다는 특수한 사정도 있어 조총련 조직이 부재했었다. 하지만 본토 복귀 이후 현 내에 조직을 확립한 조총련은, 오키나와에 처음으로 한국인 계절노동자가 도착했을 때 "안정된 생활과 직업이 보장되어 있다면 해외까지 벌이하러 올 필요가 없다. 이는 남

조선의 박정희 정권이 얼마나 인민의 생활을 파괴하고 있는지 증명해 주는 것이다. 우리들은 동정과 동포애가 충만한 복잡한 감정으로 그녀들을 맞았다"고 하였으며, 나아가 오키나와에 온 노동자들이 "고국에 돌아가면 자신들의 자유와 민주주의, 생존권을 요구하여 조국의 자주적, 평화적 통일을 위해 싸우는 사람들이 될 수 있도록 노력할 것"이라는 담화를 발표했다.(『沖縄タイムス』, 1973.10.10) 이 시기 한국의 박정희 정권은 민주화운동을 탄압하며 강권적인 조치를 속속 취하였으며 1973년에는 '김대중 납치사건'을 일으켰고, 실제로 해외취업정책에 한국 내의 실업이나 저임금이라는 강제적인 배경이 작용했다는 점을 감안한다면, 박정희 정권을 향한 조총련의 비판이 잘못된 것이라고는 할수 없다. 그렇지만 이런 지적을 넘어 오키나와에 온 한국인노동자를 박정희 정권과 대결할 사람들로 만들기 위해 활동하고자 한다는 담화의 내용은, 필연적으로 한국인노동자를 둘러싼 긴장을 고조시켰으며 반장들에 의한 감시나 통제를 강화시키는 원인으로 작용했다.

또한 조총련과 우호적인 관계였던 현 내의 주요 노동단체인 현노협(오키나와 현 노동조합협의회)도 외국인노동자 도입 반대 의사를 표명했다. 반대를 표명한 의견 중에는 한국인노동자의 인권과 노동기본권 보장 문제를 염려한 지적이 있었는데, 한국 박정희 정권의 민중박해 또는 악정(惡政)과의 관계는 언급되지 않았고 그에 대한 관심도 그다지 강하지 않았던 것 같다. 오히려 반대 의견의 주요 근거는 외국인노동자 도입이 현 내의 임금 수준을 하락시키는 등 노동시장을 혼란시키는 요인이 될 것이라는 점이었다. 동시에 현노협이 한국인노동자 도입 반대 입장을 표명하였으나, 반드시 활발한 운동을 전개한 것은 아니었다는 점에도 주

의해 둘 필요가 있다. 즉 1974년 초 무렵의 단계에서는 현노협이 "원칙
적으로 반대 입장을 취하면서도 오키나와 파인애플, 사탕수수 농업의
곤궁함 탓에 (…중략…) 적극적인 반대운동에 나서지 않았다"(『沖繩タイ
ムス』, 1974.1.18)는 것이다. 호텔 업계의 한국인노동력 도입 움직임이 보
도된 직후인 1974년 1월 17일에는 현노협 의장이 현의 부지사에게 한
국으로부터의 노동력 도입 저지를 요청하고(『沖繩タイムス』, 1974.1.18),
또 전술한 것처럼 귀국한 노동자가 임금 대우에 불만을 호소한 것이 한
국 측 신문에 보도된 후인 1974년 11월 말에는 현노협 의장이 진상규명
과 관련하여 "있으므로 외 ○○ 노 ○의 현 내 도입을 반対한다"는 취지의 발
언을 하면서 강한 입장을 표했으나(『沖繩タイムス』, 1974.11.28), 구체적인
활동이나 반대운동 실적은 보이지 않는다.

그럼에도 불구하고 조총련이나 현노협의 움직임은 한국인노동자 도
입에 여러 문제가 있다는 점을 현 내의 여론에 어필하는 결과를 낳았다.
특히 현노협은 당시 오키나와 혁신 현정(県政)을 지지하는 유력한 조직
이었고, 그 조직이 어느 정도 반대 의향을 표시한 것의 의미는 적지 않
았던 것으로 보인다. 이러한 움직임에 더해 1974~1975년 무렵부터는
해양박람회 관련 공사 완료, 제1차 석유 파동으로 인한 본토 제조업 등
의 구인 감소, 미군기지의 경영합리화=종업원 대량 해고가 진행된 탓
에 오키나와 현 내의 실업률이 높아짐에 따라 외국인노동자 도입에 대
한 부정적 견해가 강화되었다. 지역신문에도 한편에서 실업자가 넘쳐
나는데 외국으로부터의 노동력 도입을 진행하는 일에 의구심을 표하는
의견이 게재되었다.(『沖繩タイムス』, 1975.8.16) 그러한 상황 속에서 파인
애플통조림 제조공장의 한국인노동력 도입은 1975년에 종료되었고,

사탕수수 수확노동의 경우도 1976년의 도입 수가 전년보다 감소하게 되었다. 그리고 1977년에는 사탕수수 수확노동에 있어서도 한국인노동자 도입 허가를 받지 못하게 되었다. 이렇게 하여 외국인노동력 도입에 대한 본토 복귀 특별조치는 연장되지 않았고, 5년의 기한 끝에 종료되었던 것이다.

이상 1970년대 중반의 오키나와 사탕수수 수확, 제당업, 파인애플통조림 공장에서의 한국인 계절노동자 도입 배경과 그 실태에 관해 알아보았다. 분명히 드러난 내용들을 정리해보면 다음과 같다.

오키나와에서는 계절적으로 대량의 노동력을 필요로 했는데, 중노동이고 저임금인 여러 산업들은 1960년대부터 외국인노동력에 의존했다. 일본정부는 오키나와의 '기간산업'을 유지할 필요를 느껴 외국인노동자 도입을 오키나와의 본토 복귀 이후에도 계속해서 인정하고자 했으나, 노동력 공급원인 대만에서도 1970년대 초반 노무수급 상황이 어려워져 오키나와로의 노동력 송출을 중지했다. 이러한 사태 속에서 1973년부터 한국인계절노동력 도입이 개시되었다. 이는 노동력 과잉 해소와 외화획득을 목적으로 했던 한국정부와, 노동력 부족을 저임금의 노동력으로 메우고자 한 오키나와 측의 이해관계가 일치한 데서 기인한 것이었다.

한국인 계절노동자들은 알선업자 내지는 개인적인 인적 네트워크를 통해 일자리에 대해 알게 되어 오키나와에 오게 되었다. 이 중에는 종업원·조합원 자녀들의 일자리 알선을 의도한 탄광회사·노조의 네트워크가 활용되었던 경우도 있었다. 오키나와에서의 노동이나 생활과 관련해서는, 기대했던 만큼의 임금을 받지 못했고 희망한 적 없는 노동에 종사하거나 행동의 자유가 없었다고 하는 등 불만을 털어놓는 이들이 있었음을 확인할 수 있었다. 그러나 오키나와에서 번 임금에 만족했고, 계약 속에서도 민정 는을 즐기며 서로 서로드게 교류한 일은 즐거운 기억으로 회상하는 노동자가 있었던 것 역시 사실이다.

물론 그러한 개인적인 만족이나 우호적인 인간관계 구축이 있었다고 하더라도, 당시의 오키나와 사회에는 한국인노동자 도입을 문제시하는 동향도 있었다. 조총련은 이를 박정희 정권의 악정과 관련지어 그에 입각한 담화를 발표했으며, 현노협도 현 내의 노동시장 혼란이나 한국인노동자의 인권문제를 염려하여 한국인노동자 도입을 반대했었다. 그러한 반대나 오키나와 현 내의 실업률 악화 등을 배경으로, 한국인노동력 도입은 확대되거나 유지되지 못하고 1976년의 허가를 마지막으로 종료되었다.

이상의 내용을 통해, 본고에서는 이제까지 거의 조명된 적 없었던 1970년대 중반 오키나와의 한국인 계절노동자에 대한 '사실 발굴'을 실시했으며, 그 경과의 골격을 제시할 수 있었다고 본다.

다만 오키나와의 한국인 계절노동자 도입이라는 역사적 사실은 관련 시기 다른 지역의 국제노동력 이동과도 관련되어 있음에 주의해야 할 것이다. 구체적으로는 그 이전 시기 오키나와의 대만인노동자 도입, 같은 시기 일본 본토에서 '연수생' 명목으로 행해진 사실상의 노동자 도입, 일본정부의 외국인노동자 정책과의 관계, 혹은 한국에서 일본 외의 다른 지역으로 송출된 노동력에 관한 것 등을 들 수 있다. 마지막으로 이러한 점과 관련하여 비교연구를 진행함으로써 오키나와의 한국인 계절노동자 도입의 의의나 특징도 더욱 분명해질 수 있다는 점을 지적하고 싶다.

(박사 ○○○ ○○대학 HK21플러스 갈등○인문사회교육연구사업단 연구교수)

참고문헌

崔春淑, 「著者によるインタビュー」, 韓国ソウル特別市にて, 2008.8.14.(『朝鮮日報』)

第一製糖株式会社, 『第一製糖株式会社20執念記念雑誌』, 第一製糖株式会社, 1980.

平岡昭利, 「サトウキビ農業における外国人労働者の導入と実態ー『工業的農業』の一断面」, サンゴ礁地域研究グループ『熱い心の島』, 古今書院, 1992, pp.125~136.

北部製糖株式会社, 『十五周年記念誌』, 北部製糖株式会社, 1976.

石田浩, 『台湾経済の構造と展開』, 大月書店, 2003.

□□ [朝鮮を知る事典], 平凡社, 2000.

韓国政府労働庁, 『労働統計年報』(韓国語), 韓国政府労働庁, 1965~1976.

国際労働事務局, 『国際労働経済統計年鑑』(1977年版), 日本IOL協会, 1978.

南真順, 「著者によるインタビュー」, 韓国江原道太白市にて, 2008.3.24.

野入り直美, 「生活史から見る沖縄・台湾間の双方向的移動」, 蘭信三 編, 『日本帝国をめぐる人口移動の国際社会学』, 不二出版, 2008, pp.559~592.

落合英秋, 『アジア人労働力輸入』, 現代評論社, 1974.

沖縄県農林水産部, 『糖業年報』第13~16号, 沖縄県農林水産部, 1973~1976.

沖縄県商工労働部, 『沖縄県労働史』第1~5券(別巻, 沖縄県, 『沖縄タイムス』), 1994~2005.

朴來榮ほか, 『韓国の海外就業ー昨日, 今日, そして明日』(韓国語), 嵯山社会福祉事業財団, 1988.

林発, 『沖縄パイン産業史』, 沖縄パイン産業史刊行会, 1984.

琉球銀行調査部, 『戦後沖縄経済史』, 琉球銀行, 1984.

琉球政府労働局, 『職業紹介関係年報』, 琉球政府労働局, 1971.

제4부

탈냉전기

오경석
아시아 이주 노동자의 '한국살이'

아시아 이주 노동자의 '한국살이'

오경석

1. '불법 사람'과 '한국을 만드는 노동자'

이주노동자는 누구인가? 「모든 이주노동자와 그 가족의 권리 보호에 관한 국제협약(International Convention on the Protection of the Rights of All Migrant Workers and Members of Their Families)」에 따르면 '이주노동자'란 "국적국이 아닌 나라에서 유급활동에 종사할 예정이거나, 종사하고 있거나, 종사하여 온 사람"을 말한다.

대한민국의 '외국인력' 정책 전체를 규율하는 「외국인 근로자의 고용 등에 관한 법률」에 따르면 '외국인 근로자'란 "대한민국의 국적을 가지지 아니한 외국인으로서 국내에 소재하고 있는 사업 또는 사업장에서 임금을 목적으로 근로를 제공하고 있거나 제공하려는 자"를 말한다.

국제협약과 우리 법률의 차이점은 '국적국이 아닌 곳'에서 '유급 활동'에 종사하는 같은 대상에 대해 전자는 '이주자'라는 명칭을, 후자는 '외국인'이라는 명칭을 사용한다는 것이다. 이주노동자와 외국인 근로자, 간단한 호명의 차이 같지만 각각에게 부여되는 사회적 지위와 권리의 내용은 동일한 집단을 대상으로 한다고 보기 어려울 정도로 판이하다.

1990년에 채택되어 2003년 발효된 이주노동자 권리 협약에 따르면 모든 이주노동자 및 그 가족들은 취업국 시민들과 법적, 정치적, 경제적, 사회적 및 문화적 영역에서 동등한 내국민 보상 받는 '사회적 실체'이자 '권리의 주체'로 정의된다. 국제 협약은 이주 노동자와 그 가족에게 '노동자'의 지위를 넘어 인간으로서 기본권 전체를 보장하는 셈이다.[1]

그러나 2003년 제정, 2004년 시행된 우리 정부의 「외국인근로자의 고용 등에 관한 법률」은 외국인 근로자들에게 직업 선택의 자유, 직장 이동의 자유, 가족과 함께 살 수 있는 자유 등 인간으로서의 기본권을 불허한다. 다만 경제적 권리의 일부 곧 일정 기간 제한된 분야의 사업장에 '고용되어 근로할 수 있는 권리'를 규정하고 있을 뿐이다.

고용허가제에 대한 국제 사회의 시각은 두 가지로 나뉘어진다. 고용허가제는 "2010년 ILO로부터 아시아의 선도적인 이주관리 시스템으

---

1   "당사국은 자국의 영토 내에 있거나 관할권 하에 있는 모든 이주노동자와 그 가족에 대하여 성, 인종, 피부색, 언어, 종교 또는 신념, 정치적 또는 기타의 의견, 민족적, 종족적 또는 사회적 출신, 국적, 연령, 경제적 지위, 재산, 혼인상의 지위, 출생 또는 기타의 신분 등에 의한 어떠한 구별도 없이 인권에 관한 국제문서에 따라 이 협약에서 인정되는 권리를 존중하고 보장할 것을 약속한다."(「모든 이주노동자와 그 가족의 권리 보호에 관한 국제협약」 제7조)

로 평가받았고 2011년에는 유엔으로부터 공공행정 대상을 수상"한 바 있다.(『연합뉴스』, 2014.8.13) 반면 유엔인종차별철폐위원회를 포함한 국제 인권 기구들의 고용허가제에 대한 평가는 비판적이다.[2] 국제 사회의 비판은 특히 고용허가제의 사업장 이동 자유 제한에 집중된다.[3]

'국적국이 아닌 곳'에서 '임금을 목적으로 근로를 제공'하고 있는 한국 사회의 이주노동자들 당사자들은 스스로를 어떤 존재라고 생각하고 있을까? 2010년 발매된 두 번째 앨범 〈Freedom〉에 수록된 〈We make korea〉라는 노래의 뮤직비디오에서 한국 최초의 이주노동자 밴드인 스탑크랙다운(stopcrackdown)은 자신들의 상황을 이렇게 묘사한다.

이주노동자들은 가족과 고향을 떠나 이주해 온 노동자들입니다. 한국 사회와 경제발전을 위해 매일같이 위험을 안고 일하고 있습니다. 한국인들과 함께 일하고, 함께 먹고, 함께 살아왔습니다. 하지만 한국 사회에서는 이들을 '불법 사람'이라는 눈으로만 보고 있습니다. 사실 이주노동자들도 한국 경제에 도움을 주고 있는 한 식구가 아닌가 싶습니다. 정부는 이주노동자들에게 강제추방정책을 써 단속하고 본국으로 보내고 있습니다. 일을 열심히

---

2 "고용허가제 하에서 기간제한적이고 경직된 체류허가 및 비자 제도의 결과로 한국에 합법적으로 입국한 많은 이주노동자들이 미등록자가 되고 있으며, 이들은 어떠한 서비스에 대한 권리와 접근을 향유할 수 없다. 위원회는 당사국이 합법적으로 입국한 이주노동자들이 경직된 고용허가제 때문에 미등록자가 되지 않도록 모든 조치를 취할 것을 요구한다."(「유엔인종차별철폐위원회 심사보고서」, 2012.8.31)
3 국제 앰네스티는 "4년 10개월 기간 동안 자발적인 사업장 이동이 불가능"함으로 "고용허가제가 인신매매 형태를 띠고 있다"고 비판한다.(『한겨레21』 1033호, 2014.10.23) 이와 관련 2015년 한국을 방문한 UN인종차별 특별보고관은 "고용허가제 노동자들의 사업장 변경 횟수 제한을 없애, 모든 고용허가제 노동자들이 고용주로부터 고용변동신고서를 받지 않고 사업장을 변경할 수 있도록" 권고한 바 있다.(우삼열, 2015)

하고 있는 노동자들이 무슨 죄가 있는 건가요? 한국에 필요한 노동력을 채워주는 노동자들이 한국사회에서 한 가족처럼 인정받는 날이 하루빨리 왔으면 좋겠습니다. (…중략…) 우리 하나가 되어 함께 만들어갑시다. 아름다운 세상 아름다운 코리아. We make korea. We love korea.

스탑크랙다운에 따르면 한국의 이주노동자들은 서로 모순되어 보이는 두 가지 위상과 정체성을 가지고 있다. 그들은 "한국 사회와 경제 발전을 위해" "매일 같이 위험을 안고" "열심히" 일하는 "한국인들과 함께 일하고, 함께 먹고, 함께 살아가는" "한 식구"의 같은 존재이자 "대한민국을 사랑"하고 "대한민국을 만들어 가는" 사람들이다. 그들은 동시에 정부에 의해 "강제추방"되어야만 하는 "불법 사람"이자 '죄인'이기도 하다.

스위스의 작가 막스 프리쉬(Max Frisch)에게 이주 노동자들은 주류사회의 기대를 깨뜨리는 '사람'들이다. 그는 "우리가 원하는 것은 노동자였지만, 우리 곁에 온 것은 사람들이었다"라고 말한 바 있다. 어떤 식으로든지 경계를 넘어 오는 그 '사람'에 대해 시인 정현종은 이렇게 쓴 바 있다. "사람이 온다는 건 / 사실은 어머어마한 일이다 / 그는 그의 과거와 / 현재와 / 그리고 / 그의 미래와 함께 오기 때문이다 / 한 사람의 일생이 오기 때문이다 / 부서지기 쉬운 / 그래서 부서지기도 했을 / 마음이 오는 것이다".(정현종, 2008) 당신에게는 어떤가? 당신에게 이주 노동자는 어떤 존재들인가?

2. 이주노동자 규모, 현황과 동향

2014년 현재 한국에 체류하는 외국인 인구는 180여만 명으로 전체 인구의 3.57% 정도에 달한다. 이는 2010년에 비해 무려 1%나 증가한 규모이다.(〈표 1〉)[4]

〈표 1〉 연도별 국내 주민등록인구 및 국내 체류 외국인 현황(2014.12)

연도	2010	2011	2012	2013	2014
체류 외국인	1,261,415	1,395,077	1,445,103	1,576,034	1,797,618
주민등록인구	50,515,666	50,734,284	50,948,272	50,219,669	50,423,955
비율	2.50%	2.75%	2.84%	3.14%	3.57%

단위 : 명.

외국인 근로자는 체류 외국인 가운데 가장 대규모 집단이다. 그들은 「외국인 근로자의 고용 등에 관한 법률」에 근거해 한국 정부와 '양해각서(MOU)'를 체결한 아시아 지역 15개 국가로부터 유입된다. 15개 국가에는 미얀마, 베트남, 필리핀, 태국, 캄보디아, 인도네시아, 스리랑카, 몽골, 파키스탄, 우즈베키스탄, 중국, 방글라데시, 네팔, 키르키즈스탄, 동티모르 등이 포함된다.

2014년 현재 국내에 입국한 외국인 근로자들은 49만여 명에 달한다. 그들은 제조업, 농축산업, 건설업, 어업 등 소위 한국인 근로자들이 기피하는 고위험, 저임금, 저숙련 분야에서 일한다.(〈표 2〉)

---

4 통계청에 따르면 앞으로도 외국인 인구는 점증하여 2020년에는 전체 인구의 5.0%, 2030년에는 6.0%, 2050년에는 외국인 인구가 400만을 돌파하여 전체 인구의 9%를 상회할 것으로 전망된다.

〈표 2〉 업종별 외국인 근로자 입국현황(2004~2014)

연도별 구분	총계	04~08년	09년	10년	11년	12년	13년	14년
소계	489,101	175,091	62,693	38,481	49,130	53,638	58,511	51,557
제조업	423,189	160,919	54,596	31,804	40,396	45,632	48,967	40,875
건설업	18,368	4,230	4,345	2,412	2,207	1,269	1,606	2,299
농축산업	34,596	8,009	2,332	3,079	4,557	4,931	5,641	6,047
서비스업	707	194	65	56	124	107	70	91
어업	12,241	1,739	1,355	1,130	1,846	1,699	2,227	2,245

단위 : 명.

눈여겨보아야만 하는 외국인 근로자 규모의 양적 증가 이면에 관류하고 있는 몇 가지 특징은 다음과 같다.

우선 소중제조업 및 농축산어업, 건설업 등 소위 '3D' 업종에서 외국인 노동력에 대한 의존도가 심화되고 있다는 점이다. 국내에 '외국인력' 도입의 정당성이 소구될 수 있었던 가장 큰 이유는 '제조업 분야의 기능인력 부족율'이다. 중소기업중앙회에 따르면 이미 25년 전인 1990년에 조차 제조업 분야의 기능인력부족율이 15.2%에 달해 '해외 노동력 수입'의 필요성을 부각시킨 바 있다.(박미화, 2016)

그간 노동력 부족 문제와 밀접하게 연관된 것으로 알려진 저출산, 고령화 문제가 더욱 심화되었다는 면에서 국내 기업들이 외국인 근로자를 고용하는 가장 큰 이유로 여전히 "인력 구인 곤란"을 압도적으로 선택하고 있는 현실은 이상할 것이 없어 보인다. 2012년 대한상공회의소가 발간한 "외국인근로자 고용현황과 수요조사"에 따르면 외국인 근로자 고용 이유는 국내 인력 구인 곤란 66.3%, 안정적 고용 14.9%, 상대적 저임금 11.9% 등의 순이다.(대한상공회의소, 2012)

건설업, 농축산업, 어업 분야에서 외국인력 도입 규모의 증가는 국내

인력 구인의 어려움이 소중제조업 분야를 넘어 1차 산업 및 기간 산업 분야로 확산되고 있음을 시사한다. 소중제조업체가 밀집되어 있는 안산, 시흥, 화성, 김포, 남양주 등의 공단 지역, 청년인구 자체를 찾아보기 어려운 농어촌 지역, 지하철이나 터널 등 대규모 건설 현장에 나가보면 이들 분야의 내국인 노동력 부재와 외국인력 의존도의 심각성을 경험적으로 확인하는 일은 어렵지 않다. 실제로 안산 국가산업단지의 경우, 전체 근로자의 30%가 외국인 근로자들이며, 소위 3D업종의 경우는 90% 이상이 외국인 근로자에 의존한다. 그들의 절반 가량은 미등록 체류자로 추산된다.(장병연, 2015)

또 한 가지 주목해야 할 점은 '가족 체류'가 증가하고 있다는 점이다.[5] 2014년 외국인고용조사 결과를 통해 모집단의 특성을 추론했을 때 전체 등록외국인의 49.3%는 가족과 동거하고 있는 것으로 파악된다. 방문 취업 및 재외 동포의 경우는 60% 이상이 배우자와 함께 생활하고 있다. 특히 관심을 가져야 할 부분은 비전문취업자들의 경우이다. 고용허가제는 가족 동반을 허용하지 않는 제도이다. 그러나 고용허가제 대상 외국인근로자 중 14.5%는 배우자가 국내에 거주하고 있으며 4.2%는 자녀가 국내에 거주하고 있는 것으로 보고된 바 있다.(정기선 외, 2013) 가족과 동거하는 비율도 8.9%에 이른다.(김이선 외, 2015)

외국인 근로자들이 한국에서 가족을 형성하는 유형은 매우 다양하

---

5   제도 안팎에서 외국인근로자 가족 형성이 관측된 것은 이미 2000년대 중반부터이다. 이 시기 이주노동자 지원단체들은 상담 내용의 변화를 경험한다. "이주노동자들이 들어오기 시작하던 초기에는 주로 임금체불이나 산업재해 같은 노동문제가 주된 상담 내용이었는데 십여 년을 넘기면서 점차 그 내용이 다양해졌다. 아이가 딸린 가족이 이주해오는가 하면 한국에서 가정을 이루고 출산을 하기도 하면서 혼인, 임신, 출산, 육아, 교육 등 전에는 미처 생각지도 못했던 상담이 꼬리를 물고 밀려들었다."(이란주, 2009)

다. 원래 부부였던 사람들이 따로 입국해 결합할 수도 있고, 한국에 체류하다 결혼을 하는 상황도 가능하다. 유학비자로 입국하여 노동자로 생활하다 가족을 형성하는 경우도 가능하며, 결혼이민자 중 한국인 남편과 이혼 후 외국인 근로자와 가족을 형성하는 경우, 외국인 근로자 가운데 한국에서 재혼을 통해 가족을 형성하는 경우도 가능하다.

제도의 안팎에서 다양한 경로를 통해 자생적으로 이루어지고 있는데 반해 그를 원천적으로 그리고 완전히 봉쇄할 만한 법제는 존재할 수 없다는 점에서 외국인 근로자가 국내에서 가족을 형성하거나 가족과 재결합하는 속도는 앞으로도 더욱 빨라질 것으로 전망된다.(이 설동·홍규호·현은희·이경숙·박선희, 2013)

이주 노동자 가운데 여성이 차지하는 비중이 증가하고 있다는 점도 주목해야 한다. 통계청에 따르면 외국인 여성의 고용율은 해마다 증가하여 2015년의 증가폭은 9.6%에 달한다. 2014년 6월 기준, 고용허가제 대상 제조업 분야 여성 이주노동자의 규모는 24,425명으로 전체 외국 인력의 9.5%에 달한다. 고용허가제 업종 가운데 여성 이주노동자의 비중이 가장 큰 분야는 농업으로 30%를 상회한다.(〈표 3〉)

여성이주노동자가 '외국인'으로서의 인종차별 문제, '근로자'로서의 노동인권문제에 덧붙여 '여성'으로서의 젠더 차별이라는 삼중고의 대상이 됨으로써 남성이주노동자에 비해 보다 복합적인 차별 구조에 노출되어 있음은 주지의 사실이다.(이수연, 2014) 특히 성희롱 및 성폭력과 관련 여성이주노동자의 상황은 매우 심각하다. 일부 여성 이주노동자들이 체계적이며 일상적인 성폭력 상황에 노출되어 있음이 보고된 바 있다.

〈표 3〉 외국인근로자(E-9)의 업종별·성별 체류 현황(2014년 6월 기준)

	전체		남성		여성		여성/전체 비율
제조업(E-9-1)	200,303	77.6	187,029	80.1	13,274	54.3	6.6
건설업(E-9-2)	11,791	4.6	11,741	5.0	50	0.2	0.4
농업(E-9-3)	22,472	8.7	15,514	6.6	6,958	28.5	31.0
어업(E-9-4)	7,742	3.0	7,698	3.3	44	0.2	0.6
냉장냉동(E-9-5)	565	0.2	564	0.2	1	0.0	0.2
관광호텔(E-9-7)	52	0.0	49	0.0	3	0.0	5.8
기타	15,093	5.8	10,998	4.7	4,095	16.8	27.1
총계	258,018	100	233,593	100	24,425	100	

단위 : 명, %.

2015년 경기도외국인인권지원센터가 도내 성희롱 경험 여성이주노 동자를 대상으로 실시한 실태 조사에 따르면, 79.9%는 2종류 이상의 성희롱을 경험했다. 실제 강간으로 이어질 수 있는 성행위 시도형이 20.4%에 달했고 해고나 체류 자격 등을 이유로 피해자가 협박을 받은 경우도 21.8%에 달했다. 성희롱 발생 장소는 작업장을 포함 근무 장소 로 간주될 수 있는 곳의 비율이 40.7%로 가장 높았고 성희롱 발생시점 도 근무시간이나 근무 관련 자리가 60%를 상회했다. 피해 여성들 대부 분은 회피나 소극적인 대응에 그쳤고, 드물게 적극적인 대응을 한 경우 에도 아무런 조치가 없거나 심지어 추가적인 불이익이 발생하기조차 하였다.(박선희·오경석·김민정·류지호, 2015)

모집단을 외국인 취업자 전체로 확장하는 경우 여성들이 가장 많이 취업해 있는 분야는 도소매 및 숙박·음식점 분야로 38.7%에 이른다. 제조업이 그 뒤를 이어 27.3%에 이른다. 여성 취업자의 39.9%는 단순 노무종사자며 서비스 판매종사자가 23.8%로 그다음에 위치한다. 남성 취업자의 경우 상용근로자가 67.5%가 가장 큰 집단인데 반해 여성의 경우는 임시 일용근로가자가 51.3%에 가장 큰 규모이다. 여성 취업자의 55.6%는 종사자수 1인에서 4인 규모의 소규모 사업체에 취업해 있다. 임금과 관련 남성외국인임금근로자와 여성외국인임금근로자 임금수준의 성비 격차는 매우 확연히 구분된다.(〈표 4〉)

〈표 4〉 외국인임금근로자의 임금수준별 성비(통계청, 2015)

		외국인임금 근로자	100만 원 미만	100~200 만 원	200~300 만 원	300만 원 이상
임금수준별구성비		100.0	4.9	53.1	34.3	7.8
남자	임금수준별구성비	100.0	2.0	45.4	42.8	9.9
	성별구성비	67.8	27.4	57.9	84.6	85.8
여자	임금수준별구성비	100.0	10.9	69.3	16.3	3.4
	성별구성비	32.2	72.6	42.1	15.4	14.2

단위 : %.

외국인 근로자 인구 추이와 관련 또 한 가지 주목할 만한 점은 '불법체류자(미등록체류자 혹은 비정규체류자)'의 규모가 정부의 엄격한 강제 퇴거 정책에도 불구하고 줄어들지 않고 있다는 점이다.

미등록 체류자란 주로 등록 외국인 근로자로 체류하다가 체류 기간이 만료되었으나 출국하지 않는 사람들, 합법적인 체류 기간 내에 출입국관리법 등 국내법에 위반되는 행위를 함으로서 강제 퇴거 대상자가 될 위험에 처해 있는 사람들을 지칭한다. 단기사증으로 대한민국에 입국하여 출국하지 않고 있는 등록 외국인의 배우자 내지 자녀, 등록 외국인과 미등록 외국인이 동거하면서 출산하였으나 출생신고를 할 수 없어 체류자격을 부여받지 못하고 있는 자녀들도 이에 해당한다.(박정해, 2013)

국제 협약은 미등록 체류자들이라 할지라도 적법적인 이주노동자에

준하는 기본권을 부여할 것을 명문화하고 있다. 그러나 한국에서 미등록 체류자들은 공식적으로 '있지만 없는 존재'들이다. "있어도 없는 그림자" 같이 살아가는 사람들이다.(이란주, 2009) 한국의 외국인 관련 법제상 그들에게 배분되는 공식적인 권리는 거의 없다. 그들은 외국인 관련 제도나 담론 자체에서 전적으로 배제되어 있다.(구본규, 2013)

정부의 공식적인 통계에 의하면 2014년 12월 현재 미등록 체류자의 규모는 20여만 명에 달한다. 그들 가운데 약 10%가량은 10년 이상의 장기 체류자들일 것으로 추산된다. 비율은 전년도와 비슷한 수준이나 규모 자체는 2만여 명이 증가되었다.(〈표 5〉)

〈표 5〉 연도별 합법체류자 및 불법체류자 현황(2014.12)

연도	2009	2010	2011	2012	2013	2014
국내 체류 외국인	1,168,477	1,261,415	1,395,077	1,445,103	1,576,034	1,797,618
합법체류자	990,522	1,092,900	1,227,297	1,267,249	1,392,928	1,588,840
불법체류자	177,955	168,515	167,780	177,854	183,106	208,778
불법체류비율	15.2%	13.4%	12.0%	12.3%	11.6%	11.6%

단위 : 명.

특이한 점은 고용허가제 대상 외국인 근로자의 불법체류율이 20% 이상으로 전체 외국인의 불법체류율에 비해 거의 두 배에 달한다는 점이다. 업종별로는 어업이 무려 34%에 이르며, 건설업 23.7%, 농업 18.3%에 이른다.(〈표 6〉)

이것은 적법한 방식으로 한국에 입국한 외국인 노동자들이 '불법 체류'를 선택해야만 하는 구조적 요인이 존재함을 시사한다. 3년이라는 상대적으로 짧은 기간의 고용을 허용하는 합법적인 제도의 틀을 벗어나 미등록 상태에서 장기적인 노동을 선택할 수밖에 없는 구조적 요인

<표 6> 외국인근로자(E-9)의 불법체류 비율 : 업종별(2014년 6월 기준)

	전체 (E-9)	제조업 (E-9-1)	건설업 (E-9-2)	농업 (E-9-3)	어업 (E-9-4)	기타
총계	258,018	200,303	11,791	22,472	7,742	15,710
합법	204,510	171,673	8,991	18,368	5,112	366
불법	53,508	28,630	2,800	4,104	2,630	15,344
불체율	20.7	14.3	23.7	18.3	34.0	97.7

단위 : 명, %.

으로는 고액의 입국 비용, 낮은 임금, 사업장 이동 제한 등이 포함된다.

미등록 장기 체류를 선택한 외국인 근로자들은 대체로 합법적인 3년의 체류 기간 동안의 임금을 거의 쓰지 않고 모아야 입국 비용으로 지불한 '빚을 청산'할 수 있다고 말한다. 고향으로 돌아가 사업이라도 할 밑천'을 모으기 위해서는 추가적인 근로 기간이 필요한 셈인데, 그를 위해 불가피하게 미등록 노동을 선택하게 되는 것이다. 그리고 그렇게 선택된 미등록 노동이 그들이 계획한 몇 년 안(곧 비교적 단기)에 자발적으로 종료되는 경우는 거의 없다.(정병호 외, 2010)

가족 체류의 증가와 미등록 체류의 증가가 결합하는 지점에 '미등록 이주 아동'이 존재한다. 이들 대부분은 미등록 상태인 외국인 근로자 가족의 자녀들이다. 출생 등록 미비로 실질적인 무국적 상태에 있는 아이들, "살아있지만 태어난 적이 없다고 되어 있는 아이"들의 규모는 공식적인 통계에 따르면 6천여 명, 현장의 활동가들에 따르면 무려 2만여 명에 이르는 것으로 추산된다.

3. 이주노동자의 한국 살이[6]

1) 제조업 분야 이주노동자

제조업체들이 외국인 근로자를 고용하기 시작한 시기는 2000년부터 2009년까지가 69.0%로 압도적이다. 그다음은 2010년부터 2013년까지로 22.0%가 해당한다. 대부분의 사업체들이 2000년대 이후 외국인근로자를 처음으로 고용하기 시작하였음을 엿본다.

2000년대 초반은 주지하다시피 '세계금융위기(IMF)' 이후 대한민국의 노동시장이 매우 불안정하게 재구조화되는 시기이다. IMF는 한국인 노동자는 물론이요, 외국인 근로자들에게도 고통스러운 경험이었다. 그러나 이 시기를 전후로 한국인 노동자들이 대거 실직함으로써 발생한 노동력의 공백을 외국인 근로자들이 급속하게 대체하게 되었음은 부정할 수 없는 사실이다. 안산시 원곡동 같은 '이주노동자 집주' 지역이 탄생하는 것도 이 시기이다. 이전에 한국인 노동자들의 집주 공간이었던 원곡동은 IMF 이후 외국인 노동자들의 집주 지역으로 전환되게 된다.(오경석, 2011)

이주노동자들이 고용되어 있는 제조업 분야로는 금속기계와 기타가

---

[6] 이 장의 1절은 정기선 외, 『2013년 체류외국인 실태조사―고용허가제와 방문취업제 외국인의 취업 및 사회생활』, 법무부 출입국외국인정책본부, 2013, 2절은 오경석 외, 『경기도 외국인근로자 가족의 인권상황실태조사』, 경기도외국인인권지원센터, 2013의 내용을 선택적으로 발췌한 것이다. 발췌된 내용들에 몇 가지 보완적인 정보와 해석을 추가하는 방식으로 이 장은 구성되었다.

각각 39.6%와 37.0%로 압도적이다. 그다음으로는 기계 및 장비(14.1%), 고무 및 플라스틱 제품(13.7%), 금속가공제품(13.0%), 자동차 및 트레일러(11.1%), 전기전자(8.9%), 제1차 금속(8.1%), 석유화학(5.9%) 등의 순이다.[7]

지역별 분포는 서울, 경기, 인천 등 수도권 지역이 56.7%로 가장 높으며, 영남이 24.1%, 충청·강원이 11.9%, 호남이 7.4% 등의 순으로 높다. 이주노동자들의 도시 거주율이 높은 것은 전세계적인 현상이다. 전세계 2억 3천여 명의 이주민들의 절반 이상은 도시에 거주한다.(Ceradoy, 2016) 그것은 한국을 포함하는 이주 노동을 필요로 하는 유입국들 대부분이 이미 고도의 도시화가 이루어진 산업 국가들이라는 점과도 관련된다.

업체 규모별로는 30명 미만의 직원을 두고 있는 소규모 업체가 절반을 넘고 있다. 9명 이하의 종업원을 둔 업체의 비율은 16.0%이며, 10~29명이 37.5%, 30~99명이 37.2%, 100명 이상이 9.3%이다.[8]

외국인 근로자의 일일 평균 근로 시간은 9.8시간이다. 소규모 사업체(9명 이하)가 평균 9.4시간으로 근로 시간이 가장 적다. 근로 일수 평균은 23.7일(표준편차 3.5일)이다. 소규모 사업체(9명 이하)가 22.9일로 가장 적다. 외국인근로자의 평균 임금은 183.1만 원이다.[9]

---

[7] 이들 분야는 산재에 매우 취약한 분야들이다. 특히 사업장에 대한 사전 정보가 박약하고 숙련도가 떨어지며, 한국의 노동 문화에도 익숙하지 못한 이주노동자들은 산업 재해에 매우 취약하다. 2014년 근로복지공단 발표에 따르면 외국인근로자 산업재해율은 0.84%로 전체 재해율 0.59%를 상회하며 지속적으로 증가추세를 나타내고 있다.

[8] 외국인취업자 전체로 모집단을 확대하는 경우, 사업체의 종사자 규모별 외국인 취업자는 10~29인이 23만 8천 명(25.4%), 9인 이하(41.9% : 1~4인이 21.4%, 5~9인이 20.5%, 50~299인이 16.6%로 나타난다.(통계청, 2015)

그러나 외국인 근로자의 응답을 토대로 산출한 그들의 한국에서의 월평균 총임금은 155만 원이다. 기본급이 월평균 120만 원이고, 기본급 이외의 수당이 58만 원이다. 외국인 근로자들은 한국에서 받는 월급은 모국에서 받는 월급보다 평균 4.5배 높은 수준이다. 근로시간은 주당 평균 58.7시간, 월평균 25.8일이다.[10]

외국인 근로자의 주거 형태는 매우 열악하다. 비주거용 건물 내 공간이 20.4%로 가장 많고, 다음으로 아파트(12.3%), 연립/다세대가구(9.7%), 오피스텔(6.9%), 옥탑방(6.8%), 단독주택(6.8%), 지하/반지하방(4.7%), 임시가건물(2.4%), 무허가불량주택(2.0%) 등의 순이다.

거주형태에 있어서 업종별 차이가 컸다. 제조업 분야에 비해 농축산업 분야 주거의 열악함이 매우 심각하다. 전자에 종사하는 이주 노동자들 가운데 임시가건물, 지하/반지하방, 무허가불량주택 등에 사는 비율이 10.1% 정도에 그친 반면, 농축산업 종사자 중에서 이러한 주거형태에 거주하는 비율은 무려 21.3%에 달했다. 무허가 불량주택의 비율이 제조업의 경우 1.4%에 불과했지만, 농축산업의 경우는 10.6%에 달했다.(〈표 7〉)

---

9 업종에 따라 그리고 응답자에 누구냐에 따라 근로시간과 임금을 어떻게 규정하느냐에 따라 다양한 평균 근로 시간과 임금이 산정될 수 있다. 중소기업중앙회가 조사한 2013년 이주노동자의 평균임금은 162.1만 원이며 마석 가구공단 이주노동자들의 1일 평균 근로시간은 12시간 정도로 추산된다.(고영란·이영, 2013)

10 모집단을 전체 취업자로 확대하는 경우 외국인 취업자의 주당 근무시간은 40~50시간 미만(37.6%), 60시간 이상(26.6%), 50~60시간 미만(25.0%)의 순이다. 월평균 임금수준은 100~200만 원 미만(53.1%), 200~300만 원 미만(34.3%), 300만 원 이상(7.8%)의 순이다.(통계청, 2015)

〈표 7〉 이주노동자의 주거형태 : 업종별

	제조업	농축산업	전체
비거주용 건물 내 공간	23.0	5.9	20.4
아파트	14.3	4.3	12.8
연립,다(세대)가구 주택	9.4	9.0	9.4
오피스텔	7.4	5.3	7.1
옥탑방	7.5	2.1	6.7
단독주택	4.7	18.1	6.7
임시가건물	4.6	4.3	4.5
지하/반지하방	4.1	6.4	4.4
무허가 불량주택	1.4	10.6	2.8
기타	23.5	34.0	25.1
합계	100.0	100.0	100.0

단위 : %, 명.

외국인 근로자의 93.0%는 자국에 송금을 하고, 약 62%는 저축을 한다. 외국인 근로자의 월평균 송금액은 약 107만 원 정도이며, 평균 저축액은 약 54만 원 정도이다. 외국인 근로자의 월평균 생활비는 약 36만 원이다.

주목할 점은 외국인 근로자들 대부분이 인터넷 기기나 컨텐츠를 사용하는 데에 있어서 매우 앞서가고 유능한 얼리 어답터(early adopter)들이라는 점이다. 외국인 근로자의 95%가 휴대전화를, 87%가 컴퓨터를 보유하고 있으며, 태블릿을 보유한 사람도 22% 정도 되었다. 외국인 근로자의 82%는 하루에 한 번 이상 인터넷을 사용하며 85%는 카카오톡, 페이스북 등 SNS 등을 포함한 문자 메시지를 비교적 자주 사용한다.

2) 이주 노동자 가족

2013년 경기도외국인인권지원센터는 외국인 근로자 가족을 "대한민국 국적을 취득하지 아니한 자로 이루어진 가족으로 대한민국에서 근로에 종사하는 구성원이 포함된 가족"[11]으로 규정한 후, 그에 해당하는 남양주, 부천, 안산, 군포, 일산, 김포, 의정부, 포천 등 경기도 내 전 지역에 분포된 베트남, 방글라데시, 필리핀 등 20여 개 국가 출신의 168명에 대한 생활 실태 조사를 수행한 바 있다.

연령대는 30대가 압도적이었고, 40대 미만이 전체의 88.1%로 비교적 젊은 층이 다수였다. 한국에 체류 기간은 4~7년이 33.9%로 가장 큰 규모였으며, 12년 이상도 15.5%에 달하는 것으로 나타났다.[12] 응답자들의 학력은 고등학교 졸업이 44.6%, 대학교 졸업이 28.6%, 대학원 졸업이 10.1%로 비교적 고학력자들이 압도적인 다수였다.

응답자들의 출신 국가는 베트남(27.4%), 필리핀(23.2%), 몽골(20.8%), 방글라데시(8.3%), 중국 (65%), 스리랑카(2.4%)였고, 인도, 토고, 우간다, 키르기스스탄 등 기타 국가 출신의 외국인 근로자 가정도 11.3%에 달해 특정 국가 출신자들만이 가족 결합 혹은 가족 구성의 욕구가 강하다는 가설은 검증되지 않았다.

자녀가 없다고 응답한 사람은 7.1%에 불과했다. 자녀 1명이 39.3%,

---

11 이는 다문화 가족과 구분하기 위한 정의이다. 다문화 가족은 "결혼이민자 혹은 귀화허가자와 출생 시부터 대한민국 국적을 취득한 자로 이루어진 가족"(「다문화가족지원법」 제2조 제1호)을 뜻한다.

12 모집단을 전체 외국인 취업자로 확대하는 경우 한국에서의 총 체류기간은 1~3년 미만 (30.5%), 5~10년 미만(22.6%), 3~5년 미만(22.1%), 10년 이상(13.5%), 6개월~1년 미만(9.2%)의 순이다.(통계청, 2015)

2명이 22.6%였으며, 한국에서 자녀를 출산한 비율이 58.3%로 본국에서 자녀를 데려오는 비율을 압도했다.[13]

응답자들의 현재 비자 상태는 미등록이 54.8%로 등록상태의 근로자 (39.3%) 규모보다 다수였다. 한국 최초 입국 시 응답자가 소지한 비자 유형은 총 20가지였으며, E-9 비자로 한국에 들어온 비율이 28.0%(47명)으로 가장 높았다.

종사하는 업종에 대한 질문에 공장에서 일한다고 응답한 비율이 64.9%로 압도적이었고, 가사도우미로 일하고 있다고 응답한 비율도 10.7%에 이르렀다. 등록 체류 자의 공장 근로 비율은 56.1%인데 반해 미등록 체류자의 경우는 71.7%에 달했다.

남편의 한 달 평균 수입은 153만 원, 부인은 114만 원이었다. 부부의 평균수입을 합하는 경우 한 외국인근로자 가구당 평균 수입은 267만 원 정도로 추산된다. 2013년 한국인의 평균 임금이 3,346,000원(20.8일 근무)으로, 2012년 한국인 가구의 평균 소득이 408만 원으로 보고된 바 있다는 점에서, 외국인근로자 가족 개인 및 가구 소득은 한국인 개인 및 일반 가정 소득의 50%내지 60% 수준에 형성되어 있다고 추론할 수 있다.

고용허가제 대상 외국인 근로자들의 63%가량이 스스로를 건강하다고 평가(김광기 외, 2010)하는데 반해 외국인 근로자 가족들은 36%만이 자신을 건강하다고 생각하고 있었다. 응답자들이 느끼는 건강 상태는

---

13 이러한 결과는 기존의 조사에서도 확인된다.(아시아의 창 외, 2012) 이는 가족 '재'결합 금지만으로 한국 사회 이주노동자들의 '가족 형성'의 경향성을 저지할 수 없게 된 상황을 반영한다.

체류 신분에 따라 차이가 났다. 건강하다고 생각하는 등록 체류자들 45.4%인데 반해 미등록 체류자들은 29.3%에 그쳤다.

건강보험 가입율은 매우 낮았다. 무려 56.0%는 국민건강보험이 "없다"고 밝혔고, 41.7%만이 보험에 가입한 것으로 나타났다. 미등록 체류자의 경우는 71.7%가 미가입자였다. 등록 체류자의 경우도 36.4%는 미가입자였다. 외국인 근로자 가족이 지난 1년 동안 지출한 총 의료 비용은 평균 174만 원이었다.

어린이집에 다니는 외국인 근로자 자녀들은 40.5%에 불과했다. 어린이집에 다니지 않는 이유는 '돈이 없어서'가 41.2%로 압도적이었고, '불법체류신분 때문'이라고 응답한 비율도 11.8%에 달했다. 43.5%는 시·군에서 보육료를 지원받은 경험이 없었으며, 지원 경험이 있는 가정은 10.7%에 불과했다. 시·군에서 제공하는 자녀 돌봄 서비스의 경우 39.9%는 이용 경험이 없었으며 14.9%만이 이용한 경험이 있었다.

학령기 자녀의 64.0%는 학교에 재학 중인 것으로 확인되었으나 36.0%가 공교육을 받고 있지 않은 것으로 나타났다. 학교를 안 다니는 이유에는 경제적인 비용의 문제(14.0%), 불법체류 신분의 문제(11.1%) 등이 포함되었다. 응답자의 64%는 자녀 입학 시 교육청이나 주민센터로부터 입학 안내를 받지 못했으며, 학교 측의 입학 거부를 당한 경험이 있는 경우도 무려 21.5%에 달했다.

외국인 근로자 가족의 절반 이상은 고시원, 컨테이너, 지하나 반지하 등 취약한 주거 공간에서 생활하고 있었다. 등록 체류자들이 가장 많이 사용하는 주거 형태가 주로 지하나 반지하(16.7%), 단독주택(16.7%) 등이었는데, 미등록 체류자들의 경우는 고시원(34.8%)이 압도적이고 컨

<표 8> 외국인 근로자 가족 체류자격별 주거 형태

	지하, 반지하	단독 주택	고시원	연립	컨테 이너	아파트	옥탑방	비닐 하우스	기타	무응답	합계
등록	11 (16.7)	11 (16.7)	10 (15.2)	9 (13.6)	6 (9.1)	6 (9.1)	2 (3.0)	0 (0.0)	10 (15.2)	1 (1.5)	66 (100.0)
미등록	7 (7.6)	13 (14.1)	32 (34.8)	7 (7.6)	13 (14.1)	3 (3.3)	4 (4.3)	3 (3.3)	5 (5.4)	5 (5.4)	92 (100.0)

단위 : 명, %.

테이너(14.1%)도 적지 않은 비중을 차지했다.(<표 8>)

수택 섬유 형태는 월세가 67.9%로 압도적으로 높았고 그다음으로는 전세 13.1%, 무상 임대 8.3% 순이었다. 월세 평균 비용은 '29만 원'이었다. 체류 자격별 주거 점유 형태의 차이가 확인되었는데, 미등록 체류자의 월세율이 등록 체류자보다 높았으며(등록 60.6%, 미등록 73.9%), 등록 체류자의 전세율이 미등록 체류자에 비해 월등히 높았다.(등록 24.2%, 미등록 6.5%)[14]

외국인근로자 가족은 다문화가족과 달리 시·군이 제공하는 다양한 생활 서비스 혜택을 거의 받지 못하고 있었다. 응답자의 78.0%는 사회복지사의 방문을 받은 경험이 없었으며, 85.7%는 생활·법률 서비스를, 76.8%는 방문교육이나 원격 교육 서비스를 받아본 적이 없었다. 64.3%는 '한국어 교육 참여 경험'이 없었다. 등록 체류자의 39.4%가 한국어 교육에 참여한 경험이 있는 데 반해 미등록 체류자의 경우는 22.8%에 그쳤다.

69.6%는 시군에서 주최하는 행사나 축제에 참여한 경험이 없었으며, 72.6%는 주민센터에서 제공하는 문화·체육 활동에 참가한 경험

---

14 미등록 체류자의 경우 전세보증금 보장을 위한 확정일자를 받을 수 없으며 강제출국을 당할 경우 보증금 반환이 어려움으로 주거비용을 절감할 수 있음에도 불구하고 전세형태의 거주자가 거의 없는 것으로 추정된다.

이 없었다. 시·군에서 제공하는 통·번역 서비스 역시 단지 13.1%만이 받아 본 경험이 있는 것으로 나타났다.

응답자들의 33.4%는 자신들이 생활하는 동네의 구성원 의식을 가지고 있는 것으로 확인되었다. 동네 구성원으로서의 소속감과 정체감은 미등록 체류자들이 등록 체류자들에 비해 높은 것으로 나타났다. 미등록 체류자의 35.9%가 긍정적인 답변을 한 데 비해 등록 체류자의 경우는 28.8%였다.

3) "상담이 필요해요"

고용허가제 대상 이주노동자들은 '사업장 이동 제한',[15] '임금체불', '산업재해', '알선장 없는 구직 활동', '사업장 변경기간 제한', '출국만기보험 귀국후 수령제도',[16] '사용자 중심의 재고용 및 재입국 제도',[17]

---

[15] 「외국인근로자의 고용 등에 관한 법률」은 기본적으로 외국인근로자의 사업장 변경을 허용하지 않는다. "열악한 기숙사 환경이나 동료의 산재피해로 인한 공포와 두려움, 장시간 노동으로 인한 육체적 피로와 고통, 같은 출신 국가의 동료가 없어서 느끼는 정신적 외로움 등은 근무처 변경의 사유에 해당하지 않는다. 심지어 손가락이 잘리는 산업재해 피해를 당해 사고 재발의 공포에 시달리는 경우조차 위 '사유'에 포함되어 있지 않아 직장 이동이 불가능하다."(우삼열, 2015)

[16] 「외국인근로자의 고용 등에 관한 법률」 제13조에 의하면 외국인근로자는 출국하기 전까지는 출국만기보험금을 받을 수 없고, 출국한 때부터 14일 이내에 출국만기보험금을 받을 수 있다. 대상자 가운데 약 1/3은 공항에서 보험금 수령을 못하는 실정이다.(우삼열, 2015)

[17] "외국인근로자는 원칙적으로 입국한 날부터 3년의 범위에서 취업활동을 할 수 있으나 사업주가 외국인근로자의 취업활동 기간 3년 만료 전(출국 전 약 2개월 이내)에 고용노동부장관에게 재고용 허가를 요청한 경우 1회에 한하여 2년 미만의 범위에서 취업활동 기간을 연장 받을 수 있도록 하고 있다. 사업주에게 부여된 재고용의 독점적 지위로 인하여 사업장 내에서의 지위의 비대칭성과 외국인근로자의 고용 종속이 심화될 수밖에 없으며 이는 근로조건의 악화로 이어진다."(우삼열, 2015)

'기숙사 안전 및 식대 징수 가이드라인 부재' 등 고용허가제의 구조적 문제에서 파생되는 인권 침해에 노출되어 있는 형편이다.

이들이 가장 일반적으로 경험하는 '애로 사항'은 고용노동부가 운영하는 공식적인 고용허가제 사후 관리 기관인 전국 7곳의 외국인력지원센터의 상담 통계를 통해 어느 정도 유추해보는 것이 가능하다.(류지호, 2014) 가장 규모가 큰 상담 유형은 사업장 변경 관련 문제인 것이 확인된다. 주목할 것은 사업장 내 애로나 갈등보다도 일상생활에서의 고충이 더욱 큰 비중을 차지하고 있다는 점이다.(〈표 9〉)

〈표 9〉 2012 외국인력지원센터 상담 유형

구분	합계	사업장내 애로갈등	사업장변경 관련 애로	일상생활 고충	질병/부상 /사망	귀국관련 고충	언어소통 문제	행정신고 업무지원
명 (비율)	348,548 (100%)	58,942 (16.9%)	85,993 (24.7%)	66,526 (19.1%)	11,017 (3.2%)	17,778 (5.1%)	57,138 (16.4%)	51,154 (14.7%)

2014년 경기도외국인인권지원센터의 상담 현황은 이주노동자들이 경험하는 다양한 애환의 또 다른 지형을 보여준다.(〈표 10〉)

이주노동자들이 가장 많이 상담해온 내용은 임금체불과 체당금이다. 체당금이란 파산한 기업에서 퇴직한 근로자가 사업주로부터 임금 등을 지급받지 못하는 경우 국가가 미지급 임금 및 퇴직금의 일부를 대신 지급해주는 제도를 말한다. 이와 관련 상담이 많다는 것은 두 가지를 시사한다. 우선 이주노동자가 근로하는 사업장이 도산 혹은 파산의 위험에 노출되어 있는 경우가 많을 정도로 열악하다는 점이다. 또 하나는 도산 혹은 파산한 사업주가 이주노동자들이 체당금 제도의 수혜를 받는 것에 대해 비협조적이라는 점이다.

<표 10> 2014 경기도외국인인권지원센터 상담 현황

	베트남	중국	필리핀	우즈베키스탄	미얀마	인도네시아	태국	기타	총계
체당금	37	5							42
사망	1	1							2
의료		7			1	1	1	1	11
임금체불	15	6		4	1	1	10	17	54
산재		8				1		7	16
비자관련	2	2	1		1			3	9
사업장이동	1	1				1			3
부당해고	2	2							4
폭행		2	1					3	6
민사		3							3
기타	2	12	1	2			1	15	33
총계							12	10	183

단위 : 명.

기타 범주에 해당하는 상담의 대부분이 일상생활의 고충에 해당한다. 열악한 숙소와 식사, 신분증 및 통장, 휴대폰 압류, 폭언과 욕설을 비롯한 언어폭력, 인종 차별, 정보 부족, 공동체 내부의 갈등 등 이주노동자와 그 가족이 경험하는 일상생활의 고충은 그 강도와 범위에서 매우 다양하다.

4. 이주노동자 집주 지역의 문화 경관 ─ 안산 원곡동의 경우

국가인권위원회가 제작한 '시선 너머'라는 인권 영화 시리즈에는 이주노동자를 주인공으로 하는 몇 가지 작품이 포함되어 있다. 그 가운데 니마라는 몽골 출신 이주여성노동자를 주인공으로 하는 영화에서, 니마가 일하는 모텔 사장은, 위기에 처한 여성을 구해주려는 니마를 향해 이렇게 일갈한다.

　　니마, 봉사활동하러 한국에 왔어, 그럼 벌어, 개같이 벌라구, 왜 남의 일에
　　참견이야.

　이주노동자에 대한 주류 사회의 가장 보편적인 고정 관념 가운데 하나가 아마 니마에 나오는 사장의 대사에 함축되어 있을 것이며, 그것은 바로 이주노동자들이 '돈만 아는 사람들'이라는 고정관념이다. 이주 노동자를 반대하는 진영은 물론이요 옹호하는 사람들에게도 그들은 "돈을 벌며 삶을 견뎌가는 이들"이다.(고영란·이영, 2013) 이주노동자들과 삶의 공간을 공유하는 이주노동자 밀집 지역 주민들에게 그들은 "돈을 벌어서 본국에 보내겠다는" 목적 하나만을 가지고 있는 이기적인 집단에 불과하다.(김용승·임지택, 2011) 그러나 이주노동자들이 "막연히 잘사는 나라에 돈을 벌려고" 온 사람들에 그치는 것이 아니라는 점은 분명하다.(구본규, 2013)

　아마도 한국 사회가 "이주노동자도 문화적 존재라는 점을 인정하기까지는" 앞으로도 "꽤 많은 시간이 필요"할 것이다.(이란주, 2009)[18]

18　원곡동의 (규모상으로는 소수이지만 권력 위계에서는 주류인) 한국인들은 "전반적으로 외국인들에게는 준법 정신이 부족"하다고 불만스러워 한다. "외국인들이 주인의식은 갖지 않은 채 점유만 하고 있는 것이 문제"라고 지적한다. "남의 나라에서 부끄러운 줄 모르고" "아주 생지랄을" 떠는 "촌뜨기들"이라는 보다 노골적인 비난과 비아냥이 가해지기도 한다.(권온, 2011)

그러나 남양주 마석, 안산 원곡동 등 소위 이주노동자들이 모여사는 지역을 며칠만 찬찬히 들여다 볼 수 있는 기회를 갖는다면, 이주노동자들이 결코 돈으로 환원될 수 없는 정치, 사회, 문화 분야를 아우르는 총체적인 삶의 주도자임을 확인하는 일은 그렇게 어렵지 않을 것이다.

안산시 원곡동은 '이주노동자들의 수도'라고 불리는 곳이다. 원곡동에서 활동하는 비영리시민단체인 「지구인의 정류장」이 운영하는 쉼터에는 '전국'에서 모여든 이주노동자들이 생활한다. 쉼터 입소자들의 출신 지역은 고양, 포천, 김포, 연천, 남양주, 양평, 여주, 이천, 광주, 안성, 용인, 음성, 조치, 전주, 완주, 충인, 평장, 논산, 부여, 보령, 옹성, 익산, 완주, 김제, 고창, 나주, 담양, 장성, 강진, 해남, 청도, 거창, 밀양 등에 이른다.

원곡본동 '특구' 지역의 경우 전체 거주자 1만 9천 명의 75%를 상회하는 1만 4천 명 이상이 외국인 주민이다. 외국계 업소의 국적은 15개 국가에 달한다. 업종별 점유율은 음식점(17.6%), 인력소개소(12.7%), 노래연습장(5.9%), 슈퍼마켓(5.0%), 핸드폰 판매점(4.5%) 으로, 이들 업종과 다방, 미용업, 고시원 등을 추가한 8개 업종이 전체 상권의 46%이상을 차지한다.

그곳에서 이주노동자들은 친구를 만나고, 쇼핑을 하고, 파티를 하고 때로는 싸움을 한다. 송금을 하고, 핸드폰을 바꾸고, 수하물을 붙이기도 하며, 예배를 드리고, 태권도나 한국어를 배우기도 한다. 새로운 직장을 알아보거나, 알바 자리를 구하기도 한다. 새 친구를 사귀거나 연애를 하고, 사건사고에 휘말리기도 하며, 사기나 절도를 당하기도 하며, 때로는 단속에 걸려 강제 퇴거당하기도 한다.

이주노동자들은 원곡동을 사회문화적 공간으로 활용하기 위해 적지 않은 비용의 지불도 마다하지 않는다. 이를테면 원곡동에는 '꼰뜨라깐 (kontrakan)'과 같은 임시 주거지가 다수 존재한다. 마음이 맞는 몇몇 친구들이 함께 돈을 모아 주말에만 사용할 수 있는 월셋방을 마련하는 것이다. 꼰뜨라깐은 친목 도모, 정보 공유뿐만 아니라 태권도 교습 등 기능 습득의 통로로 활용된다.(유일상, 2011)

원곡동에서 '문화적인' 맥락에서 사람들이 모이는 경우는 다섯 가지 경우이다. 종교, 축제, 문화예술 동아리 모임, 집회, 대안적인 지역사회 공동행동 등이다.

원곡동에는 수십 개의 교회와 십여 개의 보살피어린 교회와, 한 곳의 성당과 원불교 교당 등 다양한 종교 시설들이 입주해 있다. 이주 공간 에서 종교의 역할은 본국보다 훨씬 다양하다. 이주 공간에서 종교는 단 순한 영적 안식처일 뿐만 아니라 정보의 교류와 사적인 사회 안전망이 작동하는 생활의 구심처 역할도 수행하기 때문이다.

원곡동에서는 1990년대부터 여러 나라 출신의 이주노동자들이 참 여하는 말 그대로 '다문화적인' 축제가 빈번히 개최되곤 했었다. 축제 는 참여자, 축제의 아이템 등에 따라 몇 가지로 구분될 수 있다.

우선 특정 국가 출신의 이주노동자들이 주축이 되는 개별 국가 커뮤 니티 중심의 축제가 있다. 스리랑카 독립협회가 주관하는 스리랑카 설 축제나 태국 전통 물 축제인 송끄란 축제, 그리고 몽골 출신 이주노동 자들이 주관하는 나담 축제, 원곡 성당의 필리핀 공동체가 주관하는 필 리핀 축제 등이 이에 해당한다.

설이나 추석 등 한국의 고유 명절 연휴 기간에 열리는 '어울림 한마 당' 식의 축제는 특정 국가만이 아니라 원곡동의 모든 주민들에게 개방

된 종합적인 연희라고 할 수 있다. 1990년대 중반 개최된 '외국인노동자 문화 한마당'을 시발점으로 '안산시민과 함께 하는 외국인 노동자 문화예술 한마당', '원곡동 주민과 외국인노동자 만남의 밤' 등이 이에 해당한다. 이런 축제를 통해 각국의 전통 문화 경연, 노래자랑, 음식 나누기 등의 행사가 펼쳐진다.

축제의 또 한 가지 대표적인 형식은 스포츠 행사이다. 2013년 5월 현재 안산시에는 이주노동자들이 주축인 외국인 스포츠 동호회가 태권도, 배드민턴, 배구, 축구 등을 비롯한 7개 종목에서 30여 개 이상 활동 중인 것으로 조사된 바 있다.(〈표 11〉)

〈표 11〉 안산시 외국인 스포츠 동호회 현황(2013년 5월 현재. 중국 축구 동호회 등 미포함)

종목	출신국	팀명(회원수, 명)	운영
태권도	베트남 외 14국	세계태권도아카데미(160)	주 3회
배드민턴	인도네시아 외 3개국	다문화(40)	주 1회
남자배구	태국, 인도네시아	유니버설스타즈(50)	주 1회
여자배구	일본 외 5개국	유니버설스타즈(12)	주 1회
탁구	중국	다문화(10)	주 1회
축구	인도네시아	PETIR FC(25), CIBER FC(20), UT FC(20), PASOPATI FC(20), RA SUNG(15), BADUY FC, PETA BLITAR FC, GALOK FC, LASCAHAYA FC, KAR PETIR FC, CAHAYA FC, KOSMIS FC, ABAR FC, IKMI FC	월 2회
농구	필리핀	yellow(10), red(10), blue(10), sky(12), blue(10), white(15)	주 1회

스포츠 행사는 크게 단일 리그와 국가대항전 두 가지 유형으로 구분된다. 전자의 대표적인 사례는 필리핀 농구 리그이다. 후자의 시발점은 1997년 6월 한양대학교 안산캠퍼스에서 첫 개최된 '외국인 노동자 친선올림픽'이다. 11개 국가 출신의 1천여 명의 이주노동자들이 모여 '올림픽'이라는 명칭에 걸맞게 축구, 배구, 농구, 크리켓, 족구, 육상 등

각 종목의 국가 및 단체 대항전이 펼쳐졌었다.

축제보다 소규모이지만 항상적으로 이루어지는 문화 예술 동호회도 상당수가 조직되어 있다. 대표적인 것이 밴드와 댄스 동아리이다. 원곡동에만 수십 개의 아마추어 밴드와 댄스 동아리가 활동하는데, 이들은 때때로 에쓰닉 레스토랑에서 공연을 하기도 하고, 이런 저런 행사에 초청받아 개런티를 받는 공연을 하기도 한다.[19]

원곡동에서 이주노동자들이 모이는 또 한 가지 경우는 '집회'이다. 이주노동자들과 한국인 활동가들과 함께하는 집회 장면은 1990년대 중·후반부터 2000년대 중반까지 관주동이 낯설지 않은 풍경이었다. 때때로 안산 이외의 지역에서 열리는 집회에도 참석할 정도로 당시의 안산 지역 이주노동자들의 사회참여 의지는 적극적이었다.

1999년 12월 안산역 앞에서 열렸던 이주노동자의 날을 기념하는 문화 행사에 참여했던 200여 명의 참석자들은 안산역에서 원곡본동 주민센터까지 행진을 하기도 하였다. 2000년 10월에는 역시 안산역 광장에서 안산 외국인노동자 센터, 갈릴래아 이주 사목센터, 안산 외국인노동자 선교센터 주관으로 '올바른 이주노동자 정책 수립 촉구를 위한 1차 토요 집회'가 개최되고 집회와 함께 외국인 노동자 사진전시회가 열린 바 있다. 2003년 11월 안산역에서 열렸던 '강제 추방 반대, 합법 체류 보장' 집회에는 900여 명의 이주노동자와 지원단체 활동가들이 모였는데, 집회 후에는 이주노동자들의 삭발식이 거행되었고, 라성 호

---

19 원곡동에서 활동하는 인도네시아 출신 이주노동자들의 밴드만 해도, DREAM FOR-MATION BAND, MIRACLE BAND, TNC BAND, PRASETANMALL BAND, DRAGSTAR BAND, HOKIES BAND, SEMALAM BAND, THE WORKERS BAND, KOSMIS BAND 등 십여 개에 달한다. (강현숙·오경석·권온, 2012)

텔까지 거리 행진이 이루어졌다.

안산의 이주노동자들은 1998년 서울 종묘 공원에서 개회된 노동절 행사에 참여했다. 2000년 5월 한양대학교 안산캠퍼스에서 열린 '광주항쟁 20주년 기념 마라톤 대회'에는 방글라데시 이주노동자를 비롯해서 다수의 이주 노동자들이 참가한 바 있다. 안산 지역 이주 노동자들은 같은 해 10월에 열린 '아셈 2000 신자유주의 반대 서울 행동의 날' 집회에도 참석해서 신자유주의 세계화 및 구조조정 반대를 위한 민중 행동에 동참한 바도 있다. 같은 해 11월 대학로에서 열린 '전태일 30주년 전국노동자대회'에도 참여한 바 있다. 2005년 2월에는 서울 마로니에 공원에서 열린 '외국인 이주노동자 전원 사면과 연수철폐 촉구 결의 대회'에도 100여 명의 안산 지역 이주노동자들이 참여하여 동대문운동장까지의 거리 행진에 동참하였다. 같은 해 3월 500여 명이 참석한 안산역에서 개최된 미국의 이라크 침략 규탄 집회에서도 이주노동자들은 연대 연설을 하고 라성호텔까지의 거리 행진에 동참하는 등 적극적인 역할을 수행하였다.

안산 지역 이주노동자들은 여러 위기 국면에서 한국 사회 구성원으로서 연대감과 희생정신을 보여주는 데에서도 능동적이었다. 1997년 세계 금융 위기 당시 안산역에서는 '한국경제살리기 외국인 노동자 실천운동본부 발대식 및 실천대회'가 열린 바 있다. 이 대회는 '외화 및 한화 동전 모으기', '외국인노동자협동금고 가입을 통한 외화반출 줄이기 운동' 등을 구체적인 행동 강령으로 제시했는데 이주노동자들도 이에 동참한 바 있다.(『문화일보』, 1997.12.13)

2000년에는 원곡본동 주민자치위원회에서 외국인 노동자 연석 회의가 열린 바 있다. 2002년 이주노동자들은 원곡본동 주민자치위원회로부터 '명예 위원' 임명을 받았다. 2003년 이라크 전쟁 당시 원곡동의 파키스탄 등 5개 국가 이주노동자들은 이라크 난민 지원 성금으로 60여만 원을 모금해 한겨레 통일문화재단에 전달한 적이 있다. 2007년 한국 교회의 선교단이 아프가니스탄에서 피랍되었을 당시에는 원곡동의 이슬람권 출신 이주노동자들이 모여 무사 귀환을 촉구하는 성명을 발표한 바도 있다.(오경석, 2011a)

5. 재현의 공간에서 이주노동자

사회적인 삶은 물리적인 공간에서만 이루어지지 않는다. 상징과 재현의 공간 역시 물리적인 공간만큼이나 중요하다. 상징과 재현을 통해 이주 노동자의 사회적 사실성은 실체화되고 한국 사회의 지배적인 질서 체계에 배치된다. 사회적 소수자를 재현하는 주류 사회의 전형적인 방식은 '집단화'와 '타자화'라 일컬을 만한 것이다.[20]

---

[20] 타자화는 주류 사회의 지배 집단이 소수자 집단의 정체성과 사회적 위치를 자신들의 가치와 기준에 입각해 주류적인 언어로 규정하는 과정에서 발생한다. 타자화의 과정에서 본질적인 것은 사회적 소수자를 향한 재현 체계의 우호적이거나 적대적인 태도가 아니다. 그러한 태도와 관계없이 타자화 과정에서 '스스로 말할 수 없는' 사회적 소수자의 무력성과 비권력이 정당화된다는 점이다.(오경석, 2011b) 한국의 미디어는 몇 가지 정형화된 틀(frame)로 이주노동자들을 재현한다. "잠재적 범죄자, 사회분열 유발자, 하등한 존재, 동정의 대상, 인권적(법적) 약자, 공생의 존재, 건전한 노동자" 등이 그것이다. (김재일·정창화, 2012)

이주노동자를 집단적으로 기표화하는 대표적인 담론은 '범죄자' 담론이다. 이주노동자들을 잠재적이거나 현재적인 범죄자 집단으로 재현하는 것이다. 가장 노골적인 범죄자 담론은 반다문화 혹은 반외국인주의 진영으로부터 제출된다. 이주노동을 반대하는 이들에게 이주노동자들은 "민족말살, 한국의 이슬람화, 서민경제의 파탄" 등에 책임이 있는 "공공의 적"으로 규정된다.(전의령, 2015; 강진구, 2012)

이주노동자들에 대한 범죄자 담론은 특히 '불법체류자'라는 용어와 관련된다. '불법체류자'는 정부에서 발간되는 모든 문서가 비자 기간 노과자를 지칭할 때 사용하는 공식용어이다. 국제사회는 비자 기간 도과자가 형사적인 피의자나 범죄자와 동일시되는 것을 방지하기 위해 불법체류자 대신 미등록 체류자 혹은 비정규체류자라는 용어를 사용할 것을 권장한다.

그러나 국내에서 통용되는 '외국인 범죄'의 규정에서 단순한 비자 기간 도과자와 형사적인 범죄자는 구분되지 않는다.[21] 이런 규정은 "형사소송절차로 처리되는 범죄행위와 출입국관리법에 의해 행정조치로 종결되는 범죄행위"의 구분을 불가능하고 무의미하게 만든다.(최영신, 2007) 출입국 관리법 위반자들도 외국인인 이상 범죄 피의자 곧 형사범과 동일시될 수밖에 없게 되는 것이다.

미등록 체류자를 '형사범'과 동일시하는 합법적인 이주노동자 범죄자 담론과 비슷한 또 한 가지 사례는 이주노동자들의 범죄율과 관련된다.

---

[21] "외국인범죄는 '범죄의 주체가 내국인이 아닌 외국인, 즉 외국 국적을 소지한 사람에 의하여 행해진 범죄로서 대한민국의 영토 내에서 대한민국의 형벌 법규에 위배되는 행위를 한 경우'를 말한다."(법무연수원, 1993)

외국인 범죄율의 추이나 그에 대한 해석은 한국인 범죄율과의 단순 비교를 통해 기술되기 마련이다. 그러나 모집단의 특성을 고려하지 않은 채, 한국인의 범죄율과 외국인의 범죄율을 단순 비교하는 경우, '사실의 왜곡 혹은 과장'에 해당하는 '오인(mis-recognition)'이 발생할 수 있다.

이주노동자들은 비교적 젊은 연령대에 분포한다. 20대와 30대가 지배적이다. 그에 반해 한국인의 경우 범죄율은 전체 연령대로부터 추출된다. 비교되는 두 집단의 연령대를 비슷한 연령대로 통제한 후 범죄율을 추계한다면 외국인 범죄율은 현재 보고되는 것보다 거의 절반 수준으로 낮아질 수 있다.(최영신, 2016)

범죄율과 비슷한 또 하나의 오인은 건강과 관련된다. 일반적으로 이주민들은 '주류 사회의 기대와는 다르게' 상대적으로 열악한 생활조건에 처해있음에도 거주국 주민에 비해 별 차이가 없거나 더 양호한 건강 상태를 보이곤 한다. 소위 '건강한 이주자 효과(healthy migrant effect)' 혹은 '연어효과(salmon effect)' 탓이다. 이주노동자들이 생애 주기상 건강 상태가 가장 좋은 20,30대에 집중되어 있으며, 건강이 악화될 경우 귀환을 선택하기에 만들어지는 효과이다. 이것은 이주민들의 건강 상태가 국민에 비해 나쁠 것이라는 가정 자체가 매우 부적절함을 시사한다.(이상림, 2011; Attanapola, 2013)

그런데 한국의 주류 담론에서 이주민은 '의료취약계층'이다. 물론 이것은 이주민 특히 대다수의 미등록 체류자가 '공적인 의료 체계'로부터 배제되어 있는 현실의 개선을 촉구하기 위한 규정이다. 이주민을 의료취약계층으로 규정하는 담론의 문제는 개선되어야 할 대상을 의료 제도가 아니라 이주민의 '불량한' 건강(비현실적으로 상상된 아픈 몸)에 소구하는 착시 효과를 유발할 수 있다는 점이다. 제도적인 한계를 신체적인 결함과 동일시하는 경우, 시혜적인 의료 서비스 공여를 이유로 이주민을 '잠정적인 환자 및 감염자, 바이러스 전파자' 등으로 전제한 후 그들의 '몸(신체)'을 관리하고 통제하는 시도가 정당화될 수 있다.

최근 정부는 결핵 고위험국의 외국인이 장기체류(3개월 이상) 비자를 신청할 경우, 재외공관에서 지정하는 병원에서 발급하는 건강진단서를 제출하도록 하고, 결핵환자에 대해서는 완치 전까지 원칙적으로 비자 발급을 제한하기로 하였다.(법무부 보도자료, "법무부, 보건복지부와 손잡고 결핵퇴치위해 외국인 결핵관리 강화한다", 2015.3.24) 흥미로운 것은 '결핵고위험국'으로 지정된 18개 국가 가운데 러시아, 말레이시아, 인도 3개국을 제외한 나머지 15개 국가는 한국 정부와 MOU를 체결한 고용허가제 대상 외국 인력 송출 국가들이라는 점이다.

범죄자 담론, 환자 담론과 더불어, 이주노동자를 재현하는 또 한 가지의 담론은 '주인의 담론(master discourse)'이다. 주인의 담론은 담론 저자의 우월한 지위에 대한 성찰과 상대화에 대한 문제의식 없이 선의와 계몽의 이름으로 이주노동자의 대상화와 타자화를 정당화하는 담론이다.(오경석, 2011b)

노골적인 주인 담론은 일부 몰지각한 사업주들로부터 만들어진다. 그들은 자신들을 이주노동자들의 "주인"이라고 표현한다. 이주노동자들이 자신의 '소유물' 쯤에 해당하는 셈이다. '주인'이라는 호명은 이주노동자와 고용주의 관계가 평등한 노사관계라는 '계몽의 단계'에 미치지 못하고 있음을 여실히 보여주는 사례이다.[22]

흥미 있는 것은 주인 담론이 계몽에 단계에 미치지 못한 사업주들에

맞서 이주노동의 권리를 옹호하는 진보적인 인사들의 행태에서도 찾아볼 수 있다는 점이다. 존경할 만한 이주노동 지원 활동의 리더들이 언론에 소개될 때 가장 많이 사용되는 수식어는 다름 아닌 "아버지" 혹은 "대부"라는 단어다. '이주노동의 대부', '이주노동의 아버지' 이런 카피는 결코 낯설지 않다.(『경향신문』, 2016.9.20) 그러나 궁금해진다. 존경할 만한 이타주의는 누군가를 '어린이'로 만들어야만 가능해지는 것일까?

6. 보이지 않는 존재의 존재감

'불법 사람'이 되었든, '대한민국을 만드는 사람'이 되었든, '공공의 적'이 되었든, (잠재적) 범죄 및 환자 담론 그리고 주인 담론의 대상이 되었든, "어마어마한 일"의 주인공인 '마음'의 소유자들이든, 주류 사회의 기대를 깨버린 '사람'들이든, 한국 사회에서 이주노동자들은 아직은 '있지만 없는' 존재들이다. 보이지 않는 존재들이다.

그렇듯 보이지 않는 존재들이 경제 분야는 물론이요, 정치, 사회, 문화적인 분야에서도 우리 사회의 '필수적인 구성 부분'이 되어 가고 있음은 부정할 수 없는 사실이다.(박경태, 2009) 소중제조업체가 밀집한 산단이라든지, 안산시 원곡동이나 시흥시 정왕동 같은 이주노동자 밀

---

22 이주민을 포함한 민족 소수자 문제는 "탈전체주의 시대인 21세기에 여전히 계몽의 단계에 도달하지 못한 주제" 가운데 하나이다.(David, 2002)

집 지역에서 그들의 존재는 절대적이다.

이런 지역에서는 설사 미등록체류자라 할지라도 지역경제 유지 및 활성화에 지대한 공헌을 하고 있다는 점에서 결코 홀대받지 않는다. 2012년 11월 전국다문화도시협의회 창립 총회에서 당시 안산시장은 인사말을 통해 다음과 같이 말한 바 있다.

> 제가 법무부 관계자들과 면담할 기회가 있었는데, 그렇게 말했어요. 우리 산단에서는 불법체류자 단속을 좀 자제해달라고요. 우리 지역에서는 그 사람들이 없으면 경제가 완전히 마비되거든요. 그만큼 우리 지역 경제 유지 및 활성화에 (불법 체류자를 포함하는) 외국인 근로자들은 매우 중요한 역할을 하고 있어요.

몇몇 지역의 주택, 음식, 금융, 생활용품, 의료, 유흥 시장에서 이주노동자들이 차지하는 비중은 매우 크다. 그들의 규모와 선호에 따라 상권의 성쇠가 결정될 정도가 되기도 한다. 이런 곳에서 이주노동자들은 보호받고 환대받아야 하는 '단골'이요, 새로운 고객을 유치해줄 수 있는 조력자이기도 하다.

이주노동자노동조합과 같은 새로운 결사(정치)의 공간에서도 그들은 존재감을 뽐낸다. 합법적인 취업 자격이 없는 미등록체류자의 근로자성을 놓고 무려 10여 년의 법적 공방을 벌인 끝에 이주노동자노동조합은 2015년 6월 합법 판정을 받은 바 있다.(『매일노동뉴스』, 2015.6.26) 이주노동자노조라는 새로운 정치적 공간에서 한국의 진보 진영이 경험하거나 다뤄본 적 없는 새로운 의제를 프레이밍하고, 관련된 국내외 정치

적 자원들을 동원하는 데에 있어서 이주노동자들은 주도적인 행위자가
아닐 수 없다.

한편으로는 반계몽적으로 다른 한편으로는 과학과 선의의 명목으로
타자의 위치를 강요받는 보이지 않는 존재들이 몇몇 공간에서는 그 어
떤 한국인도 향유할 수 없는 뚜렷한 존재감을 과시하고 있는 셈이다.
이런 면에서 그들은 '비범주적인' 존재들이다.

> 그들은 노동자이지만 한국인 노동자들과는 다른 노동자들이다. '문화적
> 인 노동자들이요, 탈노동의 시대에 노동의 조직화라는 관점에는 보충적
> 이기 때문이다. 그들은 소비자이지만 한국인 소비자들과는 다른 소비자들
> 이다. 지배적인 소비 양식이 '송금(remittance)'이라는 점에서 그들은 '결
> 함이 있는' 소비자들이다. 그들은 '위기 가족'이지만 '새로운 가족' 제도의
> 선구자들이기도 하다.(오경석, 2010)

향후 이주노동(자들)은 한국 사회에서 어떻게 주류화(혹은 비주류화)되
어 가게 될까? 그들은 어떻게 (비)가시화되며 (비)범주화되어 가게 될
까? 긍정적인 전망과 부정적인 전망이 모두 가능하지만, 긍정이 낙관
을, 부정이 비관을 지시하지 않으며, 동기와 전망의 차이가 이주노동/
자에 대한 태도의 차이와도 선형적으로 연결되기 어렵다는 점에서, 이
질문에 간단히 답하기는 매우 어렵다. 거의 불가능하다. 나와 다른 이
들이 나의 이웃이 되고 있다. 그들과 나의 문제는 나의 문제이자 그들
자신의 문제이기도 하기 때문이다.

참고문헌

강진구, 「한국사회 반다문화 담론에 대한 비판적 고찰」, 『인문과학연구』 제32집, 2012.

강현숙·오경석·권온, 『문화주체로서의 이주민 지원 방안 연구』, 문화체육관광부, 2012.

고영란·이영, 『우린 잘 있어요, 마석』, 퍼블리싱컴퍼니클, 2013.

구본규, 「다문화주의와 초국적 이주민─안산 원곡동 이주민 집주 지역의 사례」, 『비교문화연구』 제19집 2호, 2013.

국가인권위원회, 『유엔아동권리협약 채택 25주년, 우리사회 모든 아동의 인권상황과 그 실천적 ~~~~~~

권온, 「다문화 공간에는 누가 사는가─다문화 공간을 둘러싼 갈등」, 정병호 외, 『한국의 다문화 공간』, 현암사, 2011.

김광기 외, 『외국인근로자 보건의료지원산업 모델 개발』, 한국국제보건의료재단, 2011.

김용승·임지택, 「다문화 특구 공간 만들기─안산 원곡동 이야기」, 정병호 외, 『한국의 다문화 공간』, 현암사, 2011.

김이선 외, 『다문화가족 정책의 성과 점검 및 중장기 추진방안 연구』, 한국여성정책연구원, 2015.

김재일·정창화, 「다문화사회 진입과 미디어의 사회통합적 역할─주요 종합일간지비교분석을 중심으로」, 『사회과학연구』 38권 3호, 2012.

대한상공회의소, 『외국인근로자 고용현황과 수요조사 보고서』, 2012.

류지호, 『이주노동자 인권침해사례 및 대안─최근 인권침해상담의 유형별 분석과 대안』, 경기도외국인인권지원센터, 2014.

박경태, 『이주노동자의 사회권』 2009사회권심포지엄자료집, 국가인권위원회, 2009.

박미화, 「사회적 포용과 배제에 관한 연구─이주노동자에 대한 한국 사회의 태도를 중심으로」, 인하대 석사논문, 2016.

박선희·오경석·김민정·류지호, 『이주여성노동자성희롱실태 모니터링』, 경기도외국인인권지원센터, 2015.

박정해, 『외국인근로자 가족에 대한 의료지원 개선방안』, 외국인 근로자 가족의 지역사회통합을 위한 법제도 개선방안 심포지엄 자료집, 경기도외국인인권지원센터, 2013.

아시아의 창 외, 『이주노동자 미취학 자녀의 양육환경 실태조사 보고서』, 국가인권위원회, 2012.

안상수 외, 『국민 다문화수용성 조사 연구』, 한국여성정책연구원, 2012.

오경석, 「한국 다문화주의의 재모색」, 『인문언어(Lingua Humanitatis)』 12-2, 국제언어인문학회, 2010.

_____, 「국경 없는 마을」, 『안산시사』 제6권 제4편, 안산시, 2011a.

_____, 「재한줌머인연대(Jumma People's Network in Korea)와 미디어의 재현」, 『다문화사회연구』 제4권 2호, 숙명여대 다문화통합연구소, 2011b.

오경석 · 홍규호 · 현은희 · 이경숙 · 박선희, 『경기도외국인근로자가족인권상황실태조사』, 경기도외국인인권지원센터, 2013.

우삼열, 『이주노동자의 노동권 보장을 위한 고용허가제 개선 방안』, 이쟈스민의원실, 2015.

유일상, 「한국의 인도네시아 노동자들 — 그들이 살아가는 도시와 생활세계」, 정병호 외, 『한국의 다문화 공간』, 현암사, 2011.

이란주, 『아빠 제발 잡히지마 — 끝나지 않은 이야기, 이주노동자들의 삶의 기록』, 삶이 보이는 창, 2009.

이상림, 『이주와 건강 — 이론적 고찰』, IOM이민정책연구원, 2011.

이수연, 「외국인여성근로자의 노동인권 실태」, 『젠더법학』 제5권 통권 제9호, 한국젠더법학회, 2014.

전의령, 「선량한 이주민, 불량한 이주민' 한국의 주류 이주 · 다문화 담론과 반다문화 담론」, 『경제와사회』 통권 106호, 2015.여름.

정기선 외, 『2013년 체류외국인 실태조사 — 고용허가제와 방문취업제 외국인의 취업 및 사회생활』, 법무부 출입국외국인정책본부, 2013.

정명현, 『외국인 주민 밀집거주와 지역사회 통합』 국회 입법지원 간담회 자료집, 국제법제실, 2015.

정병호 외, 『이주인권 가이드라인 구축을 위한 실태조사』, 국가인권위원회, 2010.

정현종, 『광휘의 속삭임』, 문학과지성사, 2008.

최영신, 「외국인의 불법체류와 외국인 범죄」, 『형사정책연구』 제18권 제3호(통권 제71호), 2007.

_____, 『외국인범죄의 발생 현황 및 특성』 경기도외국인인권지원센터 민관협력정책네트워크 발제문, 2016.

통계청, 『2015년 외국인고용조사』, 2015.

Attanapola, Chamila T., *Migration and Health — A Literature Review the Health of Immigrant Populations in Norway*, NTNU Samfunnsforskning AS, 2013.

Ceradoy, Aron Hernandez, *Human Rights of Migrants in Urbanization and Development*, Migrants/Refugees and Human Rights, 2016 세계인권도시포럼.

David Maybury-Lewis, *Indigenous Peoples, Ethnic Groups, and the State*, Allyn and Bacon, 2002(2nd Editions).

필자 소개

윤해동(尹海東, Yun, Hae-Dong)
서울대학교에서 학위를 취득하고 현재 한양대 비교역사문화연구소 HK교수로 재직 중이다. 한국(동아시아)근현대사를 주요 연구분야로 삼아 공부하고 있다. 주요 저서로는 『식민지의 회색지대』, 『지배와 자치』, 『식민지근대의 패러독스』, 『근대역사학의 황혼』, 『탈식민주의 상상의 역사학으로』, 『식민주의역사학과 제국』(공저) 등이 있다.

김〇〇

충북대학교 역사교육과에 재직 중이다. 중국 근현대사를 전공했고, 최근에는 중국의 국민국가로의 이행 과정에서 지식인 집단과 지식체계가 어떻게 변화되어왔는지에 관심을 갖고 연구를 진행하고 있다. 지역사적 관점에서 상해 등 도시사 연구도 수행하고 있다. 대표 논저로는 『도시는 역사다』(2011), 『경계초월자와 도시연구』(2011), 「상해 근대도시사 연구의 공간적 맥락」(2011), 「19세기 말~20세기 초 인천의 운송망과 화교 거류양상의 변화」(2011), 「上海時期(1840~1862)王韜的世界認識」(2015), 「사회주의 시기 상하이의 도시 개조와 공인신촌」(2016) 등이 있다. swkim64@cbnu.ac.kr

도노무라 마사루(外村大, Tonomura, Masaru)
와세다대학교 문학부 사학과 졸업하고 와세다대학교 대학원 문학연구과에서 석박사 학위를 취득했다. 고려대학교 민족문화 외국인연구원, 와세다 대학교 객원 조교수 등을 역임하고 현재 도쿄대학교 종합문화연구과 교수로 재직 중이다. 주요 저서로는 『재일조선인사회의 역사학적 연구』, 『조선인강제연행』 등이 있다.

노용석(盧勇錫, Noh, Yong-Seok)
영남대학교 문화인류학과에서 한국전쟁 전후 민간인 학살과 관련한 논문을 작성하여 박사학위를 취득하였으며(「민간인 학살을 통해 본 지역민의 국가인식과 국가권력의 형성」), 영남대 민중생활사 연구교수, 진실화해를위한과거사정리위원회, 부산외국어대 중남미지역원 HK연구교수, 한양대 비교역사문화연구소 HK연구교수 등을 역임하고 현재 부경대학교 국제지역학부 조교수로 재직 중이다. 전공은 역사인류학으로서 주로 라틴아메리카와 한국의 국가폭력 및 과거사 청산에 관한 연구를 진행 중이며, 주요 저서로는 『라틴아메리카의 과거청산과 민주주의』가 있고, 논문으로는 「'장의'에서 '사회적 기념'으로의 전환─한국전쟁 전후 민간인피학살자 유해 발굴의 역사와 특징」, 「엘살바도르 내전과 냉전의 상처─엘모소떼 학살의 진실과 의미」, 「라틴아메리카의 과거청산과 유해 발굴」 등 다수가 있다.

윤용선(尹龍善, Yun, Yong-Seon)

한국외국어대학교 독일어과 졸업하고 독일 베를린 자유대학교 역사학과에서 석박사 학위를 취득했다. 한국외국어대학교 외국학종합연구센터 책임연구원 역임하고 현재 한성대학교 역사문화학부 조교수로 재직 중이다. 전공은 독일현대사이다. 주요 논문으로「1960〜70년대 파독 인력송출의 미시사—동원인가, 선택인가?」,「노동 이주민 동합에 있어 문화와 경제의 의미—독일 터키 이주민을 중심으로」,「독일 베트남 이주민—교육과 이주민 통합」등이 있다.

나경수(羅京洙, Rha, Kyung-Soo)

고려대학교 정경대학 신문방송학과 졸업하고 와세다대학 대학원 아시아태평양연구과 국제관계학 전공 석박사 학위를 취득했다. 와세다대학 아시아연구소 조수, 하와이대학교 한국학연구센터 객원연구원, 고려대학교 아세아문제연구소 HK연구교수, 가쿠슈인여자대학 국제학연구소 부소장 등을 역임하고 현재는 가쿠슈인여자대학 국제문화교류학부 준교수로 재직 중이다. 전공은 동아시아 지역연구이다. 주요 논문으로는「일본의 다문화주의와 재일코리언—'공생(共生)'과 '동포(同胞)'의 사이」,「일본의 '다문화공생'을 둘러싼 정책과 쟁점」등 다수가 있다.

오경석(吳暻錫, Oh, Kyung-Seok)

고려대학교 대학원 사회학과 졸업하고 사회이론 전공으로 박사학위를 취득했다. 민주사회정책연구원, 한양대글로벌다문화연구원 연구 교수 역임하고 현재는 경기도외국인인권지원센터 소장, 인하대학교 정책대학원 겸임교수로 재직 중이다. 주요 논저로『한국에서의 다문화주의—현실과 쟁점』,『한국의 다문화 공간』,『다문화와 인정의 로컬리티』,『다르지만 평등한 이주민 인권 길라잡이』,『이주 인권가이드라인 구축을 위한 실태조사』,『어업이주노동자 인권상황 실태조사』,『건설이주노동자 인권상황 실태조사』,『제조업분야 이주여성노동자 인권상황 실태조사』등 다수가 있다.